AF462526

LE GÉNÉRAL

MICHEL BEAUPUY

PÉRIGUEUX. — IMPRIMERIE R. DELAGE ET D. JOUCLA

Le Chevalier de Beaupuy.

GEORGES BUSSIÈRE & ÉMILE LEGOUIS

LE GÉNÉRAL MICHEL BEAUPUY

(1755-1796)

AVEC UN PORTRAIT ORIGINAL

La Famille de Beaupuy
Les Relations de Beaupuy avec le poète Wordsworth
Son Journal inédit du siège de Mayence
Ses Campagnes en Vendée et à l'armée de Rhin-et-Moselle

.... « Beaupuy (let the name
Stand near the worthiest of Antiquity). »

Beaupuy ! que ce nom soit placé auprès des plus grands de l'antiquité.

WORDSWORTH.

PARIS
FÉLIX ALCAN, ÉDITEUR
(ANCIENNE LIBRAIRIE GERMER BAILLIÈRE & Cie)
108, Boulevard St-Germain

PERIGUEUX
R. DELAGE & D. JOUCLA
IMPRIMEURS
Rue Lafayette

1891

La mémoire du général Beaupuy, mort dans les guerres de la première République, lui avait à peine survécu et restait reléguée dans la poussière de quelques dictionnaires biographiques du commencement de ce siècle ; elle était, il est vrai, protégée par l'inscription du nom de Beaupuy sur l'Arc-de-Triomphe de l'Étoile, sur les Tables de bronze de la galerie de Versailles et sur son tombeau, qui se dresse, près du Rhin, dans la banlieue de Neuf-Brisach : c'était, à peu près, toute la moisson de gloire qu'eût récoltée le général, lorsque récemment, de divers côtés, l'attention s'est portée sur ce nom de Beaupuy rencontré dans une œuvre posthume du poète anglais Wordsworth, *le Prélude,* où l'illustre lakiste raconte son voyage en France de 1791 à 1792 et où il va, dans un épisode très développé, jusqu'à faire de celui qu'il nomme ainsi l'incarnation de ce qu'il y eut de plus pur et de plus noble dans la Révolution française. M. James Darmesteter, l'éminent professeur du Collège de France, a le premier, en 1883, étant répétiteur à l'École des Hautes études, signalé dans ses Études anglaises du journal *le Parlement* ce saisissant panégyrique et n'a pas hésité à y reconnaître le général Michel Beaupuy, bien que certains passages, incomplets ou peu précis, pussent laisser quelque incertitude sur l'identité du personnage.

Après lui, M. Legouis, en préparant un travail sur Wordsworth, a voulu en avoir le cœur net et s'est appliqué à dissiper toute obscurité sur ce dernier point. Le problème en valait la peine. Le hasard a fait que, sans le connaître et séparé de lui par une grande distance, j'ai été instruit des préoccupations de M. Legouis. Compatriote du général et rattaché à sa famille par certains liens du sang, on devine avec quelle émotion je me suis demandé, à mon tour, s'il était bien le patriote à qui Wordsworth avait tressé une si belle couronne. J'ai été ainsi porté à faire des investigations sur Beaupuy. M. Legouis en a fait autant. Etrangers l'un à l'autre, nous étions un peu, — si la comparaison n'est pas trop ambitieuse, — comme ces astronomes qui, sans se connaître, observent le même point du ciel et cherchent la même étoile. Cette collaboration, non concertée à son origine, nous a conduits aux mêmes conclusions et nous a révélé dans le général Beaupuy, non seulement l'âme si haute célébrée par Wordsworth, mais encore un soldat admirable dont la vie militaire, imparfaitement connue du poète, est elle-même un magnifique poème en action. Des circonstances dont je ne puis trop m'applaudir, puisque de mon collaborateur elles ont fait mon ami, nous ont rapprochés et nous ont permis de confronter nos recherches. Nos notes respectives se sont trouvées en si parfait accord qu'il ne restait plus qu'à les façonner pour la publicité et à les signer. L'œuvre est ainsi née de deux plumes, mais d'une même pensée.

Déjà allégée par cette coopération, notre tâche a été rendue encore plus facile par le concours dévoué que nous avons rencontré partout où nous avons tendu la main, en quête de renseignements sur Beaupuy. A Périgueux, nous avons eu de généreux auxiliaires en MM. Villepelet, archiviste du département de la Dordogne ; de Saint-Pierre, son adjoint ; Hardy, archiviste de la ville de Périgueux ; Caillac, bibliothécaire; Ernest de Lacrousille, avocat, membre du Conseil général de la Dordogne : tout près de là, dans la ville natale de Beaupuy, à Mussidan, nous devons la connaissance de pièces pleines d'intérêt à MM. Chastanet, ancien maire ; Broussard, notaire ; Devise, secrétaire de la mairie, et surtout à M. Jules Dussol, qui a sauvé et pieusement recueilli, au moment où ils allaient disparaître comme tant d'autres, nombre de papiers importants relatifs à la dernière campagne du général. A Tours, nous avons eu la bonne fortune de rencontrer M. Piéron, lieutenant au 32e d'infanterie, qui précisément travaillait à l'histoire de ce régiment, auquel a appartenu Beaupuy, et un bibliothécaire municipal d'une obligeance à toute épreuve, M. Duboz, dont la sagacité nous a aidés à dissiper plus d'un nuage. A Caen, M. Dorison, maître de conférences à la Faculté des Lettres ; à Angers, M. Jeanvrot, conseiller à la Cour d'appel ; à Blois, M. Belton, bâtonnier de l'ordre des avocats, ont bien voulu consulter à notre intention les documents locaux. A Rochefort, un érudit doublé de l'artiste que l'on sait, M. Duplais-Destouches, nous a été un guide précieux dans nos recherches iconographiques; M. Bouroumeau, professeur d'anglais au Lycée de cette ville, que j'ai fréquemment consulté sur Wordsworth, a droit à mes remerciements personnels. Une mention spéciale revient à deux érudits Alsaciens, MM. Waltz, conservateur de la bibliothèque de Colmar, et Cestre, ancien conducteur des travaux du Rhin à Neuf-Brisach, dans le pays desquels repose le corps du général et qui ont mis dans leurs communications une générosité et une cordialité touchantes. Mais l'Alsace n'avait pas dit son dernier mot, et c'est aussi grâce au concours de l'un des siens, M. Chrétien Moërdès, commissaire spécial à Bourges, dessinateur distingué, qu'il nous a été permis de reproduire le portrait original de notre héros qui figure en tête de ce volume.

L'empressement qu'on a mis, sur tant de points différents, à seconder nos efforts pour rehausser le nom de Beaupuy, semble venir en témoignage de leur opportunité et nous fait espérer qu'ils ne seront pas perdus.

G. BUSSIÈRE.

CHAPITRE PREMIER.

I. — Origine des Beaupuy. Une famille noble et patriote du Périgord.
II. — Services militaires de Michel Beaupuy jusqu'en 1789.
III. — Michel Beaupuy à l'assemblée électorale de la noblesse du Périgord.

1755-1789.

En allant des Vosges au Rhin, on remarque, au-delà de Neuf-Brisach, entre le village de Biesheim et le Fort-Mortier, sur la berge escarpée qui délimite l'ancien lit du fleuve, un monument funéraire de proportions exceptionnelles. Il est inspiré de l'antiquité grecque, et la grâce s'y allie à la gravité dans la plus heureuse mesure. Le socle est orné, sur chacune de ses faces, de deux flambeaux renversés ; à la partie supérieure, une frise d'un beau dessin court sous la corniche. Isolé dans la campagne, au croisement de deux routes, entouré de prairies et de cultures s'étendant jusqu'au Rhin, en face du Vieux-Brisach, qui forme le fond du tableau, ce monument est d'un imposant effet. Les inscriptions dont il est couvert, et dont quelques-unes commencent à se dégrader, disent son objet et sa date. C'est un tombeau élevé par l'armée de Rhin-et-Moselle au général de division Michel-Arnaud Bacharetie de Beaupuy, né à Mussidan, en Périgord, mort au champ d'honneur en 1796.

Le nom de Beaupuy est presque ignoré. Faut-il que ce soldat, qui a si bien mérité de ses compagnons d'armes, reste à peine gardé contre l'oubli par un coin de la terre d'Alsace, maintenant surveillé par une sentinelle allemande? et si le temps, qui peut trouver, hélas ! des auxiliaires, achève son œuvre de destruction, faudra-t-il que cette mémoire aille se perdre dans la foule des héros anonymes de notre grande épopée nationale? C'est la question que nous nous sommes posée. Nous avons, pour la résoudre, étudié aussi complètement que possible la vie de Michel Beaupuy. Cette étude a été pour nous une révélation. Même à côté des Marceau, des Kléber, des Desaix, avec lesquels il va de pair, quoiqu'ayant rempli des postes moins importants, le général républicain présente une physionomie d'une élévation et d'un charme particuliers, qui nous a paru digne de l'attention de l'histoire.

I

La petite ville de Mussidan, où est né Beaupuy (1), est la porte d'entrée du Périgord sur le Bordelais. Gens et paysage, tout y annonce le midi. Là, les caractères deviennent plus vifs, les gestes plus prompts, les façons plus ouvertes. Là, le Périgord, qui, en s'éloignant de sa frontière septentrionale, s'est peu à peu dégagé de ses vallons étroits, s'élargit et s'épanouit. On n'est encore que sur la rivière de l'Isle, ce limpide affluent de la Dordogne, qui descend des collines du Limousin ; mais la Dordogne est proche, et ses plaines fertiles vont apparaître.

Mussidan est une bourgade ancienne et pleine de vieux souvenirs. Son nom est surtout mêlé à l'histoire des guerres de religion. Dans leurs incessantes équipées entre La Rochelle et Bergerac, les catholiques et les huguenots la trouvèrent plus d'une fois sur leur chemin et en firent alter-

(1) Mussidan, chef-lieu de canton du département de la Dordogne, arrondissement de Ribérac. — Beaupuy est inscrit sur ses états de service, au dépôt du ministère de la guerre, comme né à Limeuil, ancienne dénomination de la paroisse de Saint-Médard, qui englobait, avant la révolution, les *faux-bourgs* de Mussidan, résidence de sa famille.

nativement leur proie. Elle appartenait à la maison des Caumont de la Force, qui fut, pendant près de deux siècles, le principal foyer du calvinisme périgourdin. Le culte protestant y fut exercé librement jusqu'à la révocation de l'Edit de Nantes et la conversion de cet Henri Nompar de Caumont, duc de la Force, qui, suivant l'expression de la princesse Palatine, « préféra Mammon à son Dieu. » Le pays, dès lors, redevint catholique sans effort. Mussidan, au dix-huitième siècle, était une ville agréable et paisible, qui s'était depuis longtemps allégée des rigueurs féodales en obtenant certaines franchises ou coutumes. Elle était passée aux Caumont de Beauvilla, cette branche des La Force, que le dernier survivant du duché avait accidentellement découverte et faite l'héritière de son titre et de sa fortune. C'est dans la maison de campagne d'un de ces Caumont, située aux environs de Mussidan, qu'aimait à se rendre en parties de chasse et de plaisir le gouverneur de la province de Guienne, Louis-François du Plessis, duc de Richelieu, de galante mémoire, attiré par la renommée des belles filles du pays (1).

(1) Voir le voyage de M. Courtois en Périgord (vers 1760), réédité par Ferdin. Villepelet (Paris, Rouveyre, 1878), page 60.

Le Commandant de la Province
Dont ici je tairai le nom
Qui certes n'est point un nom mince
En amour a quelque renom :
Il est fameux pour les ripostes,
Et sait fort bien courir dix postes
Pour passer une bonne nuit
A Mucidan, à petit bruit,
Et cetera ; car c'est un drille
Qui s'absente à chaque moment,
Et dans tout le gouvernement
Il n'est femelle un peu gentille
Qu'il ne soumette en moins d'un an,
Fût-elle même née ailleurs qu'à Mussidan.

A l'ombre de cette grande maison, vivaient un certain nombre de familles d'une noblesse moins imposante, confondues dans la foule de cette gentilhommerie périgourdine qui, depuis deux siècles, par une sorte d'infiltration de la riche bourgeoisie, s'était démesurément accrue. Parmi elles, se trouvaient les Bacharetie de Beaupuy. C'était une vieille famille de Périgueux, dont les membres étaient devenus nobles par le simple fait d'avoir été citoyens ou bourgeois de cette cité. La bourgeoisie périgourdine était, en effet, une corporation de privilégiés, qui se prétendait inféodée à la couronne par un traité conclu de puissance à puissance et qui constituait, depuis des siècles, une seigneurie féodale, ayant son administration et sa justice propres, exempte de la taille et de tout impôt incompatible avec l'état de noblesse, possédant en somme la liberté en tout, sauf l'hommage dû à la couronne, tel que le rendaient les feudataires immédiats. C'est ce qu'exprimait cette formule officielle des délibérations publiques : *Les citoyens seigneurs de Périgueux* (1). Cet état de noblesse n'était pas simplement attaché à la ville, considérée comme une sorte d'être collectif et impersonnel. Tous les citoyens de la communauté, — titre qui ne s'appliquait d'ailleurs qu'à une certaine catégorie de notables, — étaient individuellement nobles ; et chacun d'eux, co-propriétaire par indivis d'une portion de la seigneurie, jouissait des droits attachés à la qualité de seigneur. Cette qualité était souvent rehaussée et affermie par des fonctions militaires ou de magistrature. La charge de maire de Périgueux conférait en outre le titre de conseiller du roi. Un Bacharetie occupait cet emploi

(1) Aug. Thierry. Fragments du recueil des monuments inédits de l'histoire du Tiers-Etat, 1er f. 11.

en 1626 (1). Un autre Bacharetie, chevalier de l'un des ordres du roi, écuyer, sieur de Beaupuy et de Peyrelade, était, en 1631, magistrat au siège présidial de Périgueux (2). Les ancêtres de Michel Beaupuy avaient naturellement ajouté à leur nom patronymique celui d'un domaine appelé *Beaupuy* qu'ils possédaient aux portes de Périgueux. Ils s'étaient établis à Mussidan au commencement du dix-huitième siècle.

François de Bacharetie de Beaupuy (3), père du général, s'intitulait simplement écuyer. Il avait une autre qualité, plus positive, celle de coengagiste du domaine royal de Montpon, contigu à la terre de Mussidan. Cette charge d'engagiste, qui se divisait parfois entre associés, consistait dans l'administration et la jouissance de terres seigneuriales appartenant à la couronne, à de certaines conditions qui se rapprochaient de celles du fermage. Elle ne s'acquérait qu'avec l'agrément du roi et était honorifique en même temps que lucrative. C'est à titre de seigneur de la terre de Montpon que le chef de la maison de Beaupuy fut appelé à siéger parmi la noblesse, en 1789, à l'assemblée des trois ordres de la sénéchaussée de Libourne, en vue des élections

(1) Liste chronologique des maires de la ville et cité de Périgueux, par A. de Froidefond de Boulazac (Périgueux, Dupont 1873). — Voir aussi Archives de la mairie de Périgueux : « 1627, 10 septembre. Est décédé Pierre Bacheretie, conselier et mère de la présan ville (G. G. 114, f° 10, v°).

(2) Acte notarié passé à Périgueux, le 24 novembre 1631. (Minutes de Durouchail.)

(3) Son contrat de mariage, du 24 janvier 1750 (Etude de Me Pontard, notaire à Mussidan), le désigne ainsi : François de Bacharetie, écuyer, seigneur de Beaupuy, fils de feu messire Pierre de Bacharetie, en son vivant aussi écuyer, seigneur de Beaupuy, et de dame Thérèze de Massacré. — Le blason de la famille de Beaupuy était de gueules au lion d'argent, au chef cousu d'azur, chargé de trois étoiles rangées d'or.

aux Etats généraux (1). La situation était en somme très haute et très recherchée. Ainsi, en Périgord, des terres royales étaient engagées à la grande maison des Biron, et le duc de Laforce lui-même était engagiste de la terre de Bergerac. La terre de Montpon était une des plus vastes du Périgord : elle comprenait quatorze paroisses. François de Beaupuy avait succédé dans cette place au marquis de Belsunce, qui la tenait des Foix-Randau. Mais, trouvant sans doute la charge trop lourde, il avait pris pour associé un gentilhomme de son voisinage, Louis Desmoulins de Leybardie, conseiller du Roi en la cour des aides de Guienne. Après un procès retentissant, dans lequel ils avaient lutté et triomphé ensemble devant le parlement de Bordeaux, contre le juge et le procureur du roi, qui les accusaient d'exactions dans la perception de la taxe des viandes et dans l'emploi des mesures censitaires, les deux coengagistes s'étaient séparés, et Louis de Leybardie avait été remplacé par le comte de Galard de Béarn. C'était, dès lors, une association de famille, les Galard de Béarn étant proches alliés des Beaupuy.

En effet, la mère du général, Jeanne-Françoise de Villars, fille de Nicolas-Charles de Villars, chevalier, seigneur de La Filolie, de Montdésir, du Moulin-Neuf et autres lieux, et de Thérèse de Pic de Père, était la cousine germaine de la comtesse de Béarn, cette grande et spirituelle dame que le procureur Courtois a célébrée en prose très lourde et en vers très légers dans son *Voyage en Périgord*. Les deux nobles cousines avaient de hautes parentés, entre autres les

(1) Procès-verbal de l'assemblée des Trois Ordres à Libourne, 11 mars 1789 (Archives historiques de la Gironde, t. XVII, p. 200).

Chabans (1), les Lur-Saluces, et une branche des Ségur, avec laquelle leur famille eut aussi un procès célèbre, au sujet de la propriété du château de Montaigne. Leur grand'-mère, Marie-Anne de Saint-Jean de La Filolie, mariée à Pierre de Villars, leur avait infusé le sang de l'auteur des *Essais,* son illustre aïeul. Le philosophe périgourdin n'avait pas assurément apporté le plus beau blason. Il n'en occupait pas moins la place d'honneur dans la généalogie de cette famille lettrée et distinguée. Il était le grand ancêtre (2).

Malgré cette communauté du sang, les deux cousines étaient loin d'avoir les mêmes goûts et les mêmes allures. Il faut, en quelques mots, dire ce qu'était l'une, afin de dégager la figure et le caractère de l'autre. Ici, nous apparaissent deux mondes contigus, nettement tranchés, dans lesquels se résume, sous ses deux principaux aspects, la société de cette époque. Le souffle du dix-huitième siècle s'était fait sentir de part et d'autre ; mais s'il avait, d'un côté, singulièrement émancipé les mœurs, il n'avait, de l'autre, affranchi que les idées.

Angélique-Gabrielle de Sufferte-Joumard des Achards, comtesse de Galard-Brassac de Béarn, dont le pied-à-terre, en Périgord, était à Montignac-sur-l'Isle, près de Montpon, avait trouvé une place à la cour par la faveur de la duchesse d'Aiguillon. « Par sa constance et son activité, dit Pidansat

---

(1) La sœur de Madame de Beaupuy, Marie-Charlotte Quitterie de Villars, épousa, en 1755, Jean de Chabans, seigneur de Saint-André et d'Epeluches, lieutenant au régiment de Normandie. Cette branche des Chabans, dont le chef actuel habite le Bordelais, a recueilli récemment le titre de marquis, par suite de la mort du marquis de Chabans de La Chapelle-Faucher, qui n'a laissé que des filles.

(2) Voir appendice 1.

de Mairobert, elle vint à bout d'obtenir une position considérable qui la mit en état de se montrer dans l'appareil convenable à sa naissance et de se trouver du crédit. Elle en profita au point de se livrer au faste d'autant plus volontiers qu'elle n'y était pas accoutumée, en sorte que, malgré les puissants secours qu'elle avait obtenu de la justice (dans son procès contre les Ségur, au sujet de la propriété du château de Montaigne), elle se trouva encore obérée. Ces raisons et ses liaisons du sang avec la maison d'Aiguillon et de Richelieu la jetèrent naturellement dans le parti de Madame du Barri. » Camille Desmoulins va jusqu'à l'accuser d'avoir reçu une pension de quatre-vingt mille livres « pour avoir été si dévergondée que de présenter la Dubarry (1). » Cette accusation paraît hasardée. Revenons à Mairobert : « Du reste, dit-il, elle avait gagné son procès dans l'intervalle ; mais s'étant une fois engagée et d'ailleurs ayant besoin de secours pour cinq enfants qu'elle avait, elle passa par dessus les préjugés qui avaient pu retenir d'autres femmes de la cour et ne craignit pas de devenir l'objet de leurs critiques et d'un ridicule qu'elle était fort en état de leur rendre par son esprit et ses saillies (2). »

La famille Beaupuy offrait un tout autre exemple. L'habitation du seigneur de Montpon, située à l'une des extrémités de Mussidan, en dehors de l'enceinte rasée par Richelieu, n'affectait dans son extérieur aucune prétention féodale. On devait vivre simplement dans cette maison d'apparence bourgeoise, qui ne se recommandait que par l'heureux choix de son emplacement, sur un point dominant la plus grande partie de la ville. Les mœurs y étaient

(1) Camille Desmoulins. Discours de la Lanterne aux Parisiens (à propos de la nuit du 4 août).

(2) Anecdotes sur la Comtesse du Barri. Londres, 1775, in-12, p. 98 et 99.

cependant aimables et hospitalières. Après la disparition de la famille Beaupuy, qui s'éteignit peu à peu et dont le dernier survivant quitta le pays vers 1825, pour mourir quelques années plus tard, cette maison était encore entourée d'une sorte de vénération. « Je suis d'autant plus heureux de la posséder, écrivait à cette époque son acquéreur au petit-fils de Françoise de Villars, qu'elle a toujours été la demeure de tout ce que les talents et les vertus pouvaient réunir de plus respectable (1). » A côté de cet hommage privé, veut-on l'hommage public d'un contemporain ? « Né à Mussidan, dans le sein des vertus sociales, disait d'un des fils Beaupuy, en 1793, le procureur-général-syndic de l'administration départementale, il partagea avec sa famille la candeur, la générosité, l'affabilité et tous les sentiments qui ont rendu les Beaupui chers à leurs concitoyens (2). » — « Ah ! si les Beaupuy étaient encore là ! » ont dit, pendant longtemps, les Mussidanais. L'intérieur du logis, à consulter les souvenirs locaux, respirait l'étude et le culte des choses de l'esprit : la vue s'y attachait surtout aux nombreux portraits de la famille, y compris celui de Montaigne (3), et à une immense bibliothèque où ne manquait aucun philosophe du XVIIIe siècle et où dominaient les grands in-folios de l'Encyclopédie. On se sentait là dans un foyer d'éducation forte et libre. Douée d'une haute intelligence et possédant une instruction exceptionnelle, madame de Beaupuy était l'âme de ce foyer. Elle devait être comparée un jour aux mères illustres de l'antiquité : on verra qu'elle pouvait soutenir le parallèle.

---

(1) Brouillon d'une lettre postérieure au 8 avril 1828, écrite par M. Lafargue aîné, négociant à Mussidan, à Pierre-Prosper Bacharetie de Beaupuy, (communiqué par M. Ernest de Lacrousille).

(2) Eloge funèbre de Pierre Beaupui, prononcé par Pipaud-Desgranges, le 13 juin 1793.

(3) Ce portrait a été acquis par M. Thirion-Montauban, ancien député de la Dordogne, propriétaire du château de Montaigne.

C'est dans cette maison des *faux bourgs* qu'elle donna le jour à ses cinq fils : quatre soldats, un prêtre.

L'aîné, Nicolas, né le 5 avril 1751, fut officier de cavalerie et parvint au grade de lieutenant-colonel. Il se retira du service en 1791. Il fut maire de Mussidan et l'un des administrateurs du département de la Dordogne. Ce département l'envoya à l'Assemblée législative. Il présida, pendant la Terreur, avec autant de modération que d'autorité, le Comité de surveillance du district de Mussidan. Il fut ensuite commissaire du Directoire, membre du Conseil des Anciens et mourut sénateur en 1802.

Le deuxième, Pierre-Armand, appelé aussi *La Richardie*, né le 5 mai 1752, capitaine aux Chasseurs-Royaux de Provence, quitta le service en 1789. Il succéda à son frère Nicolas dans les fonctions de maire de Mussidan et d'administrateur du département. Il commanda, en 1793, le cinquième bataillon des volontaires de la Dordogne et périt à Fontenay-le-Comte, dans la guerre de Vendée.

Le troisième, Louis-Gabriel, appelé aussi *La Filolie*, né le 14 septembre 1753, capitaine au régiment d'infanterie de Bassigny, démissionna en 1790. Il rentra au service, à l'ouverture des hostilités, fit plusieurs campagnes et mourut à Strasbourg, en 1793, des fatigues de la guerre.

Le quatrième, Michel-Arnaud, appelé aussi *Chauland*, notre héros, naquit le 14 juillet 1755.

Le cinquième, Jean, auquel on donnait plus souvent le prénom de *Guy*, né le 21 novembre 1756, était, en 1788, chanoine du diocèse d'Arles. Il fut plus tard curé de Mussidan. Il renonça à l'état ecclésiastique en 1793 et mourut maire de Mussidan, en 1806.

II

Les fils Beaupuy furent dispersés très jeunes à tous les coins de la France. Après avoir fait leurs humanités tant dans la maison paternelle qu'au collège de Mussidan, alors renommé, où Michel eut pour condisciple Joseph Morand, futur gouverneur militaire de la Corse et baron de l'Empire, tué en 1813, d'un boulet de canon, à Lunébourg (1), les quatre premiers entrèrent au service, du moment qu'ils furent en état de porter les armes. Ils ne passèrent pas par l'école royale militaire. Michel fut engagé, le 10 juillet 1771, comme simple soldat au régiment d'Aunis, alors en garnison à Perpignan : il n'avait pas tout à fait seize ans. Il y trouva de bonnes relations et des appuis. Le régiment était commandé par un de ses oncles, le comte Jean-Baptiste du Lau d'Allemans (2), âgé de 34 ans, qui avait succédé dans cette charge de colonel à un autre périgourdin, Louis-Marie de Chapelle, comte de Jumilhac. Le Périgord était un peu chez lui dans ce régiment d'Aunis, auquel il fournissait beaucoup d'officiers. Michel retrouva donc des concitoyens et des amis d'enfance, quelques-uns encore imberbes comme lui, portant déjà l'épée. D'abord, il

---

(1) Joseph, baron de Morand, né au château de la Rivière, commune d'Allemans (Dordogne), le 18 juillet 1757, était issu d'une famille noble habitant tantôt Mussidan, tantôt la paroisse de Saint-Etienne-de-Puycorbier. Comme gouverneur de la Corse, il a laissé dans cette île le souvenir d'une administration bienfaisante et paternelle. On l'y a longtemps appelé : *Notre père Morand.*

(2) Jean-Baptiste, comte du Lau, seigneur de La Cote, La Roche, Savignac et La Rousseille, a été le dernier rejeton de la branche des du Lau d'Allemans, dite de La Cote. Il naquit au château de la Cote, paroisse de Biras, en Périgord, le 15 juin 1737. Il fut colonel des grenadiers de France, gentilhomme d'honneur du comte de Provence, maréchal de camp, membre du Comité de la guerre, lieutenant-général en 1814, grand'croix de Saint-Louis. Il mourut à Paris en 1818, sans avoir été marié.

avait là son frère, Louis-Gabriel, de deux ans plus âgé, sous-lieutenant depuis peu. Il s'y rencontra aussi avec ses cousins de Salleton et Fompitou de Massacré, avec Foucault, Montozon, La Roque, Chalup, Cosson, du Reclus, Chapelle, brillante jeunesse de son pays, dont ses opinions devaient le séparer bientôt. Sa gentilhommerie relative lui conférait le droit à l'épaulette ; il fut nommé sous-lieutenant, le 2 mars 1773, étant à Besançon. Il avait fait, dans l'intervalle, la garnison de Toulon. Ces continuels déplacements des régiments étaient, en quelque sorte, à la discrétion des colonels, qui choisissaient, sous l'approbation du ministre, les résidences les plus propres à concilier leurs agréments particuliers avec les facilités du recrutement et du logement des troupes. C'est à Besançon que le régiment d'Aunis fut dédoublé, en 1775, par suite d'une nouvelle organisation de l'infanterie. Le deuxième et le quatrième bataillons, pourvus d'un nouveau colonel, formèrent le régiment de Bassigny, auquel appartinrent désormais Michel Beaupuy et son frère Louis-Gabriel.

L'avancement de Michel ne fut pas rapide. Lieutenant en second le 1er octobre 1779, premier lieutenant de grenadiers le 27 mai 1785, ce sont là toutes les faveurs qu'il dut personnellement à l'ancien régime. L'ancien régime ne lui fournit d'ailleurs aucune occasion de se signaler. Il eût volé de grand cœur en Amérique avec Lafayette et Rochambeau. Les péripéties de sa vie militaire se bornèrent à de nouveaux changements de résidence et à une campagne sur mer, le long des côtes, en 1780, dans la guerre contre les Anglais. Sur terre, il fit un véritable tour de France. Après le midi, après l'est, il fut envoyé dans le nord où il fit la garnison de Douai, pour descendre bientôt en Normandie, au camp de Vaussieux, puis à l'ouest, où il séjourna à La

Rochelle et à Marennes. Il remonta ensuite en Bretagne, fit quelques villes sur les côtes de la Manche, retourna dans l'est et revint enfin dans l'ouest, où nous le retrouvons en garnison à Nantes, au commencement de 1788 (1).

Ses frères faisaient des mouvements analogues. A cette date de 1788, l'aîné, Nicolas, était à Neufchâteau, major au régiment de Dragons-Mestre-de-camp-général. Pierre-Armand était à Antibes, capitaine en second aux chasseurs royaux de Provence. Quant à l'abbé Jean, il était à Arles, près de son oncle l'archevêque, un autre du Lau d'Allemans, frère du colonel d'Aunis, futur député aux Etats généraux, future victime des massacres de septembre (2). On avait fait un chanoine du jeune abbé. Peu sensible aux honneurs d'un tel rang, il eût volontiers échangé le canonicat contre la cure de sa petite paroisse de Saint-Médard : son ambition ne rêvait rien au-delà du clocher de son village. C'est lui qui, dans une lettre écrite à madame de Beaupuy, le 12 avril 1788, une des rares épaves échappées au naufrage des papiers de sa maison, nous montre la famille dans sa manière d'être et son esprit intimes, rayonnant autour de cette mère vénérable, alors veuve depuis un an, qui, restée seule à Mussidan, n'y vivait que dans la pensée de ses fils et dans la vision de la noble destinée vers laquelle elle avait dirigé leurs premiers pas.

---

(1) Histoire de l'infanterie française, par le général Suzanne, tome II, p. 258 (1875).

(2) Jean-Marie l'Evangéliste, du Lau d'Allemans, né au château de la Cote, près Brantôme, en Périgord, le 30 octobre 1738. Il fit partie de l'Assemblée des Notables en 1787 et fut député aux Etats généraux en 1789. Il fut l'un des principaux rédacteurs de l'*Exposition des principes sur la Constitution civile du Clergé*, contre laquelle il s'éleva avec énergie. Ce fut encore lui qui rédigea l'adresse au Roi sur le décret du 26 mai 1792, ordonnant la déportation des prêtres non assermentés et qui le décida à refuser sa sanction à cette mesure.

Il s'y épanche en termes affectueux auprès de celle qu'il appelle tantôt « sa bonne maman », tantôt sa « bonne *mater.* » Il s'y montre tendrement soucieux du sort de ses frères, de l'aîné d'abord, « le pauvre gros, » qu'il désirerait voir prendre femme pour le bonheur commun et qui d'ailleurs ne tardera guère. Il paraît être en correspondance suivie avec Michel, alors en garnison à Nantes, sous un colonel provençal, M. de Saint-Tropez. Il voudrait que ce colonel obtînt garnison dans son pays, près d'Arles. Ayant Michel près de lui, le bon chanoine y trouverait un « adoucissement à sa triste position, qui devient plus triste encore, chaque jour, par les tracasseries peu méritées qu'il éprouve. » Et il récrimine contre l'archevêque qui, sous de vains prétextes, semble l'avoir pris en grippe et dont il n'a de longtemps rien à attendre pour réaliser ce vœu si doucement caressé, la cure de sa paroisse natale.

« J'ai pesé tout ce que je viens de vous dire, dit-il en terminant, à la balance la plus juste, je dirai même au poids du sanctuaire. Ce n'est ni le désir d'être plus riche ni celui d'être oisif et paresseux, c'est plutôt le désir de me rendre réellement utile et ensuite de jouir de ce bonheur si pur et si tranquille d'être auprès d'une famille unique dans le monde. »

Et, à la suite d'un post-scriptum où il envoie un souvenir affectueux à divers parents et amis, il signe : « J. de Beaupuy, curé de Saint-M.... Eh ! je me trompe malheureusement, pauvre et triste chanoine d'Arles (1). »

Voilà certes ce qui ne sent pas son abbé musqué du dix-huitième siècle.

---

(1) M. E. de Lacrousille a bien voulu nous faire don de cette lettre intéressante, qu'on trouve reproduite en entier, appendice 4.

Michel, lui, souffrait de son inaction plus que des lenteurs de sa carrière. L'étude absorba en grande partie son activité. Tous les témoignages contemporains qui ont servi à la rédaction des notices sommaires publiées sur lui après sa mort, sans compter la tradition, s'accordent à le représenter comme un officier laborieux. « Des connaissances approfondies dans l'art militaire avaient fait de lui un bon guerrier, avant même qu'il eût porté les armes contre l'ennemi. Il n'oubliait rien de ce qui pouvait contribuer à son instruction (1). » Il faut bien dire aussi que le jeune gentilhomme, qui en imposait par la grâce de sa personne et de ses manières et qui ne se targuait nullement de l'austérité d'un saint, eut pour la femme son heure d'inclination et que de ce côté-là il obtint quelques succès. Un portrait de lui, œuvre originale et, paraît-il, des plus fidèles, qui le représente vers sa trentième année, en donne une image qui répond bien à sa vie et à son caractère. Il y a dans cette figure ouverte, dans ce regard clair et attentif, dans ces lèvres serrées, mais souriantes, autant d'énergie que de bonté. Il était de haute taille. De l'ensemble de sa personne, il se dégage une distinction sévère et charmante. Il est en costume de lieutenant de Bassigny, habit blanc avec revers roses. Pas de recherche dans la tenue, à l'opposé de son frère Louis-

(1) Biographie universelle et portative des contemporains, ou Dictionnaire historique des hommes vivants et des hommes morts depuis 1788 jusqu'à nos jours, publié sous la direction de MM. Rabbe, Vieilh de Boisjelin et Sainte-Preuve (Paris, 1836). — Voir notices sur Michel Beaupuy dans Galerie Militaire, par F. Babié et L. Beaumont (Paris, Barba, an XIII). — Biographie moderne ou Galerie historique (Paris, 1815). — Biographie universelle des Contemporains, par MM. A.-V. Arnault, Jay, etc. (Paris, 1820). — Biographie universelle ancienne et moderne (supplément, Paris, 1834, édit. Michaud). — Discours sur les célébrités du Périgord, suivi de notes biographiques, par L. Sauveroche (Appendice, Périgueux, 1835). — Le Périgord illustré, par l'abbé Audierne (Périgueux, 1851).

Gabriel, dont on a aussi le portrait et qui déborde de linge blanc et de dentelles. On aime à se figurer ainsi le chevalier accompli, qu'on verra joindre à des vertus antiques une douceur si captivante.

Non, ce n'est pas un petit maître qu'on a devant soi. Sous ce front encadré d'une chevelure poudrée, on devine une pensée grave. Car il pensait. Il avait lu les philosophes. En montrant l'homme comme victime d'un système politique et religieux qui comprimait ses nobles facultés et en faisait le jouet de l'arbitraire et du destin, en redressant et en appelant à la vie sociale cet être nul encore, ils avaient révelé à Beaupuy une religion nouvelle. Cette religion, qui se substitua aisément dans son âme aux vieilles croyances, il la dégagea non seulement des écrits du temps, mais encore des faits et des événements qui l'enveloppaient et dont, spectateur libre et vigilant, il approfondissait les causes et pressentait les effets. Il vit l'homme misérable ; il se prit de pitié pour lui et aussi d'amour et de dévouement : il rêva son affranchissement ; il le hâta de tous ses vœux. Ce fut là sa foi, foi profonde, à laquelle il ramena tous ses actes, même ceux que lui commandait le devoir militaire. Au milieu d'une société d'officiers frivoles, qui répugnaient à ces nouveautés, il vécut surtout avec lui-même, attendant l'heure de l'action. C'est ainsi que sous l'officier résigné et méconnu se formait le patriote.

III

Toute la famille, y compris la mère, y compris l'abbé, partageait ces sentiments et ces ardeurs. Au premier souffle de la révolution, tous se lancèrent résolument au large, en plein courant.

Dès l'ouverture de la période électorale, en vue de la constitution des Etats généraux, Michel et Louis-Gabriel se rendirent en Périgord, où ils étaient appelés à figurer comme électeurs parmi la noblesse, de même que leur mère, propriétaire du fief de La Filolie. De toute la maison, seul Michel portait un titre, celui de chevalier. Le plus jeune des quatre militaires, il se trouvait en quelque sorte leur chef, sans doute par l'effet du testament du père. C'est à lui que sa mère donna pouvoir de la représenter à l'assemblée électorale et de confier aux députés de son ordre, ainsi qu'elle l'exprime dans sa procuration, « tous pouvoirs généraux et suffisans pour proposer, remontrer, aviser et consentir tout ce qui pouvait concerner les besoins de l'Etat, la réforme des abus, l'établissement d'un ordre fixe et durable dans toutes les parties de l'administration, la prospérité générale du royaume et le bien de tous et de chacun des sujets de Sa Majesté (1). »

Michel disposa donc de deux voix. Cette investiture maternelle faisait de Michel comme le porte-drapeau de la famille. Le drapeau se trouva en bonnes mains. Dans la critique générale du gouvernement, il n'eut pas de peine à s'entendre avec ses pairs. Car la noblesse périgourdine était fort montée contre le pouvoir royal. Ecoutez le début de son cahier de doléances :

« Si l'honneur, qui guida toujours la noblesse française, exposa mille fois la vie et la liberté de nos ancêtres dans ces combats qui décidèrent souvent du sort du trône et du monarque, le patriotisme, non moins actif dans ses impulsions, nous commande aujourd'hui de guérir les plaies qu'ont envenimées cent soixante ans de silence, l'oppression du gouvernement et l'oubli de nos

(1) Voir le texte de la procuration, appendice 5.

droits. Le souvenir de ce que nous fûmes, la perspective de ce que nous pouvons encore devenir et la reconnaissance due aux louables intentions d'un monarque dont les vertus personnelles soutiennent seules dans ce moment la chose publique, raniment notre courage pour correspondre au désir qu'il témoigne de se rapprocher de son peuple. Nous commencerons par déclarer formellement que, sans l'amour dont nous sommes pénétrés pour la personne de Louis XVI, sans la considération respectueuse que nous portons à l'auguste sang des Bourbons, l'édifice monstrueux de la dette amoncelée par la cupidité et la profusion des ministres croulerait en entier, sans qu'il fût de notre devoir d'en prévenir la chute. Que cet aveu soit une leçon mémorable, et que les rois apprennent enfin que le cœur de leurs sujets leur offrira toujours plus de ressources que les intrigues ou les agitations de leurs ministres ! » (1).

Michel Beaupuy jeta sa note personnelle dans cette clameur de protestations. La vérité dite au pouvoir, il n'hésita pas à la dire aussi à ses pairs, à faire son procès à la noblesse. Ce fut un coup de théâtre. La noblesse s'était mise dans une fausse position. Elle gémissait sur les maux de la nation. Mais, en se posant comme la base de la reconstitution du royaume, en faisant de si hautaines réserves sur son rôle prépondérant dans l'État, elle compliquait le problème. Toute la révolution est là. Michel s'éleva généreusement contre les prétentions de son ordre. Il le fit avec la modération d'un homme qui ne veut pas compromettre sa cause, mais avec une fermeté, un accent de conviction qui lui valurent l'adhésion de quelques-uns, le respect de tous. Son frère, Louis-Gabriel, le seconda

(1) La noblesse du Périgord en 1789, par Amédée Matagrin. (Périgueux, Aug. Boucharie, 1857.) Y voir aussi copie de la lettre aux députés (page 144). — Autre lettre signée Beaupuy et datée de Mussidan, 19 juillet 1789. (Pages 142 et 133.)

avec énergie. Pierre-Armand vint à son tour soutenir et continuer cette campagne égalitaire : il donna sa démission de capitaine, le 5 avril 1789, et s'établit à Mussidan, où il combattit sans relâche ce que toute la famille jugeait être le bon combat.

Les Beaupuy, toutefois, n'avaient pas rompu avec la noblesse. Ils avaient conquis une certaine influence sur les châteaux voisins : ils en eurent plusieurs avec eux. Ce furent les Beaupuy qui, après la déclaration royale du 23 juin, autorisant les députés de la noblesse à demander de nouveaux pouvoirs à leurs commettants, en vue de la fusion momentanée des trois ordres dans l'Assemblée nationale, s'impatientèrent les premiers des hésitations et des faux-fuyants des privilégiés et amenèrent dix-neuf gentilshommes des environs de Mussidan « à charger de rechef leurs députés de pouvoirs suffisants et généraux pour concourir au grand œuvre de la régénération publique et aux vues bienfaisantes de Sa Majesté. » Là-dessus éclata le coup de foudre de la Bastille, qui décida enfin les deux députés de la noblesse périgourdine aux Etats généraux, Foucault de Lardimalie et La Roque de Mons, à se joindre à l'adhésion collective de leur ordre, effectuée le 16 juillet. Dès lors, le nouveau mandat provoqué par la déclaration royale était sans objet. La noblesse périgourdine voulut se concerter quand même et se réunit en effet, à Périgueux, le 30 juillet. Les Beaupuy s'abstinrent résolument de participer à cette assemblée inutile, peut-être dangereuse. Sur les 520 nobles inscrits comme électeurs, on n'y compta que trente et un assistants, qui, de guerre lasse, et malgré le comte de Mellet, donnèrent les pouvoirs demandés (1). Le courant était à la

---

(1) La noblesse du Périgord en 1789, page 110. (Verbal d'assemblée de la noblesse de la province du Périgord, à l'effet de donner de nouveaux

fusion : on peut dire que l'attitude de Michel y avait largement contribué. Le lendemain, cette union patriotique se fit dans une assemblée des trois ordres tenue dans la même ville, où le tiers parla en maître par la bouche de François Lamarque et où les honneurs furent principalement pour la famille Beaupuy. Lamarque, avocat au parlement de Paris, futur conventionnel, qui, retiré, lui aussi, à Montpon, dans sa famille, s'y tenait prêt à jouer son rôle dans les événements pressentis, célébra le désintéressement et la noble indépendance de Michel Beaupuy. Après avoir évoqué les noms des Lafayette, des Larochefoucauld, des Clermont-Tonnerre, des Lally-Tollendal, des Mirabeau :

« Je n'entreprendrai pas de les louer, s'écria-t-il, je craindrais de ternir l'éclat qui les environne. Mais je vous parlerai, Citoyens, des braves et généreux Chevaliers de cette province, qui ont soutenu si ardemment la cause commune, qui ont pleuré sur les maux du Peuple, qui versent aujourd'hui sur sa régénération des larmes de joie et qui préfèrent à tous les titres le titre de bon Citoyen.

» Quel est celui de vous qui n'a pas admiré ce jeune officier qui, supérieur à toutes les vues d'ambition, et s'immolant pour le bien public, a eu le courage de s'élever contre les prétentions de son ordre et a su allier avec sa fermeté tant de sagesse, de décence et de modération, que ceux qui attaquaient son opinion avec le plus d'aigreur se sont vus forcés de respecter ses vertus.

» Ce digne patriote a déjà reçu une récompense bien douce par le suffrage et les éloges de tous les gens de bien, par celui de

---

mandats à ses députés. 30 juillet 1789.) — Le comte de Mellet habitait le château de Neuvic, près Mussidan. On a dit qu'un des Beaupuy avait demandé la main d'une demoiselle de Mellet et que, n'ayant pas été trouvé assez noble et ayant essuyé un refus, il s'était lancé par dépit dans la Révolution. Cette dernière partie de la légende est controuvée par l'unité de la vie et des sentiments de la famille Beaupuy.

ses trois frères philosophes et guerriers, et par la joie de sa mère, qui, comme les nobles Spartiates, mêle avec les vertus de son sexe, le zèle de la patrie » (1).

Fière de tels enfants, dont le cœur battait comme le sien dans la pensée de la rénovation qui s'annonçait, madame de Beaupuy écrivait alors à un ami :

« Les nouvelles du dernier courrier répandent la joie partout. En vérité, je suis trop flattée d'être Française. Quelle nation ! Toutes celles de l'Univers vont lui porter envie. Mes enfants sont au comble de la joie » (2).

Michel avait rejoint son régiment. Mais les autres enfants se groupèrent peu à peu autour de la mère. A l'exemple de Pierre-Armand, Louis-Gabriel ne devait pas tarder à donner sa démission de capitaine, pour reprendre, comme lui, du service aux jours du danger. Nicolas allait l'imiter et jouer dans son pays un rôle politique considérable. Quant à l'abbé Guy, il était destiné à voir bientôt exaucé le plus cher de ses vœux : il fut, en 1791, nommé curé de Mussidan. Le premier acte de son nouveau ministère fut de prêter serment à la Constitution.

---

(1) Vues de tolérance et d'union. Discours prononcé le 31 juillet 1789, par le citoyen Lamarque, avocat, dans l'église Saint-Silain, à Périgueux, dans une Assemblée des trois ordres (21 pages, chez Dubreuil, libraire, à Périgueux). — Epigraphe : *Medio tutissimus ibis.* — Le jeune officier dont parle Lamarque est indiqué en note comme étant M. le chevalier de Beaupuy.

(2). Cet extrait d'une lettre de madame de Beaupuy est reproduit en note dans la brochure de Lamarque, citée plus haut (page 17).

CHAPITRE II.

I. — Michel Beaupuy en garnison en Bretagne, à Blois et à Tours.
II. — Ses relations avec le poète anglais Wordsworth.
III. — Son départ pour l'armée du Rhin.

1789-1792.

I

C'est en Bretagne que le lieutenant Michel Beaupuy fut témoin des premières agitations révolutionnaires. De 1788 à 1791, le régiment de Bassigny, soit en entier, soit par fractions, tint garnison à Belle-Isle, à Port-Louis, à Lorient, à Brest et dans divers centres voisins. Ces fréquents mouvements de troupes étaient occasionnés par l'agitation du pays. La Bretagne en effet n'avait pas échappé à la secousse générale. Les opinions contraires s'y heurtaient même avec une violence particulière. Tandis que les campagnes, dirigées par la noblesse et le clergé, manifestaient leur attachement à l'ancien régime, les villes acclamaient l'ère nouvelle. Les patriotes de Lorient allaient jusqu'à disputer à ceux de Marseille les palmes du civisme le plus ardent. « Croit-on, écrivaient-ils à l'Assemblée législative, que les vieux Celtes, dont les conquêtes s'étendaient des colonnes d'Hercule au fond de l'Asie, de la forêt d'Hercinie jusqu'à la mer Adriatique, témoignent pour la liberté moins de fougue que la Provence ? La liberté ! La voix de cette souveraine a retenti en effet dans nos rochers comme dans les jardins d'Hières ou sur les sables de Marseille (1). » Mais, autour des villes, autour de Vannes, de Pontivy, de Lorient, le grondement

(1) Réimpression du *Moniteur*. Tome X, page 527. (Numéro du 21 novembre 1791.)

des masses rurales préludait déjà aux grandes insurrections royalistes.

L'armée elle-même, image du pays, était le foyer d'une vive fermentation. Entre officiers et soldats, la discipline était devenue une barrière impuissante contre les haines de classes. D'un côté, l'aristocratie ; de l'autre, le peuple. C'était un mal, un mal des plus graves. Le gouvernement le dénonçait aux représentants par l'organe de ses ministres et de ses amis. Mais qui l'avait créé ? Les derniers règlements militaires de la royauté avaient suscité une recrudescence intempestive des préjugés nobiliaires et de l'esprit féodal en fermant toutes les issues par où la roture aurait pu s'introduire dans les grades les plus modestes. Isolée dans ce boulevard, qu'elle avait cru un instant inaccessible et que la Révolution menaçait de lui ravir, la noblesse devint intolérable et intraitable, et quand elle vit monter vers elle la grande marée, elle fut tentée, elle aussi, de la faire fouetter de verges. Elle le fit, à sa manière, en émigrant en masse et en se tournant contre la patrie. L'armée de mer donna le signal. A Brest, on vit les cadres de la marine se disloquer peu à peu ; au milieu de 1791, sur 644 officiers, 250 environ étaient signalés comme ayant disparu sans motif légitime et d'une manière suspecte. L'armée de terre n'émigrait pas encore dans ces proportions ; mais ses façons n'étaient guère plus rassurantes. Elles émurent les patriotes de Quimperlé qui, par voie de pétitions individuelles, lues à l'Assemblée nationale, le 30 mai 1791, demandèrent le licenciement des troupes de ligne (1). Le régiment de Bassigny, qui était

(1) Réimpression du *Moniteur,* tome VIII, page 559. (Numéro du 2 juin 1791.) — Cette adresse donna lieu à une séance très mouvementée. — *M. Antoine :* « Il n'est pas possible que les régiments demeurent tranquilles dans leurs garnisons tant que le corps des officiers sera composé comme il l'est actuellement... » — *M. de Virieu* proteste contre

devenu, le 1er janvier, le 32e d'infanterie, ne faisait pas exception. Beaupuy seul faisait figure de patriote au milieu de ses collègues. Nous disons seul, car son frère, Louis-Gabriel, n'était plus auprès de lui : il avait, le 6 septembre 1790, donné sa démission de capitaine. Il y avait bien là, à côté de Michel, un officier de fortune, Louis-Antoine Vimeux, péniblement sorti des rangs, à un âge avancé, avant les derniers règlements contre la roture (1), et capitaine depuis peu, qui s'accommodait sans doute du nouvel ordre de choses. La Révolution devait en effet lui profiter singulièrement, puisque le vide créé par l'émigration le fit bientôt nommer colonel de ce même régiment dans lequel il avait fait ses premières armes comme volontaire de rencontre. Mais, s'il restait étranger aux conciliabules de ses nobles collègues, il regardait les événements en silence et se tenait sur la réserve. Il observait, en somme, la consigne naturelle d'un vieux soldat, qui, malgré tout, devait quelque peu à l'ancien régime et dont les idées ne dépassaient guère le cercle du devoir militaire (2).

---

les calomniateurs et dénonce les progrès criminels des traitres à la patrie soudoyés qui viennent affaiblir la barrière qu'il faut opposer en ce moment aux ennemis qui nous menacent de toutes parts. (On rit à gauche.) — *M. Biauzat*, se tournant du côté droit : « Ils sont là, nos ennemis. » — *M. de Virieu* : « Oui, les ennemis du crime ! » (Grands murmures). — *M. Lavie* demande l'impression du discours de *M. de Virieu*. — Plusieurs voix : « Il faut envoyer l'auteur et le discours à l'Abbaye ! »

(1) Décision du 22 février 1781 :

« Le roi a décidé que tous les sujets qui seraient proposés pour être nommés à des sous-lieutenances dans ses régiments seront tenus de faire les mêmes preuves (quatre quartiers de noblesse de père) que ceux qui lui sont présentés pour être admis et élevés à son école royale militaire, et que S. M. ne les agréerait que sur le certificat du s[r] Chérin, son généalogiste. »

(2) Nous devons de nombreux renseignements biographiques sur Vimeux à l'obligeance de M. Piéron, lieutenant au 32e d'infanterie à Tours, qui prépare une histoire de son régiment.

Sur ces entrefaites, le deuxième bataillon de Bassigny fut embarqué pour Saint-Domingue. Le premier bataillon, dont était Beaupuy, fut envoyé en garnison à Tours, où il arriva le 4 juin 1791 (1). La Touraine était plus calme que la Bretagne. « La plus grande tranquillité, écrivait-on, le 19 mai, au *Moniteur*, règne dans toute l'étendue du département. Tours est sans contredit une des villes qui, soit par le patriotisme de ses habitants, soit par leur caractère, a eu le moins d'agitation dans le cours de la Révolution actuelle. Les sociétés des Amis de la Constitution sont très multipliées et très nombreuses dans ce département. Celle de Tours est composée de plus de 600 membres (2). » Beaupuy trouva les bords de la Loire tout à la joie de ces heures de fraternité qui s'écoulèrent si douces et si rapides entre la Fédération et les préparatifs de guerre. Mais un grave événement vint subitement assombrir le ciel et aigrir les esprits.

Le 22 juin, à cinq heures du soir, la nouvelle de la fuite du roi arriva à Tours comme un coup de foudre. Conformément à un décret de l'Assemblée nationale, transmis par courrier, les commandants des différents corps de la garde nationale, de la gendarmerie et des troupes de ligne furent convoqués sur le champ par les autorités locales pour se concerter sur les mesures à prendre. On attendit vainement le colonel du régiment de Bassigny. Le régiment fut mis sur pied : vainement encore on chercha son chef pour qu'il en prît le commandement. Ce colonel était Pierre-Marie de Suffren, marquis de Saint-Tropez, frère du héros de la

(1) Notification de la marche des différents régiments devant passer dans l'étendue du département d'Indre-et-Loire pendant mai et juin 1791. « 1er bataillon du 32e régiment d'infanterie partira de Longeais le 4 juin 1791 et ira loger le même jour à Tours, où il demeurera. » (Archives municipales de Tours, liasse 14. Adon 1791.)

(2) Réimpression du *Moniteur*, t. VIII, p. 506 (numéro du 28 mai 1791).

guerre des Indes, mort en 1788, et dont un autre frère, Louis-Gérome, évêque de Nevers, avait été un des premiers émigrés de la suite du comte d'Artois. Sa première pensée, en apprenant l'évasion de Louis XVI, fut de courir le rejoindre à la frontière, où, comme tout le monde, il le supposait déjà. En prévision de ce départ, il avait réuni le pécule nécessaire en monnaie sonnante. Mais il lui était difficile d'échapper à la vigilance des patriotes de Tours. Traqué par ses propres soldats, il se réfugia dans un four à chaux et prit le costume d'un ouvrier de l'atelier. Il fut découvert dans sa cachette, conduit à l'hôtel de ville et écroué à la prison. La nouvelle de l'arrestation du roi à Varennes, qui arriva le surlendemain, calma un peu les esprits. Toutefois, l'effervescence du peuple et des soldats était encore telle qu'après avoir jugé qu'il ne pouvait être maintenu en état d'arrestation, les autorités firent sortir le marquis de la ville sous la protection d'une force imposante. Il ne reparut pas à son régiment (1). Le soir, la ville fut illuminée. Tous les officiers de la garnison prêtèrent le nouveau serment militaire devant le Directoire du département : ils le répétèrent à la séance des Amis de la Constitution. Ce serment, que Beaupuy prêta de toute son âme, dût coûter, on va s'en convaincre, à plus d'un de ses camarades (2).

(1) Aux archives de la guerre, la mention de sa démission *sans datte* est du 29 décembre 1791.

(2) Voici la formule de ce serment tel qu'il fut décrété par l'Assemblée nationale le 22 juin 1791 : « Je jure d'employer les armes réunies en mes mains à la défense de la patrie et à maintenir contre ses ennemis du dedans et du dehors la Constitution décrétée par l'Assemblée nationale. Je jure de mourir plutôt que de souffrir l'invasion du territoire français par les troupes étrangères et de n'obéir qu'aux ordres qui seront donnés en conséquence des décrets de l'Assemblée nationale. » Voir sur l'épisode de la fuite du colonel, réimpression du *Moniteur*, t. IX, p. 23 (n° du 3 juillet 1781). — Voir aussi registres des délibérations du Directoire du département d'Indre-et-Loire. (Reg. 3e 1791. Archives départementales d'Indre-et-Loire, série 4.)

Après cet orage, la paix régna de nouveau à Tours. Au mois d'août, le premier bataillon de Bassigny put, sans inconvénient, être dédoublé. Un détachement de quatre compagnies, dont Beaupuy fit partie, alla remplacer à Blois le premier bataillon du régiment de Rouergue, envoyé près de la frontière. Les soldats de Rouergue avaient, eux aussi, trouvé à redire à la conduite de leurs chefs. Quatre d'entre eux avaient dénoncé un certain nombre d'officiers qui avaient esquivé par une absence plus ou moins régulière la prestation de serment imposée par la loi et qui, se croyant ainsi dégagés de cette formalité répugnante, étaient tranquillement revenus à leur poste, au départ du régiment. On s'était borné à punir l'indiscipline des soldats, qui avaient été incarcérés à Blois. Au mépris de la loi d'amnistie votée par l'Assemblée nationale avant sa dissolution, ces malheureux étaient encore en prison au mois d'octobre 1791. Les auteurs responsables d'un tel abus, qui fut, dès ses premières séances, signalé à l'Assemblée législative, se défendirent assez mal. L'Assemblée en tira cette moralité que l'arbitraire de l'ancien régime semblait se perpétuer par le bon plaisir de ses partisans (1).

Cependant, sur la fin de 1791, Michel Beaupuy fut promu capitaine. La justice arrivait enfin pour lui et pour d'autres. Lui s'intéressait surtout à la revanche des autres. Autour de lui, les visages de ses collègues s'assombrissaient de plus en plus : le sien rayonnait. Il était d'une nature ardente, expansive : c'était un sage, un sage à la manière de

(1) Réimpression du *Moniteur*, tome X. (Séances du 18 octobre et du 22 novembre 1791.) « Votre Comité, dit Carnot le jeune, rapporteur, croit inutile de vous rappeler que la principale cause de cette détention était d'avoir ouvert les yeux sur la conduite de quelques-uns de leurs officiers, qui, après avoir refusé de prêter le serment ordonné, étaient venus tranquillement reprendre des places dont la loi les avait dépossédés. »

Montaigne, très en dehors, mais aiguillonné en outre, à l'inverse de son aïeul, de ce besoin d'apostolat et d'action propre aux vrais croyants. Ce patriote qui perçait sous le capitaine déplut aux officiers de Bassigny. Ils le tinrent à l'écart, estimant qu'il s'encanaillait. Toute la famille n'avait-elle pas d'ailleurs versé dans la Révolution ? Après Pierre-Armand, après Louis-Gabriel, après l'abbé Jean, qui venait de prêter le serment sacrilège, voilà que l'aîné des cinq frères, Nicolas, parvenu au grade de lieutenant-colonel dans le régiment de Mestre-de-camp-général Dragons, venait de jeter sa démission à ses incorrigibles collègues et de se faire élire par le département de la Dordogne à cette Assemblée législative qui préparait la République. Il y avait là de quoi justifier contre Michel toutes les haines et tous les mépris. On le lui fit sentir. Morigéné par ses chefs, il dut se taire, étant soldat avant tout. Conspué par ses égaux, il leur fit comprendre qu'il était inutile de l'attirer à leur cause. Il subissait sans amertume cet ostracisme, lorsque le hasard lui donna un disciple et un ami digne de lui. Un jeune anglais séjournant à Blois, dans le capitaine obscur et méprisé découvrit le sage et le héros : il vit en lui l'incarnation de ce qu'il y avait de généreux et de pur dans la Révolution française ; et longtemps après, devenu grand poète, il se plut à décrire le caractère de Beaupuy, à retracer les entretiens qu'il avait eus avec lui, à attribuer à l'influence de l'officier patriote sa conversion momentanée aux idées de rénovation politique et sociale.

C'est dans le neuvième livre de son poème intime du *Prélude* que William Wordsworth raconte en détail ses relations avec Beaupuy. Œuvre d'un homme avare d'éloges envers les hommes et peu suspect d'enthousiasme irréfléchi, écrit à une date où la passion révolutionnaire de Wordsworth commençait à faire place au respect sans bornes des choses anciennement établies, l'éloge de Beaupuy est le plus beau et le plus sûr dont on ait honoré nos généraux de la Révolution. Marceau fut chanté par Byron ; mais Byron n'avait pas connu personnellement Marceau. Il le célébra sur la foi de la renommée. Au contraire, Wordsworth ne connut bien de Beaupuy que son caractère, et il ignora la plupart de ses hauts faits. Quand il le célébra, vers 1804, douze ans après l'avoir quitté, il s'imaginait que son ami était mort en combattant sur les bords de la Loire, ne sachant pas qu'il avait survécu trois ans à une grave blessure, ou le confondant avec son frère Pierre-Armand, qui périt glorieusement à Fontenay. Mais il avait avant tout gardé l'image d'un grand cœur et d'une rare nature, et c'est cette image qu'il a fait revivre en vers immortels.

II

Au moment où Beaupuy et Wordsworth se rencontrèrent à Blois, le premier avait trente-six ans, le second vingt-deux. Destiné à opérer quelques années plus tard dans la poésie de son pays une révolution analogue à celle que Lamartine accomplit en France, Wordsworth, le chef futur du célèbre groupe des lakistes, le premier des poètes philosophes de l'Angleterre, préludait alors à ses grandes œuvres par des essais poétiques où déjà se manifestait un sens exact et profond des beautés de la nature. Sur les bords mêmes de la Loire, au moment où il se lia avec Beaupuy, il écrivait ses *Esquisses descriptives*, enthousiaste récit d'un voyage fait par lui en France et en Suisse dix-huit mois auparavant. Dans ce premier voyage entrepris pendant une des vacances de l'Université de Cambridge, où il terminait ses études, le jeune homme n'avait fait que traverser notre pays pour atteindre les Alpes. Débarqué à

Calais, le 13 juillet 1790, la veille de la Fédération, il avait trouvé, d'un bout à l'autre du territoire, jusque dans les moindres villages, le peuple français dans la joie et dans les fêtes. Sa qualité d'Anglais, de fils d'un peuple libre, lui avait valu partout l'accueil le plus cordial. Cette première visite à la France avait été pour lui un enchantement, non qu'il entrât dans les idées qui se manifestaient avec tant d'enthousiasme, mais parce que cet enthousiasme en lui-même était un merveilleux spectacle. « En adolescent, dit-il, à peine entré dans le ménage de la vie, je regardais ces choses comme à distance. » La bonne grâce et la courtoisie françaises l'avaient surtout séduit. Aussi, de retour de ce premier voyage, songea-t-il bientôt à revoir le pays dont il avait gardé les plus douces impressions. Il y a toujours eu dans l'Orléanais et la Touraine une petite colonie anglaise, attirée principalement par le désir de s'y perfectionner dans l'étude et la pratique de notre langue : Wordsworth fut naturellement attiré de ce côté. A la fin de novembre 1791, il franchissait donc de nouveau le détroit et prenait le chemin des bords de la Loire, avec un temps d'arrêt obligé à Paris, qu'il ne connaissait pas. Là, il visita les lieux rendus célèbres par les événements récents. Il assista à quelques séances de l'Assemblée législative et du club des Jacobins. La violence des partis le surprit, l'inquiéta. Il regardait le choc des passions, qu'attisaient de plus en plus des menaces de guerre, en étranger qui ne comprend pas bien. Il se fit un devoir d'aller s'asseoir et méditer sur les décombres de la Bastille et d'y ramasser une pierre en guise de relique. A vrai dire, il jouait un peu à l'enthousiasme et, de son propre aveu, affectait plus d'émotion qu'il n'en ressentait réellement. A Orléans, puis à Blois, il retrouva la fièvre révolutionnaire.

« Là (1), d'abord, dit-il, la nouveauté de la langue, les mœurs domestiques, les coutumes, les gestes, les visages, absorbèrent mon attention. Distrait ainsi, je restai au milieu des secousses, indifférent et presque tranquille, aussi insouciant qu'une fleur derrière les vitres de la serre ou que l'arbuste du salon qui étend ses feuilles dans une paix parfaite, alors que tous les buissons et tous les arbres, à travers la campagne, sont ébranlés jusque dans leurs racines. C'est là une indifférence qui peut paraître étrange. Mais je n'étais pas préparé, et je n'avais pas le savoir nécessaire ; j'étais brusquement entré dans un théâtre où de nombreux acteurs jouaient une pièce déjà trop avancée... Chaque soir je fréquentais les rendez-vous cérémonieux des hommes que, dans la ville, le privilège de la naissance séparait des autres, les sociétés savantes dans les arts et versées dans les lois de l'étiquette. Par politesse, ou pour des raisons plus profondes, on y évitait avec un soin scrupuleux de parler des bienfaits et des maux de l'époque. Mais bientôt ces restrictions me devinrent à charge, et je me retirai dans un monde plus bruyant (2). »

Ce monde était la garnison de Blois. Wordsworth fit sa société du groupe d'officiers qui la commandaient et parmi lesquels était Beaupuy. Il n'y avait là que des gentilshommes, la « chevalerie de France. » L'œil fixé sur Coblentz, où les

---

(1) Le poète ne distingue pas, dans son récit, son séjour à Orléans de son sejour à Blois. Il ne nomme d'ailleurs, dans ses vers, ni l'une ni l'autre de ces deux villes. Ce passage semble s'appliquer plus particulièrement à Orléans, où existaient alors de nombreuses sociétés savantes. Il est impossible de déterminer avec une parfaite exactitude la durée de la résidence de Wordsworth à Orléans et à Blois. Ce qui est certain, c'est qu'il arriva à Orléans en décembre 1791 et qu'il était à Blois au mois de mai 1792. Il paraît avoir quitté Orléans pour Blois, aux premiers jours du printemps. Il était encore à Blois le 10 août ; mais, pendant les massacres de septembre, il était de retour à Orléans. A la fin de septembre, il regagna Paris, où il resta deux mois entiers, avant de s'embarquer pour l'Angleterre.

(2) W. Wordsworth. The Prelude or growth of a poetic mind, an autobiographical poem. (Livre 9, vers 82-124.)

avait précédé leur colonel, ils n'attendaient qu'une occasion pour émigrer. La patrie, la paix intérieure, le devoir militaire, tout cela était sacrifié à leur haine pour la Révolution. « Ils n'avaient aucune crainte que le mal ne devînt pire, car le pis était venu pour eux. » Ils ne déguisaient nullement leurs desseins, et ils attendaient avec une impatience fébrile que sonnât l'heure du départ. Dans des discussions passionnées, courtoises néanmoins, ils s'efforçaient de démontrer au jeune Anglais l'excellence de leur cause : les arguments se pressaient sur leurs lèvres pour tenter de le convaincre et d'en faire un adepte Vains efforts ! Argumentation misérable et qui faisait pitié à Wordsworth ! Leurs raisonnements se retournaient contre eux-mêmes, « comme ces flèches qu'un vent contraire repousse vers celui qui les a lancées. » Le poète nous dépeint ainsi l'un de ces exaltés :

« Un de ces officiers, à compter ses années, était dans la fleur de la virilité, et naguère il avait régné en maître sur plus d'un tendre cœur. Maintenant, il ne se souciait plus de pareils honneurs. Il était transformé. Son caractère avait subi la tyrannie des temps nouveaux ; ils l'avaient flétri, avaient rongé la beauté de sa personne, faisant tort à la fois à son corps et à son esprit. Son port, qui jadis avait été droit et dégagé, était maintenant courbé et ratatiné ; et son visage, doué par la nature de ses plus beaux dons de symétrie, de lumière et de couleur, exprimait mieux qu'aucun autre que j'aie vu des ravages intempestifs, causés par des pensées malsaines et obsédantes. A l'heure où le courrier de Paris apportait dûment sa charge de nouvelles publiques, la fièvre venait, ponctuelle visiteuse, secouer cet homme ; elle lui coupait la voix ; elle faisait courir sur ses joues jaunies mille couleurs diverses. Tandis qu'il lisait ou méditait, il tâtait de la main le pommeau de son épée, continuellement, comme si c'eût été un endroit malade de son corps (1). »

---

(1) *The Prelude, or growth of a Poet's mind ; an autobiographical Poem*. (Nous rectifions, au passage, le titre incorrect de la note précédente). — Livre IX, v. 139-161.

A côté de ce portrait, plaçons maintenant celui que Wordsworth a fait du capitaine Beaupuy. Jamais son vers n'a été plus caressant. Jamais il n'a été si près de saisir cette chose exquise et fugitive, le « charme » d'un caractère.

« Parmi ces officiers, il s'en trouvait un d'une trempe tout autre. C'était un patriote, et pour cette raison il était tenu à l'écart par le reste et repoussé avec un mépris oriental, comme un être d'une caste différente. Jamais il n'y eut sur la terre un être de plus de douceur et de plus de bonté. Il était doux, quoique enthousiaste. Les offenses ne faisaient que rehausser sa bonne grâce, et c'était alors que sa nature exhalait le mieux son parfum, comme ces fleurs du gazon alpestre qui répandent leurs aromes quand on les foule aux pieds. A travers les événements de cette grande Révolution, il s'aventurait dans une foi parfaite, comme à travers un livre, un vieux roman de chevalerie ou un conte de fée ou un rêve d'actions accomplies derrière les nuages de l'été. Sa naissance le mettait au rang des plus nobles, mais il s'était attaché au service des pauvres du genre humain, comme par un lien invisible, comme par des serments prêtés à un ordre religieux. Il aimait l'homme en tant qu'homme, et il avait pour les petits et pour les obscurs, pour tous les humbles dans leurs plus humbles offices, une courtoisie qui n'avait en rien l'air de la condescendance. Elle ressemblait plutôt à de l'amour ou à de la galanterie, aux hommages qu'en ses heures oisives de soldat il avait naguère rendus à la femme. Il était quelque peu vain ou semblait l'être ; cependant, non, ce n'était pas de la vanité, mais une vive tendresse, une sorte de joie rayonnante répandue autour de lui, tandis qu'il se consacrait aux œuvres d'amour et de liberté ou qu'il se retraçait complaisamment les progrès d'une cause qui était la sienne. D'ailleurs, cela même était doux et paisible et n'ôtait rien à cet homme de ce qui charmait en lui (1). »

Parmi les officiers qu'il fréquenta, le cœur de Wordsworth alla droit à celui-là. On sent, à le lire, que le commerce de

(1) *The Prelude*. (Liv. IX, v. 288-321).

Beaupuy illumina, pour ainsi dire, son séjour sur les bords de la Loire. C'était aux premiers jours du printemps, de cette saison inspiratrice où « une seule minute donne plus de sagesse à l'homme que des années de réflexions laborieuses (1). » Wordsworth s'en allait avec Beaupuy faire de longues promenades aux environs de leur résidence, à travers ces magnifiques forêts de Blois, de Russy, de Boulogne, de Marchenoir, « spectacle nouveau pour lui. » Dans ces palais de verdure, loin des événements et des hommes, il écoutait son compagnon juger sainement les uns et les autres. Car il rend cet hommage à Beaupuy qu'ennemi de l'intolérance, il portait sur toutes choses une opinion réfléchie et pondérée. Ce fut comme une initiation pour Wordsworth. Il pénétrait peu à peu le sens profond de cette révolution qu'il n'avait encore regardée qu'en curieux et à la surface. Jusqu'alors, le jeune poète, absorbé par son culte pour la nature, n'avait guère songé à l'homme. Il n'avait accordé qu'une pensée distraite aux misères et aux aspirations de l'humanité. D'ailleurs, librement élevé dans les montagnes du nord-ouest de l'Angleterre, dans ce pays des lacs dont les habitants avaient gardé quelque chose de la simplicité primitive, puis transporté à l'Université de Cambridge, sorte de république où le mérite personnel était le principal titre à la considération, il n'avait pas connu, en ayant peu souffert, les iniquités sociales. Par ses relations avec Beaupuy, il fut conduit à faire dans sa pensée une place à l'humanité à côté de la nature. Leurs conversations les ramenaient sans cesse sur les plus hauts sujets de la politique, sur l'origine des gouvernements, les réformes, les vertus civiques, et aussi sur les dangers qui pouvaient venir d'une multitude déchaînée. Mais, de ce côté, l'ignorance excusait

(1) Wordsworth : Lyrical Ballads. *To my sister* (1798).

bien des excès. Ils s'arrêtaient de préférence sur les misères des cours, « sur cette vie toute de plaisir et d'insensibilité, d'où la dignité, la vraie dignité personnelle, était absente, monde léger, cruel et vain, qui n'avait pas accès aux sources naturelles des vertus domestiques et sociales. » Avec Rousseau, ils avaient foi dans la nature de l'homme ; ils l'estimaient capable d'atteindre la vérité et digne de voir briser ses chaînes. Avec Turgot, ils suivaient, à travers l'histoire, l'ascension de l'humanité vers la lumière, applaudissaient à chaque vérité sauvée, à chaque erreur dissipée, et saluaient enfin la vivante confirmation de leurs idées dans ce peuple « qui se levait des profondeurs d'une honteuse ignorance, aussi frais que l'étoile du matin. »

Parfois, l'entretien s'arrêtait, et chacun alors suivait sa rêverie. Wordsworth revenait tout entier à la muse. Un monde de douces apparitions naissait dans son esprit : tantôt c'était un vieil ermite pensif dont son imagination retrouvait les pas sur les racines entrelacées et couvertes de mousses ; tantôt c'était une bande de satyres se livrant dans une clairière mystérieuse à une danse bruyante autour d'une beauté mortelle, leur infortunée captive. Le galop d'un cheval passant dans le lointain éveillait en lui l'image des gracieuses amazones de l'Arioste et du Tasse. Devant les ruines d'un couvent, il maudissait la main brutale qui avait renversé la croix du beffroi ; il eût voulu entendre la cloche des matines, voir encore la lueur douteuse des cierges dans le sanctuaire abandonné.

La pensée de Beaupuy suivait un autre cours. Mais le poète et le patriote devaient arriver à confondre leurs âmes dans une même foi. La passion de Beaupuy emportait peu à peu les dernières résistances du jeune Anglais. La vue d'un de ces châteaux qu'ils rencontraient dans leurs promenades et qui sont l'orgueil du pays blésois, Blois, Chambord, Menars, Montrichard, Chaumont, Romorantin et tant d'autres ranimait souvent le colloque interrompu. Il y avait là, sans doute, de nobles et charmants souvenirs, notamment celui de cette belle dame courtisée par François Ier et qui, de son manoir rustique, correspondait, suivant la tradition du pays, avec son royal chevalier, au moyen de torches et autres signes d'amour. Mais l'imagination de Beaupuy s'enflammait surtout à la pensée des vices et des excès qui s'étaient orgueilleusement étalés dans ces somptueuses demeures. Il communiquait sa colère et son mépris à son jeune compagnon. Il l'amenait à détester le « gouvernement absolu, où la volonté d'un seul était la loi de tous, et l'orgueil stérile de ceux qui, placés entre le souverain et le peuple, donnaient tout à l'un, refusaient tout à l'autre. » Parfois, un récit passionné l'aidait à mettre en lumière les iniquités d'un régime dont Wordsworth était trop enclin à ne voir que la poésie. Les Périgourdins sont naturellement conteurs. Wordsworth écouta avec attendrissement l'histoire « véridique » de *Vaudracour et Julia*, « qui montrait jusqu'à quelle profondeur avaient poussé les racines, avec quelle largeur s'étaient étendus les rameaux de ce vieil arbre dont la France était fatiguée comme d'un fléau mortel, comme d'une impure et noire ignominie. » Le jeune Vaudracour, gentilhomme d'Auvergne, aimait une fille du peuple qu'il voulait épouser. Une lettre de cachet, obtenue par son père, vint mettre obstacle à son dessein. Emprisonné, il n'obtint sa liberté qu'en jurant de renoncer à sa maîtresse. Pouvait-il avoir le courage de tenir un tel serment ? Les amants se retrouvèrent, mais furent de nouveau violemment séparés. Julia, devenue mère, fut mise au couvent. L'enfant fut laissé à Vaudracour, qui se retira seul avec lui dans un ermitage, au milieu des bois, où une maladie ne tarda pas à le lui enlever. Quatre vingt-neuf arriva, mais « ni la voix de la liberté qui retentit si vite par toute la France, ni les espérances du pays, ni le souvenir de ses profondes injures personnelles ne purent le réveiller de sa léthargie. » Vaudracour avait perdu la raison (1).

D'autres fois, c'étaient de vivants renseignements que Beaupuy mettait sous les yeux de son ami.

« Un jour, dit-il, nous rencontrâmes par hasard une petite fille affamée, marchant avec peine, réglant son pas languissant sur l'allure d'une génisse qu'elle menait par une corde attachée à son bras et qui paissait dans le sentier. L'enfant tricotait de ses mains blémies, dans un morne isolement. A cette vue, mon ami s'écria avec émotion : « *C'est contre cela que nous luttons !* » Alors, je crus avec lui qu'un esprit bienfaisant et irrésistible planait dans l'air, qu'une pauvreté aussi abjecte disparaîtrait en peu de temps, que nous ne verrions plus la terre déjouée dans son désir de récompenser la pauvre enfant, douce, humble et patiente ; que toutes les institutions qui légalisaient la misère seraient abolies, ainsi que la pompe vide, le luxe sensuel et la puissance cruelle... et que finalement, pour tout couronner, nous verrions le peuple d'une main forte façonner ses lois ; alors viendraient des jours meilleurs pour l'humanité tout entière (2). »

---

(1) Dans le *Prélude*, livre IX, v. 548, Wordsworth dit clairement que ce récit lui fut fait par Beaupuy. Le trouvant trop long pour le *Prélude*, il le fit paraître à part en 1820, sous le titre de *Vaudracour and Julia*. Dans une des nombreuses notes sur ses poèmes qu'il dicta vers la fin de sa vie à miss Fenwick, il contredit son affirmation du *Prélude*. Il tient, dit-il, cette histoire « de la bouche d'une dame française qui avait été témoin oculaire et auriculaire de tout ce qui fut fait et dit. Bien des années après, ajoute-t-il, j'appris que *Dupligne* était devenu trappiste. » Dupligne semble donc avoir été le véritable nom du héros malheureux. Il importe peu de savoir si ce fut réellement Beaupuy qui conta l'histoire de Vaudracour ; toutefois, il est plus naturel de croire à la fidélité des souvenirs de Wordsworth à trente-cinq ans qu'à soixante-quinze. Les notes dites *Fenwick* contiennent d'assez nombreuses inexactitudes.

(2) *The Prelude*, livre IX, v. 510-532.

Cette prédication ardente, qui des abstractions passait aux faits, qui allait passer à l'action, avait enfin pénétré Wordsworth dans le plus profond de son âme. Ce fut pour lui un noviciat magique. Il s'attacha à son compagnon avec la ferveur d'un disciple vraiment touché de la grâce. Une sorte de transfiguration lui montra comme l'incarnation du droit nouveau dans cet homme épris de dévouement et de sacrifice, confiant dans l'avenir et en qui se confondaient, pour la première fois, à ses yeux, l'idéal du soldat et l'idéal du citoyen.

L'éloge qu'il fait de lui est voisin de l'apothéose dans cette apostrophe à son ami le poète Coleridge, à qui le *Prélude* est dédié :

« Oh ! il est doux, ami, dans les bosquets académiques, ou dans le recueillement que nous avons connu. parmi les vallons verts, au bord de la Rotha, du Greta ou du Derwent (1) ou de quelque ruisseau sans nom, de méditer, en échangeant nos pensées, sur la liberté individuelle, sur l'espoir en la nature humaine, sur la justice et sur la paix. Mais bien plus doux est ce labeur, — je dis labeur, car cela mène à des réflexions ardues, — si le monde est au bord de quelque grande épreuve, et si nous entendons la voix d'un homme consacré, d'un homme que les circonstances appellent à donner un corps à son sentiment intime, à lui faire revêtir la forme de l'action et à le répandre ainsi comme une bénédiction par le monde. Alors, le doute n'est pas, et la vérité est plus que la vérité ; elle est un espoir et un désir, un credo fervent, sanctionné par un exemple divin, acceptant les dangers, les difficultés et la mort.

» Tels étaient les entretiens que, sous les ombrages de l'Attique, Dion eut jadis avec Platon...... C'est ainsi que naquit la pensée de la guerre de Sicile, guerre philosophique conduite par des

---

(1) Rivières et ruisseaux du pays des lacs. (Comtés de Cumberland et de Westmoreland.)

philosophes. Voué à un destin plus rude, bien qu'animé d'une aussi noble ambition, tel était celui dont je parle C'est ainsi que Beaupuy (1) — (que son nom soit placé auprès des plus grands de l'antiquité !) — façonnait sa vie, et nous échangeâmes plus d'un long discours qu'inspirait une foi commune (2). »

Mais le premier coup de canon avait retenti à la frontière. Les méditations philosophiques, loin de troubler en Michel Beaupuy le sentiment du devoir, l'aiguillonnèrent et le rehaussèrent. Pour lui, c'était la guerre sainte qui commençait.

III

Rendue inévitable, dès le commencement de 1791, par les intrigues des émigrés et par l'attitude des puissances continentales, la guerre avait été déclarée à l'Autriche par l'Assemblée législative, le 20 avril 1792 ; la Prusse allait se joindre à l'Autriche, le 26 juin ; la Sardaigne devait suivre. La première coalition était virtuellement formée contre nous.

On sait comment tournèrent les premières hostilités, auxquelles ne prit pas part le premier bataillon de Bassigny, maintenu en garnison à Tours et à Blois pour quelque temps encore. Pendant que les troupes de Biron se débandaient à Mons, sans avoir même l'ennemi en tête, en criant à la trahison, deux mille hommes commandés par le général Dillon, obéissant à une panique semblable, peut-être au même mot d'ordre, se repliaient sur Lille, à l'aspect de

---

(1) Wordsworth écrit *Beaupuis*, au lieu de *Beaupuy*, comme beaucoup de contemporains. Cette orthographe fautive est souvent celle du *Moniteur*, qu'il s'agisse de Michel ou de ses frères. Elle a prévalu jusque dans l'inscription gravée en 1801 sur le monument funéraire de Neuf-Brisach.

(2) *The Prelude*. Livre IX, v. 390-422. — M. James Darmesteter, professeur au collège de France, a le premier parlé des relations de Beaupuy et de Wordsworth dans un article du *Parlement : la Révolution et Wordsworth* (20 août 1883).

quelques régiments autrichiens, et y massacraient leur général. La nouvelle de ces désastres causa une cruelle déception aux deux amis. Autour d'eux, les adversaires de la Révolution relevaient la tête. Wordsworth écrivait de Blois, le 17 mai, à l'un de ses amis de Cambridge :

« L'horreur suscitée par la nouvelle des événements qui ont marqué le commencement des hostilités est générale. Il y a cependant des hommes qui ont éprouvé une sombre satisfaction, en apprenant une catastrophe qui semblait mettre l'armée des patriotes hors de toutes chances de succès. Une fuite ignominieuse, le massacre du général, une danse exécutée avec une joie sauvage autour de son corps réduit en cendres, le meurtre de six prisonniers, ce sont là des faits dignes d'étonner le lecteur des Annales du Maroc. »

Dans cette lettre, il exprimait sa crainte de voir se consommer la déroute des patriotes. Il cherchait toutefois à se rassurer sur ses suites : « Supposez, ajoutait-il, que l'armée allemande soit aux portes de Paris ; quelle en sera la conséquence ? Il lui sera impossible de faire subir à la Constitution des changements importants, impossible de réintégrer le clergé dans son ancienne splendeur criminelle, impossible de rendre à la noblesse une existence semblable à celle dont elle a joui, impossible d'ajouter beaucoup à l'autorité du roi. Cependant, il y a en France des millions d'hommes, je parle sans exagération, qui espèrent que cela aura lieu (1). »

Il exagérait. Quelques jours s'écoulèrent. L'ennemi n'avançait pas. La France, revenue de sa stupeur, continua à forger des armes et à créer des armées. Le frère aîné de Michel, Nicolas Beaupuy, prit une part considérable dans

(1) The life of William Wordsworth by William Knight. — Edinburgh 1889, vol. I, p. 64.

le Comité militaire de l'Assemblée législative, à l'organisation de ces troupes spontanées, tourbillon tumultueux qu'il ne voyait pas sans crainte s'augmenter démesurément avec la tourmente (1). Le nombre des bataillons de volontaires d'abord fixé à 169, puis à 200, fut porté à 214 au mois de mai 1792. Bientôt, Nicolas Beaupuy allait proposer et faire accepter par l'Assemblée l'application du principe des réquisitions, en vertu duquel les départements avaient à recruter et à composer des contingents déterminés, acheminement tardif vers l'égalité des charges militaires, et cette mesure devait porter le chiffre des volontaires à 454 bataillons. Nombre de ces bandes enthousiastes, levées dans le Sud-Ouest, défilèrent sous les yeux de Wordsworth et de son compagnon. A Blois même, un bataillon départemental était alors en formation. Les bords de la Loire retentissaient de chansons guerrières. Wordsworth pouvait-il douter d'un peuple ainsi enflammé pour une cause sacrée ?

« Cependant, de jour en jour, dit-il encore dans le *Prélude*, les routes étaient encombrées des plus braves jeunes hommes de la France, les plus ardents de ses fils, qui, pleins d'une même vaillance martiale, couraient pour soutenir le choc des ennemis vers la frontière. En ce moment encore, des larmes me viennent aux yeux (je ne dis pas que je pleure ; je ne pleurais pas alors), mais des larmes voilent ma vue, au souvenir des adieux de cette

---

(1) Rapport et projet de décret présentés au nom du Comité militaire sur la formation de 42 bataillons de volontaires nationaux, par Nicolas Beaupuy, député du département de la Dordogne, le 2 juillet 1792, l'an 4e de la liberté, imprimés par ordre de l'Assemblée nationale. — A Paris, de l'Imprimerie nationale, 1792 « Votre Comité n'a pes cru qu'au moment où le patriotisme agit d'une manière si puissante sur tous les Français et où chaque instant doit être mis à profit pour la chose publique, il dût s'appesantir à chercher par des calculs rigoureux des proportions très exactes ; et il a jugé qu'il aurait plutôt besoin de chercher des moyens pour retenir les citoyens dans leurs foyers que pour les faire voler à la défense de la patrie. » (p. 15).

époque, des séparations domestiques, du courage des femmes à l'heure des plus cruels départs, de l'amour de la patrie et du sacrifice de soi, et de l'espoir terrestre encouragé avec la confiance du martyr. Même les defilés d'étrangers vus pendant un seul instant, le passage d'hommes venus de loin au son de la musique et des chants guerriers, avec leurs étendards flottants, leur entrée dans la ville, — et çà et là une figure, une personne distinguée dans la foule, visage resté étranger, mais que l'on aime ainsi, — oui, même ces spectacles passagers ont souvent élevé mon cœur et m'ont paru des arguments envoyés du ciel pour prouver que la cause était bonne et pure, que nul ne pouvait se dresser contre elle, à moins d'être perdu, abandonné, égoïste, orgueilleux, vil, misérable, volontairement dépravé, à moins d'être le pervers haïsseur de l'équité et de la vérité ! (1) »

Ce torrent humain qui se précipitait à la frontière ne tarda pas à entraîner le premier bataillon du 32e. Le 4 juillet, l'état-major et les six compagnies en garnison à Tours rejoignirent le détachement de Blois (2). Quelques jours après, le bataillon au complet partait pour le Rhin. Le capitaine Beaupuy était à la tête des grenadiers.

C'était le 27 juillet 1792. Ce jour-là, Beaupuy et Wordsworth se séparèrent pour toujours. Ils emportaient chacun la même

---

(1) *Prélude*, livre IX, v. 262-288.

(2) *Archives de la guerre.* — Le 4 juillet 1792, l'état-major et les six compagnies du 32e régiment d'infanterie (ci-devant de Bassigny) vont à Blois. Le 1er bataillon part pour Cambrai le 27 juillet 1792. (L'itinéraire dut être changé en route.) — Vimeux, dans son journal, date du 10 juin 1792 le départ de Tours. C'est inexact. La date des Archives de la guerre est confirmée par les procès-verbaux du *Directoire départemental d'Indre-et-Loire*. (Communication de M. Duboz.) « 1792, 2 juillet. Le commandant et les officiers du 32e prennent congé du Directoire, qui décide que deux commissions iront chez le commandant, le 1er capitaine, le 1er lieutenant et le 1er sous-lieutenant pour leur exprimer la reconnaissance du Directoire et rendre hommage au zèle et au patriotisme que le 32e n'a cessé de montrer pendant tout le temps qu'il est resté en garnison à Tours. »

flamme ; l'un devait la conserver pure et ardente jusqu'à la mort, l'autre la laisser s'affaiblir peu à peu et n'en garder, à la longue, que le poétique souvenir. Wordsworth retourna à Paris vers la fin du mois de septembre, après la proclamation de la République : il y séjourna jusqu'à la fin de 92. Son âme méditative, si à l'aise dans les grandes forêts du Blésois, où elle n'avait écouté que sa pensée et celle de son ami, supporta difficilement l'atmosphère orageuse et les continuels grondements de la capitale. Le poète fut désagréablement réveillé de ses rêves. La Gironde, avec ses délicatesses, ses talents, sa noble attitude, était faite pour le séduire. Il vit avec joie l'accusation portée, le 25 octobre, par Louvet contre Robespierre : l'issue malheureuse de cette attaque fut pour lui un premier désenchantement. Mais si son allégresse en fut assombrie, sa foi n'en fut pas ébranlée. Elle résista même aux angoisses de la Terreur, qu'il envisagea comme un fléau nécessaire, comme l'inévitable conséquence de l'ignorance des masses et des provocations de l'étranger. Rentré en décembre 1792 dans sa patrie, devenue le foyer le plus ardent de la contre-révolution, il y fait hautement profession de républicanisme. Il écrit une lettre destinée à réfuter un certain évêque de Llandaff, disciple de Burke et dénonciateur de la France révolutionnaire ; cette lettre est signée *Un Républicain*. Il éprouve une satisfaction sans mélange en apprenant la chute et la mort de Robespierre, qui semble avoir été pour lui le mauvais génie de la Révolution, et il croit de nouveau ses rêves près de se réaliser. Toutes ses sympathies sont restées, d'ailleurs, à la France : il a pris parti pour elle contre son pays, après la déclaration de guerre du 1er février 1793, rare renversement des sentiments naturels et dont on ne peut comprendre la signification extraordinaire, si on ne se rend compte du caractère profond et exclusif du patriotisme anglais.

Peu à peu, il est vrai, il arrive à douter de son idéal et à croire qu'il s'est trompé. Il a souhaité la défaite de sa patrie : il ne peut supporter longtemps une telle épreuve. Son âme passe ainsi par une crise douloureuse qui dure, en s'affaiblissant, jusqu'à l'hiver de 1797-1798. C'est alors que le Directoire, par son agression injustifiée contre la Suisse, lui fournit l'occasion, — peut-être désirée, — de rompre avec la France et de redevenir anglais sans réserve. Bonaparte consommera la réaction.

Rien ne ressemble moins toutefois à une exaltation passagère et juvénile que les premières ardeurs révolutionnaires de Wordsworth. Le reste de sa vie, les opinions de sa maturité, l'essence de sa philosophie et de sa poésie ne s'expliquent que par cette grande crise de jeunesse. On pourrait caractériser son œuvre en disant qu'elle est faite « pour guérir ceux à qui l'avortement de la Révolution française a fait abandonner tout espoir d'améliorer le sort de l'homme et qui se plongent dans un égoïsme épicurien, déguisé sous le nom d'attachement domestique et de mépris des philosophies visionnaires. » C'est dans ces termes que Coleridge, en 1799, poussait Wordsworth à composer le grand poème dont un fragment s'appelle l'*Excursion*. Wordsworth, dans sa vieillesse, alors qu'il avait hautement répudié ses anciennes opinions politiques, disait qu'il n'avait pas cessé d'y avoir du *socialiste* en lui (1). Mais, sans aller si loin, — car il n'est mort qu'en 1850, — pourquoi ne pas recueillir l'effusion attendrie que lui inspiraient, à son heure de première réaction, ces jours déjà lointains de foi et d'espérance, qu'il avait goûtés en compagnie de Beaupuy ? Voici ce fragment du *Prélude*, écrit en 1804 et publié à part

(1) Les sentiments inspirés à Wordsworth, par la Révolution française, seront étudiés en détail dans un ouvrage sur le poète, qu'achève M. Legouis. (Note de M. Bussière.)

sous ce titre : « La Révolution française telle qu'elle apparut d'abord aux enthousiastes. »

« O le beau champ ouvert à l'espoir et à la joie ! Car ils étaient puissants les auxiliaires qui alors combattaient avec nous, avec nous si fervents dans notre amour ! C'était le bonheur que de vivre dans cette aurore, mais être jeune, c'était le ciel même ! O temps, où les chemins nus, banals, odieux, de la coutume, de la loi, des règlements, prenaient soudain l'attrait d'une contrée féerique ! où la Raison semblait le mieux revendiquer ses droits, alors qu'elle s'efforçait surtout de se transformer en enchanteresse suprême, pour aider à l'œuvre qui s'accomplissait en son nom ! — Ce n'était pas seulement des recoins favorisés, c'était la terre entière qui revêtait la beauté de la promesse, — cette beauté qui fait préférer (peut-être par moments en fut-il ainsi dans les bocages mêmes du Paradis) la rose en bouton à la rose épanouie. — Quel esprit, à cette vue, ne s'est pas éveillé à un bonheur inouï ? Les natures inertes furent stimulées, et les natures vivaces emportées par la joie ! Ceux qui avaient nourri leur enfance de rêves, les compagnons de jeu de la fantaisie, qui avaient fait de tous les pouvoirs vifs, subtils et forts leurs ministres (1) — qui, en grands seigneurs, avaient vécu parmi les plus sublimes objets des sens, et qui avaient fait usage de tout ce qu'ils y avaient trouvé, comme s'ils avaient un droit intime et secret à s'en servir ; — ceux-là aussi, d'une âme douce, qui avaient observé tous les doux mouvements et qui avaient réglé sur eux leurs pensées, rêveurs plus paisibles et confinés dans l'enceinte pacifique de leur propre existence ; — c'est maintenant que les uns et les autres, les humbles et les superbes, trouvaient des auxiliaires selon leur cœur, et sous leur main une matière plastique au gré de leur désir, non dans l'Utopie, dans les régions

(1) Ce passage, qui est bien dans la note poétique de Wordsworth, et qui est d'ailleurs traduit littéralement, s'applique à ceux qui, dans leurs rêves de réformes, avaient appelé à leur aide tous les agents, — tels que les génies des contes de fées, — les plus prompts (ou vifs), les plus subtils et les plus forts.

souterraines, ni dans quelque île mystérieuse, située Dieu seul sait où ! mais dans le monde réel, dans le monde qui est celui de nous tous, — dans ce séjour où, en fin de compte, nous trouvons notre bonheur, si le bonheur est quelque part.

» Pourquoi n'avouerai-je pas que la terre était alors pour moi ce qu'est un héritage nouveau à celui qui le visite pour la première fois et qui vient y fixer sa demeure ? Il va de tous côtés et regarde le domaine avec de francs transports de joie, le façonne et le refaçonne et se plaît à demi aux choses qui y sont de travers, tant il aura de joie à les voir disparaître ! (1) »

Heures de joyeuses et nobles rêveries, auxquelles avait succédé pour Michel Beaupuy l'heure de l'action ! Toute sa famille, nous l'avons vu, partageait ses sentiments. Aussi ne sera-t-on pas surpris de retrouver en même temps que lui, à la frontière, accourus au même signal et dans la même pensée, deux de ses frères, les deux capitaines démissionnaires, Pierre-Armand et Louis-Gabriel. Tous deux partirent de Périgueux, au mois d'août 1792, avec le premier bataillon des volontaires de la Dordogne (2). Louis-Gabriel commandait ce bataillon. Pierre demanda à servir sous ses ordres. Ce n'était plus l'élégant officier de Chasseurs Royal-Italien, le capitaine Pierre Beaupuy de la Richardie, dans son bel uniforme bleu turquin avec revers et parements jonquille et collet rose. C'était maintenant un simple fantassin, dans le rang, sac au dos. « Il était riche, il pouvait

(1) *The Prelude* XI, v. 105 à 152. Toute la partie du *Prelude*, relative à la Révolution, a été écrite en 1804, l'Empire fait.

(2) La liste des volontaires de Mussidan, communiquée par M. Chastanet, en tête de laquelle est inscrit Louis Beaupuy, présente une particularité bien caractéristique. Le volontaire Guionie a écrit textuellement au-dessous de sa signature : « *Pour aller dans lhunivers.* » — Le nom de Michel Beaupuy est sur cette liste, mais écrit de la main de son frère. Ce nom était là sans doute comme stimulant. Michel ne quitta pas le régiment de Bassigny. C'est Pierre qui prit sa place comme volontaire, sous le commandement de Louis.

jouir à l'armée d'un état distingué : sa famille, ses talents étaient connus des généraux ; il marchait sous le commandement d'un de ses frères. Tous ces avantages n'ajoutent que plus d'éclat à son amour pour l'égalité. Simple soldat, il donne à ses camarades l'exemple de la discipline et de la subordination ; partageant avec eux toutes leurs souffrances, il n'affecte d'autre distinction que le zèle et l'encouragement qui peuvent l'engager à les surmonter. Sa fortune n'est pour lui qu'un moyen précieux de servir ses amis, de diminuer les besoins de ses frères d'armes ; c'est une source de sacrifices à sa patrie (1) ».

S'il ne fut donné ni à Pierre ni à Louis-Gabriel de se distinguer autant que Michel dans les guerres de la Révolution, c'est qu'ils allèrent vite jusqu'au sacrifice suprême. Pierre ne survécut à la campagne de 1792 que pour aller périr bientôt, comme nous le verrons, sur un des champs de bataille de la Vendée. Louis-Gabriel, blessé, malade, brisé par les fatigues qu'il supporta à l'armée du Rhin, mourut à Strasbourg, le 12 octobre 1793. A Michel, la mort accorda un répit de quatre années, — courte période, mais assez longue cependant pour consacrer le héros qu'avait deviné Wordsworth.

(1) Extrait des registres des délibérations du Conseil général du département de la Dordogne, suivi de l'éloge funèbre de Pierre Beaupui, commandant le 5e bataillon de la Dordogne et des braves volontaires du détachement de Périgueux, morts à la Vendée, pour le maintien de la Liberté et de la République, prononcé par Pierre-Eléonor Pipaud, procureur général syndic, avec les détails de la cérémonie. — Brochure in-4o (1793). — Biblioth. de Périgueux.

CHAPITRE III.

BEAUPUY A L'ARMÉE DE CUSTINE.

I. — Débuts heureux de l'invasion de Custine.
II. — Les revers. Combats de Weiller, de Bingen et de Gunsterblum.
III. — Journal de Beaupuy sur le siège de Mayence.
IV. — Retour des Mayençais en France.

Juillet 1792 — Juillet 1793.

I.

Le 32ᵉ régiment d'infanterie ayant dans ses rangs le capitaine Michel Beaupuy avait été dirigé en juillet sur la Basse-Alsace, où l'armée de Kellermann occupait les lignes de la Lauter, couvertes par la place forte de Landau. Le 5 août, nous trouvons ce régiment, dont l'effectif était de 764 hommes, établi à Lauterbourg (1). Il y resta près de deux mois sur la défensive, malgré l'exaspération et le désir de vengeance qu'avait fait naître dans l'armée l'insolent manifeste du duc de Brunswick, du 25 juillet, sommant « les généraux, officiers, bas-officiers et soldats des troupes de ligne françaises de revenir à leur ancienne fidélité et de se soumettre sur-le-champ au roi leur légitime souverain, » et contenant entre autres menaces celle de livrer la ville de Paris « à une exécution militaire et à une subversion totale, si elle ne mettait « sur-le-champ et sans délai » Louis XVI

(1) *Pajol, général en chef,* par le comte Pajol. Paris, 1874, vol. I, p. 24, note.

en pleine et entière liberté. Mais au lieu de répondre à ces violentes provocations par une marche en avant, il fallut se borner à surveiller et à contenir les Autrichiens pendant que l'organisation de l'armée se complétait peu à peu. C'est donc à Lauterbourg que Beaupuy apprit coup sur coup les événements considérables qui furent la conséquence du manifeste de Brunswick : le détrônement du roi après la journée du 10 août, les vaines tentatives faites par Lafayette pour entraîner ses soldats à Paris contre les Jacobins, l'invasion prussienne, la prise de Longwy et de Verdun et les massacres de septembre. C'est encore à Lauterbourg que, dissipant les craintes ou les tristesses causées par ces événements, lui vint la nouvelle de la victoire de l'armée du centre à Valmy, de la première séance de la Convention et de la proclamation de la République (24 septembre).

Cependant, les soldats campés le long de la Lauter commençaient à murmurer contre leurs chefs, qui les laissaient dans l'inaction alors que les ennemis occupaient le territoire français. Ils n'avaient plus d'adversaires devant eux. Depuis le 11 septembre, les derniers corps autrichiens s'étaient portés sur la Moselle pour aider les Prussiens dans leur invasion désastreuse. Le Palatinat et le Bas-Rhin étaient à peu près complètement dégarnis de troupes ennemies. C'est alors que le général Custine, qui avait remplacé Kellermann envoyé à l'armée du Centre, conçut le projet de répondre à l'invasion par l'invasion. Il avait sous ses ordres 18,000 hommes formant quatre brigades. Le régiment de Beaupuy faisait partie de la 2e brigade, qui était commandée par Neuwinger et à laquelle était réservé le principal rôle dans les opérations de Custine (1).

(1) *Pajol, général en chef,* par le comte Pajol, t. I, page 27.

Les troupes françaises se mirent en marche le 28 septembre. Ce fut la première incursion en Allemagne des Français révolutionnaires, si différente de celles qui devaient suivre. Comparée aux armées qui s'étaient formées hâtivement depuis le début des hostilités, l'armée de Custine pouvait passer pour une élite. Elle se composait moitié de troupes de lignes et moitié de volontaires de 1791, qui, depuis une année sous les drapeaux, avaient déjà pu acquérir de précieuses connaissances militaires. Grâce à Kellermann et à Custine, une discipline plus stricte que dans les autres armées y avait prévalu. Sans perdre de vue les ombres du tableau, sans nier qu'elle contenait plus d'un chef inexpérimenté, plus d'un soldat pillard et mauvais sujet, on peut affirmer que prise dans son ensemble, elle représentait bien ce qu'il y avait de généreux et de sincère dans l'esprit nouveau. Ce prosélytisme humanitaire et politique dont Beaupuy était comme le type idéal se retrouvait, à des degrés divers, dans tous les rangs et dans tous les grades. La plupart des officiers et des simples soldats étaient les apôtres convaincus, souvent naïfs, des vérités récemment révélées. Les mots de liberté, d'égalité, de fraternité, non encore ternis par l'usage, mais dans toute la fraîcheur de leur nouveauté, trouvaient en eux des commentateurs fervents. Ils n'avaient de haine que pour les rois, les nobles et les émigrés. Aux peuples, ils s'imaginaient apporter la délivrance de leurs maux et de leurs préjugés ; ils voulaient les faire participer à leurs propres conquêtes politiques et sociales et ne voyaient en eux que des frères.

Au début, leurs principes les servirent mieux encore que leurs armes. Les idées qui depuis trois ans transformaient la France avaient passé la frontière et trouvé dans les villes du Rhin des partisans nombreux et enthousiastes. Sans s'exagérer les sympathies que rencontrèrent nos soldats dans leur marche en avant, sans se dissimuler qu'elles n'étaient pas unanimes et qu'elles furent souvent éphémères, il est impossible de récuser le tableau de l'invasion de Custine tel qu'il a été dessiné par un étranger, par un adversaire de la Révolution, par Gœthe, assez grand poète pour exprimer avec éloquence des sentiments qui n'étaient pas les siens, mais qu'il avait reconnus chez beaucoup de ses compatriotes :

« La guerre éclata. Les Français armés s'approchèrent ; mais » ils semblaient nous apporter la concorde et ils l'apportèrent en » effet. Ils avaient tous l'âme élevée ; ils plantaient joyeusement » les arbres de la liberté, promettant de laisser à chacun ses » propriétés et à chaque pays son gouvernement. Les jeunes » gens se réjouirent de les voir, les vieillards aussi, et les fêtes » commencèrent autour des nouveaux étendards. Ainsi les Fran- » çais l'emportaient ; ils s'emparaient de l'esprit des hommes par » leur vivacité, leur enjouement de caractère, et de l'esprit des » femmes par leur douceur irrésistible. Nous portâmes légèrement » le joug de cette guerre onéreuse, car l'espérance planait au » loin devant nos yeux et nous attirait vers les routes nouvellement » frayées (1). »

Aussi jamais invasion ne débuta de façon plus aisée et plus joyeuse que celle de Custine en 1792. Pendant quelques semaines, Beaupuy put croire à la prompte réalisation de ses rêves. Les Français n'avaient devant eux que des villes disposées à rouvrir leurs portes ou incapables d'une sérieuse résistance.

Descendant le Rhin, la brigade Neuwinger arriva la première devant Spire. Après une vive canonnade, qui força la garnison autrichienne à se renfermer dans les murs de

(1) *Hermann et Dorothée*. Clio. (Traduction X. Marmier.)

la ville, les Français enfoncèrent les portes, engagèrent un combat acharné dans les rues et firent prisonnière la plus grande partie de la garnison. Le 32e régiment se distingua entre tous dans cette première affaire (30 septembre). Trois jours après, Neurwinger marcha sur Worms, qui capitula aussitôt. Enfin, le 21 octobre un succès plus retentissant couronna la première série des opérations de Custine. La place forte de Mayence, ce boulevard de l'Allemagne, située au confluent du Mein et du Rhin, se rendit aux Français sur une simple sommation.

Le même jour, en récompense des services qu'il avait rendus depuis le début des hostilités, le capitaine Beaupuy fut nommé provisoirement par Custine lieutenant-colonel (1) du 4e régiment de la 2e brigade de grenadiers, — poste de confiance qui mettait sous ses ordres une élite de soldats de ligne et de volontaires, poste difficile, car dans cette réunion d'hommes d'origine diverse, chaque compagnie portait un esprit particulier. Vivement critiquée, l'organisation des grenadiers réunis en régiments ne devait durer que jusqu'au 10 juin 1793. Il fallait, pour en atténuer les inconvénients, un chef comme Beaupuy, impartial, prêt à rendre justice aux volontaires comme aux soldats de ligne, appartenant aux premiers par ses convictions politiques, aux seconds par son esprit de discipline. Aussi, loin de se plaindre de ce système, comme la plupart de ses collègues, s'en louera-t-il le jour de la dissolution.

---

(1) Les états de service de Beaupuy, aux Archives de la guerre, portent « chef de bataillon ou lieutenant-colonel. » « La mention du grade de chef de bataillon en 1792 ne prouve pas qu'il existât, mais simplement que les commis du ministère remplaçaient par ce terme celui de lieutenant-colonel... C'est le décret du 21 février 1793 qui créa les chefs de bataillon dans le sens actuel. » — *Dictionnaire de l'armée de terre*, par le général Bardin.

Au moment même où Beaupuy fut promu lieutenant-colonel, la campagne prenait un caractère nouveau. Custine, qui, jusque-là, avait fait preuve de décision et de justesse de coup d'œil, compromit ses premiers succès par des mesures maladroites et injustes. Au lieu de continuer à descendre le Rhin pour barrer le passage aux Prussiens repoussés de Lorraine, il fut entraîné à des expéditions d'intérêt purement fiscal sur la rive droite du fleuve, laissant les restes de l'armée de Brunswick se concentrer vers Coblentz sans être inquiétés, et suscitant l'animosité de populations jusqu'alors bienveillantes ou indifférentes. Le jour même de la prise de Mayence, il envoya les brigades Neuwinger et Houchard s'emparer de Francfort-sur-le-Mein, ville libre et impériale, avec laquelle nous n'étions pas en guerre et qui fut frappée d'une contribution de deux millions de florins. Les contributions que partout Custine levait sur son passage, la conduite parfois extravagante et tyrannique des clubs révolutionnaires qui s'installaient dans les villes occupées par nos troupes, les désordres et les maux irréparables du séjour d'une armée ennemie, refroidirent vite les sympathies allemandes. La guerre ne tarda pas à reprendre toutes ses rigueurs et toutes ses tristesses.

Les revers commencèrent par la perte de Francfort, le 2 décembre. La brigade Neuwinger, arrivée trop tard pour secourir la garnison française, ne put qu'en recueillir une partie et arrêter la poursuite des Prussiens par une vive canonnade à Bockenheim. Il n'en fallut pas moins se replier sur Mayence et abandonner la rive droite du Rhin aux Prussiens qui, pendant la suspension d'hostilités amenée par l'hiver, se préparèrent à chasser les Français de leurs conquêtes sur la rive gauche.

II.

Quand la guerre recommença, en mars 1793, les dangers de la France s'étaient multipliés. L'exécution de Louis XVI avait rallié contre nous l'Europe presque entière. A l'intérieur, les Girondins et les Montagnards s'entredéchiraient; la Vendée avait pris les armes. La ruine de la patrie paraissait certaine. Aussi, malgré les mesures énergiques prises par la Convention pour soutenir la lutte inégale que l'esprit impolitique de sa diplomatie et la haine de l'Europe avait déchaînée contre nous, les premiers mois de la campagne de 1793 furent-ils malheureux pour la France. Toutefois, au milieu des revers, nos armées s'aguérirent et se préparèrent aux victoires par lesquelles devait se terminer cette campagne d'abord désastreuse. Il se forma en particulier dans l'armée du Rhin un noyau de chefs vaillants et habiles, parmi lesquels nous verrons Beaupuy grandir promptement en gloire et en grade.

Jusqu'ici, nous avons dû, faute de documents particuliers, nous borner au court récit des opérations militaires auxquelles Beaupuy avait pris part. Maintenant, grâce à un journal de cet officier, qui a été conservé dans les papiers de Merlin de Thionville, il nous est possible de le suivre de près depuis le 26 mars jusqu'au 14 juillet 1793 (1). Ce journal a été rédigé

(1) Bibliothèque nationale. MMs. N. acq. fr. Papiers de Merlin de Thionville, n°s 244-252, 8 vol. in-4°.

Le Journal de Beaupuy fait partie du 3e volume, fol. 213-228. Les papiers de Merlin de Thionville furent déposés à la Bibliothèque nationale par Jean Raynaud, après qu'il eût composé la *Vie et Correspondance de Merlin de Thionville* (1850). Une copie de ce journal existe aux Archives de la Guerre.

par lui, sous le feu de l'ennemi, pendant le siège de Mayence. Il ne semble pas qu'il l'ait jamais relu, car on y remarque çà et là des mots passés et des phrases incomplètes. Ce sont de simples notes écrites au débotté pour des amis éloignés. De copieux extraits feront connaître le soldat intrépide et le républicain fervent, plein de franchise et de belle humeur, avec cette pointe de vanité aimable qui avait charmé Wordsvorth (1).

L'objet du roi de Prusse pour la campagne de 1793 était le siège de Mayence, qu'il ne pouvait entreprendre qu'après s'être rendu maître de la rive gauche du Rhin et avoir rejeté Custine en France. Le général Français ne sut pas empêcher les ennemis de passer le Rhin. Ses lignes étaient étendues depuis Bingen sur le coude brusque fait par le fleuve au confluent de la Nahe, jusqu'à Worms. Les Prussiens opérèrent le passage sans obstacle entre Bacharach et Coblenz, les 24 et 25 mars, puis vinrent avec des forces toujours grandissantes attaquer la droite de Custine, établie le long de la Nahe, près de Bingen, principalement à Weiller. Neuwinger et Niceville la commandaient. Malgré la désapprobation de Custine, Neuwinger voulut se maintenir dans le poste dangereux qu'il occupait.

« Attaquée sur tous les points, dit Beaupuy, la première ligne, » très étendue et affaiblie encore par des détachements, fut

---

(1) Comme Beaupuy ne raconte que les incidents dont il a été le témoin oculaire et que les combats ou les engagements partiels dans lesquels il a joué un rôle, son journal présenterait certaines obscurités si on le reproduisait intégralement, sans commentaire. Il a donc paru préférable d'omettre certains détails trop menus, de résumer un ou deux passages et de relier entre elles les diverses parties du journal forcément décousu par l'exposé général des événements. Sauf le rétablissement de quelques mots oubliés et la retouche d'un très petit nombre de phrases incomplètes ou obscures, il n'a pas été apporté de modifications au texte de Beaupuy.

» forcée et le même Neuwinger qui s'était porté en avant avec ses » chasseurs pour faire une reconnaissance fut tout-à-coup enve» loppé, sabré et pris. Déjà la retraite s'était faite et dans le plus » grand désordre. Niceville ne put se rallier qu'à Bingen. Il y » avait peu de temps que ses troupes y étaient arrivées, lorsque » les Prussiens parurent sur les hauteurs avec des pièces de » 7 et des obusiers. La position qu'on avait fait prendre [à nos » soldats] était détestable ; aussi ne tinrent ils pas longtemps. » Les boulets et les obus qui pleuvaient sur leurs têtes les dépa» vèrent bien vite et ils arrivèrent la nuit sur le glacis de » Mayence... Ce seul passage forcé nous a fait perdre trente lieues » de terrain, toutes nos conquêtes, Mayence excepté » (1).

Après cette défaite, Custine, convaincu qu'il lui était impossible de s'opposer à la marche de l'ennemi, se décida à abandonner Mayence à ses propres forces. Il réunit à Alzey, le 28 mars, les troupes qu'il voulait conserver sous ses ordres et se retira rapidement sur Worms. Il donna, en outre, l'ordre qu'on lui amenât à Worms l'artillerie légère et l'attirail de campagne restés dans Mayence, ainsi que 7,000 hommes qu'il ne destinait pas à la garnison de cette place. Beaupuy était du nombre.

« Le trente mars, nous dit-il, le 4e régiment de grenadiers reçut » l'ordre de partir la nuit et de se diriger sur Worms. A cinq » heures du matin il se mit en marche avec le 3e régiment de » grenadiers et l'artillerie volante. Des retards que l'on n'avait » pas prévus gênèrent leur marche ; ils n'arrivèrent à Openheim » qu'à une heure. Là, ils se réunirent à huit bataillons qui biva» quaient sur la hauteur depuis deux jours et commandés par le » général Blou (2)...

---

(1) Voir le récit détaillé que Beaupuy fait de ces deux combats dans le supplément de son Journal, appendice 6.

(2) Généralement appelé *Deblou*, mais le *de* initial était alors si suspect qu'on le retranchait même quand il n'avait rien de noble.

» A peine arrivés à Openheim, nous nous rendons sur les hau-
» teurs où nous attendait le général. Nous le trouvâmes très
» affecté du retard du 14e régiment de cavalerie. Déjà les
» hussards ennemis commençaient à paraître et l'on croyait à
» chaque instant apercevoir des colonnes prussiennes. Le général
» n'était pas tranquille et l'état où il est (il a été opéré il y a
» quelques années de la fistule) l'empêchant de se tenir à cheval,
» il fallait qu'à chaque instant ceux qui étaient à cheval se
» portâssent en avant pour faire des reconnaissances et dissiper
» sa crainte. Michel (1) ne se fit pas tirer l'oreille ; il fut le
» premier à se porter en avant, et revint rendre le compte le plus
» satisfaisant au général. Une seconde fois il fit le même trajet et
» le même rapport.

» Enfin arrivent les commissaires de la Convention, Merlin et
» Rewbell et le régiment de cavalerie. Voilà la colonne en
» marche. Le second bataillon du régiment est destiné à faire
» l'avant-garde commandée par le citoyen Menoui. Toutes les
» dispositions ont été faites ; des flanqueurs à la hauteur de
» chaque bataillon.

» La nuit approchait, Michel était bien aise de prendre con-
» naissance du terrain où on allait se diriger. Il se porte sur les
» hauteurs. On arrive à Guntersblum. Alors il prend la tête de
» son bataillon réduit à trois compagnies ; pendant son absence,
» on lui en avait enlevé cinq pour les porter sur les hauteurs. On
» pouvait être à un quart de lieue de Guntersblum, lorsqu'on
» entendit un feu de deux rangs qui partait de l'avant-garde.
» Alors un adjudant général lui ordonne de se porter, avec la
» colonne de grenadiers qui faisait l'arrière-garde, sur un bois qui
» était à gauche de l'attaque. Cet ordre n'était rien moins que
» précis ; la lisière de ce bois était fort étendue et on ne nous
» avait donné ni guide, ni point de direction. Comment faire

---

(1) C'est par son prénom que Beaupuy se désigne presque toujours dans le journal.

» l'attaque ? Le commandant de la colonne était en arrière et le » succès pouvait dépendre d'un quart d'heure de retard. Michel » prend bien vite son parti. Il lance le grison et il aborde ce bois. » Bien en valut à toute la colonne. Les chasseurs avaient passé, » mais ils ne nous avaient pas instruits de quatre lances à feu qui » annonçaient quatre bouches à feu. Elles pouvaient être à » 80 pas de lui. Il en examine la position, reconnaît 8 cavaliers » qui les gardaient, puis il revient à sa colonne qui avait toujours » marché. Il l'arrête bien vite dans une position où elle avait un » rideau qui la mettait à couvert de la première décharge; » ensuite il fait déployer ses trois compagnies. Cependant le » commandant arrive et fait exécuter le même mouvement à toute » la colonne. A peine achevait-elle de se déployer que le com» mandant Schaal me crie : « Voyez ! voyez ! Beaupuy. » — Cela » ne peut durer, répondis-je, ils se rallieront. » Vaine espérance ! » les charretiers de l'artillerie volante avaient pris l'épouvante et » s'étaient jetés sur la malheureuse colonne du centre. Voilà d'où » provint la déroute... Oh ! mes amis, quel supplice pour le » pauvre Michel ! non, jamais de la vie, il n'éprouvera pareille » anxiété. Les boulets qui pleuvaient ne lui faisaient aucune » sensation ; mais cette déroute du centre à laquelle il ne pouvait » porter remède ! Jetez sur ce tableau le voile d'une nuit obscure » et vous concevrez ce que j'éprouvai.

» Alors, le commandant ne voyant pas l'ordre se rétablir dans » cette colonne, ordonne à la nôtre de rompre par peloton à » gauche, c'est-à-dire de faire retraite ; elle se fit chez nous dans » le plus grand ordre ; mais c'était le grand silence qui régnait » dans tous les rangs qu'il fallait observer. Quel contraste, quelle » différence avec la gaîté que nous portions au combat !

» Je l'avoue et avec bien du regret, tous les honneurs de la » journée appartenaient aux troupes de ligne. Sans le second » bataillon de Bassigny, commandé par Saint-Sauveur, la retraite » qui se fit aussi tranquillement qu'on pouvait le désirer, n'aurait » été qu'une déroute prolongée jusqu'à Mayence. La nombreuse » cavalerie prussienne fut contenue par la bonne contenance de » ce bataillon.

» Nous ne perdîmes pas à beaucoup près le monde que nous » devions perdre. L'attaque n'avait pas été prévue. Aucun plan, » aucunes dispositions, et le général à pied... Merlin qui se montra » partout et en brave sabra plusieurs [fuyards]. Il vit par lui-même » tous les maux que produisent le défaut d'instruction et l'inexpé- » rience des officiers ; il n'y eut point de reproches qu'il ne leur » fît... Enfin, nous arrivâmes à Mayence à trois heures après » minuit avec Rewbell et Merlin, six mille hommes et un grand » train d'équipages que nous menions à Custine, d'après les ordres » qu'il nous avait envoyés.

» La force et la position de l'ennemi ne me sont pas connues. » Je n'ai pu en juger à cause de la nuit ; mais, par tous les » renseignements que j'ai eus depuis, il en est résulté un bonheur. » Nous aurions difficilement échappé aux forces supérieures que » Guillaume avait portées dans cette partie-là, si nous nous » fussions engagés plus avant. Beaucoup d'équipages ont été pris ; » les miens ont été bien exposés ; leur perte m'avait déjà été » annoncée. »

Le retour de la division à Mayence après la défaite de Guntersblum augmenta les moyens de défense déjà grands de cette place, mais il augmenta aussi le nombre des bouches à nourrir. A peine cette division s'était-elle renfermée dans les murs de la ville que l'investissement commença, le 1er avril 1793.

III.

« Nous voici à Mayence, dit Beaupuy, au nombre de 22 ou » 23,000 hommes. Le général en chef est un ingénieur nommé » Doyré ; le commandant en chef des troupes, Aubert-Dubayet. » Nous sommes bien partagés. Nous avons, je crois, en généraux, » état-major et commissaires ce qu'il y a de mieux dans notre » armée. Doyré a une jambe malade, il ne peut marcher ; mais

» sa tête est bonne et c'est l'homme qu'il faut pour défendre une » ville comme Mayence. Vous connaissez Dubayet ; il a toute » l'ardeur du soleil qui l'a vu naître » (1).

Quelques indications que Beaupuy ne donne pas dans son journal sont ici nécessaires pour faire comprendre les combats qu'il raconte ensuite. Mayence, situé en aval du confluent du Mein et du Rhin, était divisé par le Rhin en deux parties. La ville proprement dite s'étendait en demi-cercle sur la rive gauche du fleuve, et était par un pont rattachée au faubourg de Cassel, sur la rive droite. Cassel avait été promptement fortifié par le colonel du génie Gay-Vernon, après l'occupation française. La garnison fut donc répartie entre Mayence et Cassel. Dans Mayence même se trouvaient des officiers dont quelques-uns étaient destinés au plus haut renom : Aubert-Dubayet, Kléber, Decaen, Marigny, Haxo, Gouvion Saint-Cyr, Hugo, père du poète. Cassel n'était pas moins favorisé. Il était commandé par le général Meunier, l'un des hommes les plus savants et les plus valeureux de nos armées. Né en 1754, membre de l'Académie des sciences à trente ans, Meunier s'était fait connaître par ses superbes travaux du port de Cherbourg. « Il égalait Bonaparte, a dit de lui l'exact Gouvion Saint-Cyr, dans la plupart des qualités qui constituent le général, et il lui était supérieur en patriotisme » (2). Beaupuy était sous les ordres de ce chef éminent.

---

(1) Aubert-Dubayet était né à la Louisiane en 1759. Il avait combattu en Amérique sous Rochambeau et Lafayette. Avant de partir pour le Rhin, il avait siégé à la Législative. Nous le retrouverons en Vendée. Ministre de la guerre sous le Directoire, il mourut ambassadeur à Constantinople en 1797.

(2) Mémoire sur les campagnes des armées du Rhin et de Rhin-et-Moselle. Paris, 1829, vol. 1, p. 271.

Les Prussiens avaient de leur côté fait de grands efforts pour pousser activement le siège. Le roi de Prusse était venu en personne pour assurer l'ensemble des opérations, mais c'était le général Kalkreuth qui commandait de fait. Les ennemis avaient établi leur quartier général à Marienborn, sur la rive gauche. Contre Cassel, le général Schonfeld disposait de quinze bataillons et de quatorze escadrons au début du siège. Il fut bientôt renforcé de quatre bataillons et de trois escadrons.

La place d'honneur qu'occupe le siège de Mayence dans l'histoire des premières guerres de la Révolution semblera justifiée si l'on considère que la vaillante résistance de la garnison immobilisa pendant plus de trois mois une armée ennemie qui s'éleva vers la fin à 80,000 hommes et qu'elle garantit ainsi notre territoire d'une invasion dans une période malheureuse pour nous. On verra aussi par plus d'un des faits d'armes que raconte Beaupuy comment ce siège a mérité son caractère légendaire.

Les Prussiens passèrent les dix premiers jours du mois d'avril à resserrer leurs lignes autour de Mayence et à s'y fortifier. Meunier fit alors décider une sortie générale sur la rive droite pour la nuit du 10 au 11 avril. Voici le récit que nous en a laissé Beaupuy :

« Différents rapports avaient été faits au général Meunier que » les ennemis travaillaient à Costheim (1) et la nuit particulière» ment. Le général Dubayet pensait, ainsi que toute l'armée, qu'il » était prudent et instant de ne pas leur donner le temps de » s'établir et de se fortifier davantage. Le plan d'attaque est » approuvé par le conseil de guerre, et le jour est fixé ou plutôt » la nuit pour l'exécuter. Je me rends chez le général, qui

(1) Le bourg de Costheim, sur la rive droite du Mein, à l'endroit où cette rivière se dédouble pour entourer l'île de Mars.

» m'apprend que je suis destiné à commander la colonne qui doit » se porter sur Costheim. Il me communique son plan, qui subit » quelques changements, et définitivement il est arrêté que le » corps des chasseurs entrera par la tête du bourg et que deux » compagnies de grenadiers précédées d'échelles et de travailleurs » et guidées par le caporal Bluto escaladeront la partie baignée » par le Mein. L'on se met à table, on soupe gaîment ; les deux » commissaires s'y trouvaient, et Michel s'en va reposer sur une » chaise. Une heure sonne ; il se rend à son poste ; il organise sa » colonne. Le général arrive et on part.

» Notre attaque ne devait commencer qu'après celle de gauche. » Nous attendîmes près d'une heure ; pendant ce temps-là, le » capitaine qui devait commander les deux compagnies destinées » à l'escalade fit des observations sur les difficultés de l'entreprise, » qui ne lui plaisait point, et encore c'était devant des grenadiers. » Heureusement, le brave caporal n'était pas loin. Il l'appela et » [le caporal] détruisit tous ses doutes.

» Enfin, les coups de fusil et les coups de canon se font entendre » à notre gauche ; c'était le signal de notre départ. Je marche à » la tête de ma colonne, lorsque tout à coup les deux compagnies » s'arrêtent. J'y cours et j'apprends avec bien de l'étonnement » et de l'humeur qu'elles étaient séparées du guide et des tra- » vailleurs et qu'elles ne savaient plus où se porter. « Suivez-moi », » répondis-je, et me voilà cheminant à grands pas vers Costheim, » mais bien en peine de la partie que j'escaladerai, trouvant » partout la muraille trop élevée. Enfin, j'entends des coups de » marteau redoublés. J'accélère le pas et sans fanfaronnade » Michel marchait le plus vite ; aussi il arrive le premier ou le » second. Il saisit la première échelle et saute dedans en criant : « Vive la Nation ! » Mon objet rempli, je reviens au général lui » apprendre cette heureuse nouvelle.

» L'ordre était de ne pas brûler une amorce, aussi la garde fut » surprise et égorgée. Nous ne fîmes qu'une dizaine de prisonniers. » La porte fut bientôt brisée et voilà des vaches et des bœufs

» qui débouchent (1). Tandis que tout cela durait, les chasseurs » s'abandonnèrent au pillage et l'ennemi eut le temps de se rallier » et de se porter en force sur le point qu'il avait abandonné. Ses » tirailleurs occupèrent bien vite des maisons qui nous com» mandaient ; les voilà à nous fusiller de tous côtés. La compagnie » de droite où j'étais eut trois blessés dans un instant ; alors, je » fis pointer une pièce de canon contre la maison d'où partaient » le plus de coups de fusil et bientôt ils cessèrent leur feu. Ma » crainte était qu'ils vinssent nous prendre par le flanc ; maîtres » du Mein, rien ne leur était plus facile. Aussi le général, après » avoir tiré du bourg le plus de bétail possible, se détermina à la » retraite. Heureusement que nous avions un rideau pour nous » mettre à couvert, car les boulets et les obus passaient joliment » sur nos têtes. J'étais sur la crête et aussitôt que je voyais la » lumière je faisais signe [aux miens] de mettre ventre à terre.

» Nous rentrâmes à Cassel, il pouvait être sept heures. Déjà » la colonne de l'attaque de gauche était rentrée (2) ; il s'en » fallait bien qu'ils fussent aussi joyeux que nous. Le plan était » beau et de la plus facile exécution. Après avoir emporté les » deux redoutes qui couvraient la droite de l'ennemi, ils devaient » la prendre à revers, enlever successivement ses deux camps, et » arriver sur la troisième [redoute] par derrière, tandis que nous » l'attaquerions par devant. Mais le défaut d'instruction du plus » grand nombre, mais la lâcheté de quelques-uns, mais l'ignorance » des officiers, ont fait échouer la plus belle entreprise de cette » guerre. Nous avons eu, par une fatale méprise plus que par le » feu, deux cent treize blessés (3). J'ignore le nombre des morts. » Je vous renvoie sur le détail de cette action au récit qu'a fait

---

(1) Un des objets principaux de la sortie était de se procurer des bestiaux et des fourrages dont on avait le plus grand besoin.

(2) Cette colonne, conduite par Dubayet lui-même, s'était dirigée sur Bibrich, à deux lieues en aval de Cassel.

(3) Un coup de feu tiré dans les rangs de la colonne Dubayet provoqua une panique irrépressible.

» Aubert-Dubayet. Il a été très exposé ; il a eu un cheval tué » sous lui. Lui et le capitaine Dusirat, commandant le premier » bataillon du 3e régiment de grenadiers, sont ceux qui se sont le » plus distingués. Le grand Allemand de six pieds, nommé » Klinger, est dénoncé comme un lâche.

» A peine arrivé, le général m'invite à déjeuner. Tous les » généraux, les officiers supérieurs, les Commissaires de la » Convention s'y trouvaient. Là, chacun de raconter les aven- » tures, les dangers de la nuit. Le premier verre de vin n'était » pas encore bu que j'entendis Merlin citer le brave Beaupuy » comme ayant monté le premier à l'assaut et sauté dans » Costheim. Je finis ici, impassible et fidèle historien. Je rapporte » tout et je ne fais que répéter les expressions que j'ai entendues... »

Le 12, parut l'ordre du jour suivant :

« Le commissaire de la Convention nationale Merlin, et le » général de brigade Meunier, commandant à Cassel, témoignent » aux troupes de la République qui ont combattu à la droite de » Costheim, toute la satisfaction que leur courage républicain » leur a donnée. Ils se louent de tous les soldats de la patrie qui » ont participé à cette expédition et en particulier du citoyen » Beaupuy, lieutenant-colonel de grenadiers, Blutot, caporal du 48e » régiment d'infanterie, Beaufranchet, commandant d'artillerie. »

» C'est, dit Beaupuy, un des articles à l'ordre qui a été donné » à toute l'armée et je vous dirai, mes amis, que quand on aurait » fait Michel général, il n'aurait pas été si flatté qu'il l'a été par » ces quatre lignes annoncées à l'armée par un membre de la » Convention et par son général. »

Cependant, le roi de Prusse, désespérant de prendre Mayence de vive force, avait permis au général Kalkreuth d'avoir des conférences secrètes avec Rewbell, que Custine avait de son côté engagé à se prêter à ces négociations. Le 12 avril, le général Doyré reçut un paquet porté par un trompette prussien et dans lequel se trouvaient deux lettres, l'une du citoyen Boos, chargé par Custine de s'aboucher avec lui, l'autre du major Von Zastrow annonçant que le roi de Prusse avait bien voulu consentir à l'entrevue demandée, à condition qu'elle eût lieu devant deux officiers prussiens. Rewbell et Doyré allèrent à l'entrevue accompagnés de Kléber et du chef de brigade Dazincourt. Le citoyen Boos leur apprit les échecs de Dumouriez et, au nom de Custine, demanda l'évacuation de Mayence. Rewbell et Doyré, indignés de cette communication faite devant des ennemis, répondirent noblement qu'ils feraient leur devoir jusqu'au bout. Le soir même, le conseil de guerre de Mayence approuva leur réponse. Toutefois, il semble que le conseil de guerre ait voulu profiter de l'occasion offerte pour sonder les Prussiens, car nous voyons le lendemain Rewbell aller à une nouvelle conférence, avec les ennemis cette fois. Nous avons le récit de cette seconde entrevue par Beaupuy, qui en fut témoin. Nous y saisissons sur le vif le curieux contraste de la correcte diplomatie prussienne avec la fougue d'un républicain dont le patriotisme et la conviction débordent en toute occasion.

« Vous venez de voir Michel grenadier à Costheim ; vous allez » le voir à Openheim l'un des représentants de la nation.

» Le 13, à midi, il reçut l'ordre du général de se rendre à » Mayence et d'accompagner le citoyen Rewbell à Openheim, où » il devait y avoir une conférence avec les généraux prussiens. » Ainsi l'a décidé le conseil de guerre, me dit le général.

» Arrivés sur les hauteurs de Sainte-Croix, nous y trouvâmes » un adjudant du roi de Prusse, mais le major Zaiztrom (1) en » était déjà parti et nous cherchait ailleurs. Bientôt nous nous

---

(1) C'est ainsi que Beaupuy écrit le nom du major von Zastrow. Kléber, dans son journal, écrit Zastrof.

» réunîmes, mais il parut un peu surpris de voir le chef de » brigade d'artillerie Quendeville et moi avec le citoyen Rewbell. » Je lui déclarai que j'étais très flatté de la commission qui m'avait » été donnée et que je ne me séparerais point de mon représen- » tant. Après quelque incertitude, il consentit, mais en renvoyant » toute notre escorte. Nous voilà donc entre les mains des » infidèles. Nous arrivâmes à Openheim. Kalkreuth y était déjà. » J'avais les yeux bien ouverts sur les personnages. Le représen- » tant de Guillaume m'occupa moins d'abord qu'un petit homme » qui s'était mis dans le fond de l'appartement et qui avait » bien l'air d'être là pour nous observer.

» Le major Zaiztrom nous présenta à Son Excellence et déclina » nos noms. Ah ! il fallait voir la raideur de Michel ! Autant son » collègue [Quendeville] faisait de courbettes, autant il avait de » contenance. Jamais il n'a été si droit. Le major débute par » annoncer à S. E. que M. Rewbell désirait entrer en pourparlers » avec lui et lui faire des propositions. Sans en attendre davan- » tage, Michel prend la parole et dit à Rewbell : « Le compte » qui vient d'être rendu ne doit pas être exact. » Alors, Rewbell » commence par sa profession de foi politique. Kalkreuth nous » avait prévenus que le petit homme que j'avais aperçu était » secrétaire du roi de Prusse et qu'il allait mettre par écrit leur » dialogue. « C'est une précaution, ajouta-t-il, dont je crois » devoir user, étant donnée l'infidélité avec laquelle le *Moniteur* » a traduit l'année dernière mon entrevue avec Galbaut (1). »

» Rewbell continua et parla avec le ton et toute la dignité

(1) *Moniteur*, nos 325 et 332 (20 et 27 novembre 1792). Le premier numéro contient le récit d'une conférence entre les généraux français Labardière et Galbaud et les généraux prussiens : le duc de Brunswick et Kalkreuth. Cette conférence eut lieu le 8 octobre, près de Verdun. Dans le second numéro est racontée une nouvelle conférence du 11 octobre entre les généraux français Dillon et Galbaud et le général prussien Kalkreuth.

Le but de ces deux conférences était de traiter de l'évacuation de Verdun et de Longwy, que les Prussiens ne pouvaient garder depuis leur échec à Valmy. Brunswick et Kalkreuth sont représentés dans le *Moniteur* comme admirant la Révolution française et déplorant la déclaration de guerre faite par la Prusse.

» convenable à son caractère. Il n'entra jamais que dans des » propositions générales. Kalkreuth, qui s'attendait ou qui feignait » de s'attendre à voir s'entamer des pourparlers sur Mayence, » répondit que le Roi ne l'avait chargé que de l'écouter sur » Mayence et que ses pouvoirs ne s'étendaient pas plus loin.

» La séance politique levée, la conversation devint générale. » Aussitôt Kalkreuth me présenta deux *Moniteurs* que je saisis » avec avidité. Il en parut surpris : « Oh ! général, c'est que » j'aime ma patrie ; c'est que depuis treize jours j'en suis séparé, » que je ne communique plus avec elle par ce manque des » papiers que la liberté nous accorde, et que rien de ce qui s'y » passe ne peut m'être indifférent. Mon cœur est pour elle et » toutes mes pensées ne cessent de s'y porter. Voilà, ajoutai-je, » les sentiments d'un républicain ; l'intérêt public, voilà son » intérêt. Il est une portion essentielle, intégrante [de son pays] » et ne voit que ce but et sa prospérité. Mon existence y est » attachée, et vous voyez l'un de ses moindres effets dans » l'impression que me cause la vue de l'un de ses journaux, le plus » répandu et le plus estimé. »

» A peine avais-je commencé de lire, qu'il nous parle de » trahison, des agitateurs, des faux patriotes qui troublaient la » France ; dans la grande majorité, il n'y avait que des hommes » sans état, sans fortune, intéressés à la subversion de tout ordre » pour y trouver une fortune, une existence. — « Dans quelle » erreur vous êtes, général ; vous ne savez donc pas que ces » sans-culottes, ces jacobins, pour qui les grands feignent d'avoir » tant de mépris, sont comme les gueux de la Hollande qui » triomphèrent du duc d'Albe. D'ailleurs, général, vous en voyez » trois devant vous qui s'enorgueillissent de l'être avec quatre ou » cinq cent mille livres de biens fonds qu'ils ont (comme je » mentais !) » (1). — « Comment, répondit Kalkreuth, est-ce qu'il

(1 Bien que Beaupuy exagérât ici à dessein sa fortune, il était véritablement riche. Quand il mourut, il laissait à Nicolas et Guy Beaupuy : le tiers de 5 maisons à Mussidan ; du domaine de Laborie, près Mussidan ; de la métairie du Maine, près Mussidan ; d'un pré dit de la Maille (dépendance de Chauland), et de 4 domaines à La Filolie.

» est permis en France d'avoir plus de cent mille francs de bien ?» » Encore avait-il l'air de parler de bonne foi ; aussi Rewbell se » donna la peine de l'éclairer sur ce fait. — « Mais nous sommes » libres aussi en Allemagne ; mais nous avons des lois, mais nous » sommes égaux ! » — « Comment, général, avec vos crachats et » vos cordons ? »

» Malgré les révérences et la platitude de mon collègue » [Quendeville], que je ne pus m'empêcher de dénoncer à » Rewbell, Kalkreuth voyait bien à notre contenance que les » mauvaises nouvelles du *Moniteur* ne pouvaient nous abattre et » n'éteignaient point notre énergie.

» Alors, le petit secrétaire tira de sa poche quatre feuilles » in-folio manuscrites, contenant l'adresse de Dumouriez à son » armée (1), et se mit à lire. Vous ne doutez pas de l'indignation » qu'il me causa quand j'entendis ce traître proposer à Cobourg » Lille, Valencienne et Douai pour gage d'un armistice et pour » lui donner le temps d'aller à Paris avec son armée rétablir la » paix et la précédente Constitution. « Traître, scélerat, f.... » gueux ! » C'était un débordement, et une foule de réflexions » s'en suivirent. « Mais n'importe, continuai-je ; malgré tous nos » revers, malgré la lâcheté des nations qui s'unissent, qui se » coalisent contre un peuple généreux, qui ne veut que le maintien » de ses droits.... » — « Comment ! comment ! vous insultez le » Roi mon maître ; vous êtes le premier Français qui ait tenu de » semblables propos en ma présence. » — « Général, dit Rewbell, » le colonel Beaupuy s'est cru au milieu des siens. » — « Oui, » répartis-je vivement, et je me suis bien trompé, citoyen » Rewbell. » Ma répartie n'était pas propre à le ramener ; aussi » s'échauffait-il au point que je craignis de compromettre Rewbell. » Ce fut là tout de suite ma réflexion. Si j'étais seul (et même » avec mon plat collègue), je pourrais soutenir la dispute ; ma

(1) Cette adresse de Dumouriez avait été rédigée par lui, de concert avec le général autrichien Mack, dans la nuit du 4 au 5 avril, huit jours seulement avant l'entrevue que raconte Beaupuy.

» tête sauterait ou je serais mené à Spandau. Mais l'un de nos » représentants !... Je me contins ; d'ailleurs, il ne me dit rien » d'offensant, et je n'entrevis dans la répétition qu'il fit de ses » paroles que le désir d'obtenir de moi des excuses, à quoi je me » gardai bien de consentir......

» Kalkreuth fit apporter des rafraîchissements. Je ne voulus » rien accepter ; au contraire, je descendis et fis hâter le postillon. » Je remonte et m'aperçois que Kalkreuth redoublait de politesse » envers Rewbell et l'artilleur.

» Nous repartîmes, et il nous fit accompagner jusqu'à nos postes. » Il était minuit quand nous arrivâmes. Rewbell m'invita à souper » et m'engagea à venir avec lui chez le général. Je m'y attendais. » Notre vieux et prudent général [Doyré] trouva mon propos » imprudent et répéta : « Vous avez commis là une grande » imprudence. » Je l'avais prévenu : « Je ne crois pas que vous » m'envoyiez une autre fois en ambassade. » Les généraux » Meunier, Dubayet et Merlin me dédommagèrent bien de cette » boutade. Merlin surtout. Oh ! il était si content ! « Voilà, » disait-il à tout le monde, un républicain. » Il est vrai que » quand il aurait moins connu Michel, son costume lui en aurait » imposé. Devant aller à Openheim, il n'avait rien oublié pour » présenter aux yeux des Prussiens et des Autrichiens un vrai » jacobin. Il s'était boutonné de la tête aux pieds dans une » anglaise nationale ; les trois couleurs n'étaient pas épargnées ; » les boutons à la République, les cheveux très courts, la grande » moustache (1), le chapeau de travers, la froideur d'un » quaker » (2).

---

(1) La moustache était un signe de républicanisme. Le général en chef Custine montrait en cela l'exemple à ses subordonnés. Son énorme paire de moustaches lui donnait un air quelque peu bizarre et il était communément appelé le « général moustache » dans son armée.

(2) Les quakers étaient alors au mieux avec les républicains. Une députation de cette secte avait été admise l'année précédente à la barre de l'Assemblée et avait eu les honneurs de la séance. — *Moniteur*, 1791, nº 43.

Beaupuy devait rendre plus de services à la garnison de Mayence comme officier que comme diplomate. Merlin de Thionville a désigné sous le nom d'*Iliade-Kléber* les petits et glorieux combats sans cesse renouvelés dont Kléber fut le héros sur la rive gauche du Rhin, pendant le siège. Au même moment, Beaupuy avait son Iliade sur la rive droite, qui souffrait beaucoup de l'extrême proximité de l'ennemi. Son journal relate une série d'expéditions, dont l'objectif ordinaire était le village de Costheim.

21 avril. — « Le général Meunier avait résolu d'attaquer une » seconde fois Costheim et la Briqueterie (1) ; toutes les dispositions étaient faites. Nous partons ; Michel commandait la petite » armée. Le grand point était de surprendre [les ennemis]. Mais » le commandant des chasseurs, trop ardent, n'attend pas le » départ de la colonne. Les coups de fusil des sentinelles ennemies » se font entendre et le général ordonne aussitôt la rentrée des » chasseurs, qui, s'étant portés sur la Briqueterie, l'emportèrent » d'emblée. 8 ou 10 Prussiens furent égorgés et le commandant » pris avec 10 hommes. »

27 avril. — « Le général, afin de tenir l'ennemi à une respectueuse » distance et pour couvrir cette partie de la ville qui fait face à la » Favorite, a fait commencer des ouvrages qui sont à une portée » de pistolet de Costheim et qui doivent singulièrement incommoder d'anciennes redoutes faites par Gustave (2) dans cette » presqu'île baignée à droite par le Mein et à gauche par le » Rhin, et relevées depuis par l'ennemi. A peine l'épaulement » était achevé qu'il a fait tirer sur leurs travaux ; ils ont riposté » par un feu bien vif et j'ai eu huit grenadiers blessés dans la » tranchée. Des huit, il y en a quatre de Bassigny et presque » tous sont fracturés. Tout le terrain est sillonné par les boulets » et couvert d'éclats d'obus. Malgré la vivacité de leur feu, nous

---

(1) Il s'agit d'une briqueterie fortifiée par l'ennemi, auprès de Costheim.

(2) Le fort de Gustavebourg.

» sommes parvenus à le faire taire ; des maisons qu'ils ont dans » leur presqu'île ont été incendiées par nos boulets rouges. »

Le 29 avril. — « Je reviens de l'ouvrage favori du général. Je » suis bien fatigué ; c'est la seconde nuit que je ne dors pas, mais » je veux vous conter la jolie expédition que 60 grenadiers et » 60 chasseurs viennent de faire. Je n'étais point de service ; mais » sachant que le général était sur les lieux, j'ai été lui offrir un » aide-de-camp ; il y a été sensible. A minuit, le débarquement (1) » s'est fait sous nos yeux et ils se sont portés sur la redoute qui » nous avait fait tant de mal pendant le jour. Au lieu de s'amuser » à répondre à une grêle de balles qui arrivèrent sur eux et » jusqu'à nous, en criant tue ! tue ! à l'arme blanche, ils ont » emporté la redoute, tué une vingtaine de Saxons et l'officier, » pris deux obusiers, un canon et encloué sept grosses pièces » qu'ils n'ont pu emmener. 17 prisonniers et 2 officiers ne nous » contentaient pas, et j'étais au moment de partir avec deux » bataillons pour aller chercher les autres pièces, mais le jour a » paru et nous avons jugé qu'un renfort considérable avait dû » arriver. Les vedettes paraissaient déjà. D'ailleurs, les bateaux » trop chargés n'ont pu arriver à nous. Ils ont descendu jusqu'à » Mayence.

» Ce matin, ils auront les honneurs du triomphe. Ils défileront » à la parade à la suite des prisonniers et des canons pris. »

Le 2 mai. — « Encore du Costheim et cela ne doit pas vous » étonner. C'est la pomme de discorde entre les Prussiens et » nous. Ce malheureux bourg est placé de manière qu'il ne peut » être occupé ni par eux ni par nous. Aussi vient-il d'avoir une fin » bien tragique.

» Avant-hier, le général mande Michel et lui met sous les yeux » le plan qu'il a conçu et qu'il veut mettre à exécution la nuit » suivante. 6,000 hommes de la garnison de Mayence devaient

(1) Il s'agit d'un débarquement dans la presqu'île, défendue par le fort de Gustavebourg, désigné plus haut.

» se porter sur les hauteurs du Moulin (1), prendre les batteries » à revers, s'en emparer et puis se porter successivement sur les » deux camps de gauche ; deux bataillons devaient faire une » fausse attaque sur Bibrich. Michel, avec une partie de la garni- » son de Cassel, devait attaquer Costheim, la Briqueterie et faire » une descente à Gustavebourg. Le projet fut goûté par Dubayet. » J'étais de l'entrevue. Mais la fatale expérience qu'il avait sur » l'ignorance, l'indiscipline, la faiblesse d'une partie de la garnison, » l'empêchèrent de se rendre au projet séduisant du général. » Meunier, fâché, mais non découragé, abandonna la partie de » son projet sur la Briqueterie et se réduisit à Costheim.

» Michel part à minuit par une nuit bien obscure, à la tête de » son régiment, de 600 chasseurs et de 200 ouvriers. A moitié » chemin, il ordonne, d'après le plan du général, aux chasseurs » de se porter en avant, sur sa gauche, à la 2e colonne d'attaquer » par le côté de Cassel, et lui-même [avec le] 1er bataillon, il se » porte à la tête du bourg par la route de Francfort. Le terrain » offrait des difficultés : des vignes, des troncs d'arbres ; aussi » la colonne s'allongeait-elle. Arrivé à l'une des hauteurs de » l'attaque, Michel laisse une compagnie de chasseurs filer et » apercevant une ouverture par où il espère pénétrer, il s'y » enfonce. Quel est son étonnement lorsque tout-à-coup, arrivé » dans la grande rue, il n'aperçoit que des bayonnettes basses » (c'étaient celles de ses chasseurs qui le prenaient pour un » ennemi), et en arrière de sa personne un seul sergent-major » qu'il avait placé près de lui comme aide-de-camp, parce qu'il » connaissait la langue ! Surpris un seul instant de se trouver lui » deuxième dans la rue d'un bourg ennemi, il ne perd point la » tête ; il range son monde en bataille à mesure qu'il arrive, puis » il fait fouiller quartier par quartier, après avoir fait éclairer » [la marche] par des torches dont il était muni.

» Ces dispositions prises en peu de temps, enfin la 2e colonne

---

(1) Le Moulin de l'Electeur (Kurfurster Mühle), sur la route de Cassel, à Bibrich.

» arrive. Il va au-devant, et c'est pour voir le feu aux maisons » par où il va passer. Il fait ses efforts pour le faire éteindre. Il y » réussit un instant ; mais au moment où il achevait, on lui fait » voir une maison embrasée. C'eût été une entreprise vaine que » d'essayer d'arrêter l'embrasement. D'ailleurs, les boulets et les » obus de l'ennemi n'eussent fait que hâter l'incendie. Il réussit » mieux à arrêter le pillage. Il aperçoit un soldat portant une » bouteille ; il la saisit et la lui brise sur les pieds.

» Il y avait près d'une demi-heure qu'il occupait Costheim » lorsqu'une nouvelle fusillade se fit entendre. C'était les Prussiens » qui se portaient de la Briqueterie sur ce bourg. Les chasseurs » ne tinrent pas longtemps. Il faut convenir aussi que nous » n'avions pas de canon et que les leurs nous envoyaient de la » mitraille. Après s'être assuré des forces supérieures de l'ennemi, » il rentre et il entend des hommes qui parlaient sous les armes » et qui disaient que le poste n'était pas tenable. Il leur impose » silence et leur signifie qu'il tiendra autant que le général le » voudra. Un instant après, il se porte dans la partie du bourg » où la 2e colonne était placée. Il n'y trouve personne. Alors, » trop faible pour résister à une attaque de vive force, il fait » rentrer ses postes et ordonne la retraite, en laissant toutefois un » poste d'avertissement.

» La dernière compagnie sortait à peine qu'il entend tirailler » sur la droite ; il arrête sa colonne, la fait mettre en bataille, » et, accompagné d'un seul adjoint, va à la découverte. A peine » a-t-il fait cinquante pas, qu'un obus tombe tout juste à trente » pas de lui pour lui montrer les Prussiens qui faisaient feu sur » des piliers de jardins, pensant que c'étaient des Français. Il les » salue de son chapeau et rentre dans Cassel, le 3 mai, d'heureuse » mémoire. »

Oui, d'heureuse mémoire. Car Beaupuy devait renouveler, ce jour-là, son attaque de Costheim avec un plein succès. Cet engagement dont il fut le héros forme l'un des épisodes les plus curieux du siège.

« Le combat qui s'est livré entre les Prussiens et les Français, » au milieu des ruines de Costheim, doit tenir une place non » seulement dans l'histoire du siège de Mayence, mais encore » dans celle de toute la guerre de la Révolution. L'on a vu dans » cette action une poignée de grenadiers, de volontaires et de » ligne se battre corps à corps, à coups de poing, à coups de » baïonnettes, aux cheveux, culbuter deux bataillons de Prussiens » dans le Mein et renouveler les combats singuliers des anciens. » Un beau soleil éclairait ce combat ; il pouvait être onze heures. » Aussi, l'on défie toutes les gazettes de Francfort d'en contester » la vérité à 30 Français d'une part et à 3 ou 400 Prussiens » acteurs et spectateurs. Tous, s'ils sont de bonne foi, pourront » l'attester.

» Ce fut le 3 mai que Beaupuy fut commandé pour rentrer dans » Costheim, à la tête de 150 grenadiers du 1er bataillon du » 4e régiment de grenadiers, et pour attaquer les Prussiens par » la porte de Mayence, tandis qu'une autre colonne, formée d'un » bataillon de chasseurs et d'un bataillon de grenadiers, de la » même force, tournerait le bourg par la gauche et irait s'appuyer » au Mein pour leur couper la retraite.

» Après avoir donné le temps à la seconde colonne de filer, il » commence la charge. Il veut pénétrer par la porte de Mayence, » mais bien des obstacles s'y opposaient. L'ouverture suffisait à » peine à un homme à pied ; des pierres, des décombres de » maisons l'obstruaient et le feu achevait de consumer des palis- » sades et des pièces de bois dont l'ennemi avait embarrassé le » passage. Il n'y avait pas à délibérer. Sur-le-champ, Michel se » détermine à pénétrer par la brèche où il était entré à l'attaque » du 10 avril. Quelques-uns de nos tirailleurs, cachés derrière les » murs, lui criaient de ne pas entrer par là, qu'il allait être criblé » de coups de fusil. Sa réponse est de pousser son cheval et » bientôt il aperçoit les chasseurs prussiens. A mesure qu'il » avançait en les menaçant, il les voyait se replier, mais toujours » après avoir fait feu. Cependant, cela n'allait pas au gré de son » impatience ; les difficultés naissaient sous ses pas ; les grenadiers

» filaient ; il recevait un grand nombre de coups de fusil et il ne » pouvait en rendre aucun. Il se détermine à mettre pied à terre ; » il abandonne son cheval et alors il crie aux grenadiers qu'il » espère qu'il sera suivi. Toujours il avance ; enfin, il aperçoit [les » Prussiens] en bataille, couverts jusqu'à la poitrine par les décom- » bres d'une maison et adossés au Mein. « Ah ! les voilà, les voilà ! » » s'écrie-t-il, et sur-le-champ, il leur ordonne de mettre bas les » armes. Des incertitudes qu'il aperçoit dans leurs rangs lui font » redoubler ses menaces. « Rendez-vous ! rendez-vous ! » ne cesse- » t-il de leur crier. Quelques-uns en effet renversaient leurs fusils » et faisaient démonstration de paix ; d'autres les frappaient, les » menaçaient. Le plus grand nombre, parmi ceux du deuxième et » troisième rang, continuent de tirer, menacés vraisemblablement » par un grand officier qui s'agitait beaucoup. Michel est emporté » par l'espoir d'une si belle prise — il n'y avait pas moins de » deux bataillons — qui était infaillible si ses ordres avaient été » exécutés... Cette seconde colonne qu'il avait laissé filer avant » d'entrer dans Costheim devait tourner et appuyer au Mein, de » manière à leur ôter tout espoir de retraite. Deux bataillons » prussiens étaient contraints de se rendre ou de se jeter dans le » Mein ou de se faire jour à travers nos rangs.... Echauffé et » confiant dans l'exécution des dispositions qui avaient été pres- » crites à l'autre colonne, [Michel] s'était avancé au point qu'il » était plus près des Prussiens que des siens. Il n'en était pas à » plus de quarante pas. Il s'en aperçoit et fait signe aux grenadiers » de ne pas tirer, et il redouble d'instances et de menaces, comme » s'il avait été à la tête d'une armée.

» Cependant, les Prussiens, revenus de leur premier étonnement, » voient sa faiblesse (à peine avait-il 30 hommes sur cette place, » y compris 4 officiers). Ils s'enhardissent ; plusieurs se détachent ; » ils se dérobent à sa vue, à la faveur des ruines, et tout-à-coup » le voilà entouré de ces misérables. L'un lui arrache son sabre, » l'autre sa montre ; un troisième perce ses vêtements de plusieurs » coups de baïonnette ; on lui prend son chapeau et un mouchoir » avec lequel il avait attaché son épaulette. Il allait être assassiné, » dépouillé. Indigné, furieux de leur lâcheté et de leur trahison,

» écumant de rage, tête baissée, il se fait jour à travers eux, et, à » coups de pieds et à coups de poings, en vrai sans-culotte, il » arrive à l'officier, à celui qu'il avait jugé l'instigateur. Il se jette » sur son épée, dont il veut le percer ; il pare le coup, et les voilà » usant de toutes leurs forces et de toute leur adresse à chercher » l'un à arracher cette épée et l'autre à la conserver.

» Le sous-lieutenant Dervieux, le sergent-major Vialet, Garrin, » Gervais, Lorcet et Charvolin, tous les cinq du 2e bataillon de » grenadiers de Rhône-et-Loire, accourent à son secours. Dervieux » abat d'un coup de sabre sur la tête celui qui le perçait de sa » baïonnette... Vialet en assomme un d'un coup de pierre. Les » autres sont aux prises avec ces colosses.

» Pendant ce temps, le sous-lieutenant était serré par eux. Ils » lui arrachaient son hausse-col, et il n'est sauvé qu'avec beaucoup » de peine par le sergent-major Dorison et le grenadier Perdu. » L'adjudant Le Maire, après s'être défendu comme un lion, » succombe sous le nombre. Ils l'entraînent par les cheveux après » lui avoir arraché son sabre et sa montre. Malgré la grande » inégalité du nombre, le combat se maintenait. Les deux com- » battants étaient encore aux prises et le succès semblait dépen- » dre du sort de l'épée, car aussitôt que le Français l'eût » arrachée, l'autre tourna le dos. Ce fut pour les Prussiens le » signal de la déroute plutôt que de la retraite. Poursuivis à » grands coups de baïonnettes, plusieurs tombèrent sous nos » coups ; d'autres se jetèrent dans le Mein, et le plus grand » nombre se retira dans le plus grand désordre vers leur poste » de la Briqueterie.

» La déroute était si complète, la terreur si grande, qu'ils » eussent mis bas les armes, il n'y a pas de doute, si notre » seconde colonne eût été placée où elle avait ordre de se poster.

» Cette affaire prouve la supériorité que les vrais républicains » auront toujours sur les satellites des despotes ! Non seulement » des déserteurs, mais des officiers prussiens ont convenu qu'il y » avait deux bataillons de grenadiers prussiens dans Costheim

» destinés à sa garde, et encore une réserve de deux bataillons » pour les soutenir. »

Le jour même de cette lutte homérique, Beaupuy fut breveté provisoirement chef de brigade par les représentants du peuple. Le lendemain, 4 mai, il fut mis à la tête de la 2ᵉ brigade de grenadiers (1).

Nous reprenons son journal :

« Il est rare de voir deux affaires remarquables se suivre d'aussi » près. Il n'y a que cinq jours d'intervalle entre celle du 3 mai et » celle du 8 ; chacune a son caractère particulier. La première » prouve ce que produira toujours la résolution et l'intrépidité » d'un petit nombre de braves ; l'autre ce que peuvent quelquefois » l'audace et la coutume. Il y a beaucoup de probabilités que » l'ennemi s'attendait à de grands résultats sur l'attaque du 8. » Les généraux étaient sur la hauteur et le roi lui-même. Ce qu'il » y a de certain, c'est qu'ils déployèrent une grande partie de » leurs moyens ; leurs grenadiers, leur artillerie, leurs cuirassiers, » tout fut mis en œuvre. Leurs projets ne se bornaient probable» ment pas à la prise de Costheim ; aussi, jamais le fort de Mars (2) » et Cassel ne furent plus en danger.

» L'attaque commença par le carillon de toute leur artillerie. » Michel revenait de Costheim, après la canonnade de trois-quarts » d'heure. Il se retourne et aperçoit une foule de gens qui étaient » déjà près de lui et qui se pressaient à l'entrée de la Maison» Blanche ; ils criaient que l'ennemi était dans l'endroit et qu'il les » poursuivait. « Eh bien ! leur cria-t-il, est-ce une raison pour » fuir ? Ne pouvez-vous envisager ces habits bleus que de loin ?

---

(1) Son journal, chose curieuse, ne parle pas de cet avancement, mentionné sur ses états de service aux Archives de la guerre.

Le titre de *chef de brigade* succéda, le 21 février 1793, à celui de colonel, aboli comme féodal. De 1793 à 1808, un chef de brigade d'infanterie commandait un corps de trois bataillons. — (*Dictionnaire de l'armée de terre*, par le général Bardin).

(2) Ce fort, élevé sur la grande île du Vieux-Mein, était héroïquement défendu par le commandant Jordy.

» Allons, rentrez, rentrez. Soyez donc républicains. Faites face à » des esclaves. » C'était en vain ; personne ne l'écoutait, personne » ne l'appuyait. Plusieurs fois, il est au moment d'être culbuté ; il » ne rentre qu'avec beaucoup d'efforts et en présentant la pointe » de son épée. Envisageant les suites funestes de cette nouvelle » attaque — le danger courait sur le fort de Mars et sur Cassel, — » Michel ne voit d'autre ressource que dans l'audace. Il se » retourne vers le brave Coligny, capitaine dans les chasseurs » républicains, le seul qui fût avec lui sur le revers de la tranchée » et le seul qui ne l'eût pas quitté. Il le regarde ; [Coligny] l'entend. « Allons, commandant, s'écria-t-il, fonçons sur ces bougres-là ! » » A l'instant, il marche sur cette colonne, l'épée à la main, tandis » que Flaire, Revernant et Le Bègue, chasseurs dans le même » bataillon, continuaient à tirer du fond de la tranchée, d'où ils » incommodaient les tirailleurs prussiens.

» Ce mouvement imprévu, cette attitude nouvelle en imposent » à l'ennemi. Il hésite, il s'arrête. Alors, Michel élève son chapeau » sur la pointe de son épée et crie : « Vive la nation ! » A la » satisfaction de tous ceux qui étaient derrière nous... la colonne » [prussienne] tourne le dos. C'était remporter la victoire. En » vain, deux officiers à cheval s'agitent beaucoup, traitent leurs » soldats de *hund*, font entendre des *sacramente*. Rien ne peut » les arrêter et ils rentrent dans Costheim dans le plus grand » désordre. Pendant ce temps, le feu de nos lignes continuait. » Mais la colonne étant rentrée, il ne produisait plus d'effet. Les » Saxons étaient couverts par des murailles ; c'étaient beaucoup » de balles perdues et la fumée gênait encore le tir de notre » artillerie. Le commandant, en rentrant dans les lignes, n'eut » rien de plus pressé que de le faire cesser, et nos canonniers » eurent alors leur succès ordinaire.

» Nos cartouches étaient épuisées, mais l'ennemi ne paraissait » plus. Son feu avait cessé du côté de Costheim. Les batteries » de l'autre côté du Mein continuaient seules de tirer, mais sans » beaucoup de succès. Alors, Michel, trouvant le moment favo» rable, demande des hommes de bonne volonté pour aller tâter

» l'ennemi. Cinquante volontaires de tous les bataillons de la » garnison se présentent et partent sur-le-champ. Ils suffisaient » pour éclairer notre attaque, mais non pour reprendre Costheim. » C'était au bataillon des fédérés, à une partie des chasseurs » républicains et à une portion du 3e régiment de grenadiers » qu'appartenait cette gloire. Ils arrivèrent et reprirent ce poste » à la bayonnette. »

Cependant, la guerre gardait un caractère chevaleresque et il arrivait aux adversaires de faire assaut de politesses entre deux combats. Cette courtoisie semblait propre à faciliter les négociations que les commandants des deux armées désiraient voir s'engager. Le 17 mai, Merlin, ripostant à une plaisanterie sur la maigre chère que devaient faire les assiégés, invita l'état-major prussien à déjeuner au centre des deux lignes, sur un gazon labouré par les boulets.

« Il y a eu aujourd'hui, dit Beaupuy dans son journal du 17 mai, » un déjeuner où se sont trouvés nos députés et nombre d'officiers » prussiens, entre autres le prince Louis, neveu de Guillaume. » Cette invitation fut faite à la suite d'une escarmouche où s'est » trouvé Merlin. Beaucoup de procédés de part et d'autre l'ont » provoquée ; beaucoup d'appareil même de notre part. Mais il » n'en est rien résulté pour les affaires politiques. J'ai refusé de » m'y trouver. Kalkreuth devait y être ; ma présence n'aurait pas » été propre à nouer une seconde conférence. »

18 mai. — « Encore une suspension d'armes pour enterrer leurs » morts. Je m'y suis trouvé. Il n'y avait qu'une quinzaine des » leurs environ. Beaucoup de leurs officiers s'y sont trouvés. J'ai » empêché les miens d'y aller en si grand nombre. Je me suis » tenu sur nos ruines et j'ai employé mon temps à voir les dehors » de nos retranchements. »

21 mai. — « Entreprise bien hardie du général Meunier (1). Il

(1) Meunier avait pour système d'aguerrir la garnison et d'inquiéter l'ennemi par de continuelles expéditions. Son objet principal était d'empêcher les Prussiens de s'installer dans les îles situées au confluent du Rhin et du Mein, d'où ils auraient pu prendre à revers les ouvrages de Cassel et le grand pont de communication. Les Français avaient rebaptisé ces îles île Meunier et île de la Carmagnole.

» s'embarque et va longer un canal bordé de tous côtés par » l'ennemi. Un officier est tué à côté de lui; plusieurs sont blessés. » Le débarquement se fait dans l'île longue. Il s'en empare et la » fait occuper par un lieutenant-colonel d'un bataillon du Bas» Rhin, [puis il se dirige vers l'île voisine], dite aujourd'hui île » Meunier. Pendant que le général s'assurait de la possession de » cette dernière île, il apprend que le lieutenant-colonel a évacué » la première; il le dénonce au conseil de guerre. »

25 mai. — « Entre quatre et cinq heures du soir, la garnison » de Mayence fait une sortie. Elle réussit. On s'empare d'une » pièce de 3 et on ramène l'officier et les canonniers prisonniers.

» Le même jour, dans une visite que Michel fait à Costheim » avec le général, une bombe de 27 vient rouler à leurs pieds. » Un instant après, un éclat de pierre lui fait une contusion au » pied droit. »

30 mai. — « Dans la nuit du 30 au 31, une grande sortie » s'effectue. Une partie réussit, soit à Cassel, soit à Mayence. A » Cassel, Coligny, avec 250 hommes, emporte la redoute qu'il » était chargé d'attaquer, mais il n'y éprouve aucune résistance. » Duclos, chargé d'en emporter une autre, n'est pas secondé. » Ses 300 grenadiers, à 15 ou 20 près, refusent de marcher. » Michel en arrête 18; il les conduit lui seul avec 15 ou 16 » hommes en prison à Mayence.... »

Le 5 juin, Beaupuy relate l'un des plus tristes et des plus importants incidents du siège, la mort du général Meunier :

« A trois heures et demie, commence la plus grande canonnade » qu'on ait jamais entendue. Tous les points de la moitié de notre » horizon étaient en feu et vomissaient à la fois les boulets, les » obus et les bombes. Les soldats ne savaient où se fourrer. » Michel se trouvait commander dans ce moment-là. Le général » était aux îles. Michel attend impatiemment la fin de ce feu » pour voir par où descendaient les colonnes et par où elles » attaqueraient. Tout cela se réduisit à peu près à un vain bruit : » une femme tuée dans sa maison, deux soldats [tués] et quatre

» ou cinq blessés. Il s'en félicitait lorsqu'on vint le demander » de la part du général. Hélas ! c'était pour le voir entre les » mains des chirurgiens, qui cherchaient à lui arracher un biscayen » qu'il avait reçu dans la jambe droite, un peu au-dessous de la » rotule. Il fut témoin de son courage sur le bord de son tombeau » comme il l'avait été si souvent dans les combats. Il vit un » héros pour la première fois. Lui seul était serein, lui seul ne » versait pas de larmes. C'est en revenant de ces malheureuses » îles, en traversant le Mein qu'il a reçu le coup (1).

» A cinq heures, Michel passe avec Merlin au fort de la » République. Dans ce moment, commence une vive canonnade » qui est suivie d'un feu considérable de mousqueterie. C'était » les îles qu'on attaquait. Michel reste quelque temps dans les » lignes à voir quel serait le résultat. Merlin, animant tout par » sa présence, faisait un feu d'enfer ; le mortier surtout produisait » les meilleurs effets. Il y avait déjà quelque temps que cela » durait, lorsque tout-à-coup j'aperçus une fumée noire et épaisse » d'où partaient des éclairs de coups de canon et d'obus : c'était » un de leurs magasins de Gustavebourg qui sautait et qui nous » procurait ce magnifique spectacle.

» Cependant, l'attaque se maintenait et quelques-uns des nôtres » commençaient à abandonner l'île de la Carmagnole. Je propose » à Merlin d'y passer pour les soutenir avec un secours tiré du » fort de Mars. « Allez-y, mais songez que votre vie est nécessaire » au salut de la République. » J'y passe et l'instant de mon » arrivée est celui de la retraite des ennemis. Toute la nuit, force » grenades, obus, mitraille et cailloux, rien ne m'attrape et le » matin je rentre à Cassel. »

9 juin. — « L'on veut faire une entreprise sur Bibrich. Elle » échoue par le mauvais état des bateaux. Ils font eau de toutes

(1) Meunier mourut huit jours après, le 13 juin. Par un sentiment qui honore sa mémoire autant que le roi de Prusse, il y eut une trêve de quelques heures pendant qu'on lui rendait les derniers devoirs. Les assiégeants se portèrent sur les lignes et répondirent par un feu de salve aux honneurs que lui rendaient les Français.

» parts ; on ne veut pas risquer la descente. Les fausses attaques » de Cassel réussissent partout. L'ennemi est sous les armes et il » lui est difficile de juger l'endroit où se fera la véritable » attaque.

12 juin. — « Le commandement en second de l'armée d'outre-» Rhin m'est donné. Je ne l'ai point demandé et je n'en ai remercié » personne (1). »

16 juin. — « .... Toutes les compagnies de grenadiers rentrent » dans leurs corps respectifs. Voilà donc le régiment dissous. » Tout le monde convient en général que cette organisation est » vicieuse ; chaque compagnie y portait un esprit particulier. » L'esprit général, l'esprit utile à la République ne pouvait s'y » trouver.

» Je suis de tous les colonels celui qui a eu le plus à s'en louer. » Il faut dire aussi que j'avais un bataillon de grenadiers exquis, » le deuxième de Rhône-et-Loire. Je les avais mêlés et je m'en » suis toujours parfaitement trouvé. Dans toutes les affaires de » jour et de nuit, c'est toujours là que j'ai trouvé le plus de » ressource et d'intrépidité.... »

17 juin. — « Enfin, nous avons les honneurs de la tranchée. » Elle a été ouverte cette nuit. C'est prodigieux, le travail qu'ils » ont entrepris et qu'ils ont fait. C'est vis-à-vis les forts Saint-» Charles et Saint-Philippe (2) que leurs batteries sont principa-» lement dirigées. »

24 juin. — « Des femmes, des enfants et des vieillards que » l'on faisait sortir de la place par Cassel, restèrent toute la nuit » exposés au feu de l'ennemi. Ils eurent la permission de rentrer » au jour dans Mayence. »

---

(1) Après la mort de Meunier, Aubert-Dubayet avait pris le commandement en chef de Cassel.

(2) Forts qui défendaient la citadelle de Mayence à l'ouest et au sud.

Depuis le 5 juin, jour où Meunier fut frappé à mort, la garnison de Cassel avait cessé ses expéditions aventureuses. La tactique du prudent Doyré succéda, dès lors, à celle de son jeune et audacieux rival. D'ailleurs, l'ouverture des tranchées le long des remparts de Mayence fit que tous les efforts des assiégés se portèrent de ce côté. Pendant les six semaines qui suivirent la construction de la première parallèle, la garnison de la rive gauche vécut sous une voûte de feu, selon la forte expression de Kléber. Au contraire, Beaupuy étant condamné dans Cassel à une inaction relative, son journal du siège ne relate plus qu'un fait curieux.

Le 28 juin, Gœthe, qui était venu rejoindre devant Mayence le duc de Saxe-Weimar et qui suivait les opérations plutôt en virtuose qu'en combattant, s'amusait à observer de Weisenau sur la rive gauche le feu à ricochets dont les assiégeants balayaient le Rhin. « Tout-à-coup, » nous dit-il, sur la rive droite, en amont, se démarre entre » des buissons et des arbres une singulière machine (1) : » une grande plate-forme quadrangulaire de poutres assem- » blées flotte et s'avance, à ma grande admiration, à ma » grande joie en même temps, de me voir témoin oculaire » de cette importante expédition, dont on avait tant parlé. » Toutefois, mes vœux en sa faveur parurent sans influence ; » mon espoir ne dura pas longtemps, car bientôt la masse » tourna sur elle-même ; on vit qu'elle n'obéissait pas à un » gouvernail ; le courant l'emportait toujours tournante. » Dans la redoute du Rhin, au-dessus de Cassel et devant » cette redoute, tout était en mouvement ; des centaines

(1) C'était un bateau rempli de matière combustible et destiné à faire sauter le pont de communication entre Mayence et Cassel.

» de Français remontaient la rive en courant, et ils poussè-
» rent un immense cri d'allégresse, quand cet aquatique
» cheval de Troie, entraîné par les flots du Mein loin du
» but assigné (la pointe de terre), s'avança doucement,
» irrésistiblement, entre le Mein et le Rhin. Enfin, le
» courant entraîne vers Cassel cette lourde machine. Là,
» elle aborde, non loin du pont de bateaux, sur une plaine
» encore inondée par le fleuve. Les troupes françaises s'y
» rassemblent, et, comme j'avais observé jusque-là toute
» l'affaire avec une très bonne lunette, je vois encore, hélas !
» s'abaisser la trappe qui fermait cet espace, et ceux qui
» s'y trouvaient pris en sortir pour entrer en captivité.
» C'était un douloureux spectacle. Le pont-levis n'arrivait
» pas jusqu'à terre : la petite garnison dut marcher d'abord
» dans l'eau avant d'atteindre le cercle de ses ennemis. Il y
» avait soixante-quatre soldats, deux officiers et deux
» canons. Les prisonniers furent bien reçus (1). »

Beaupuy était un des acteurs principaux de cette scène, à laquelle Gœthe s'intéressait si vivement, mais dont il n'osait faire le récit au prince royal de Prusse, « sachant bien qu'on impute toujours au messager une partie du malheur qu'il annonce. »

« Encore une aventure pour Michel, nous dit Beaupuy, et bien
» heureuse, comme vous allez le voir. Il était à table, quoiqu'il
» fût cinq heures, lorsqu'on vint l'avertir qu'un feu de mousque-
» terie se faisait entendre au-dessus du fort de Mars. Il part avec
» la permission du général. Il est suivi par un brave nommé
» Damas, ancien aide-de-camp du général Meunier. Ils étaient à
» peine sortis qu'il aperçut beaucoup de soldats qui se retiraient
» précipitamment, mais en faisant feu sur un objet qu'il ne pouvait
» apercevoir. Il ordonne à Damas de rentrer dans le fort et de

(1) Gœthe, *Siège de Mayence*. (Traduction Jacques Porchat.)

» lui amener un bataillon. Il poursuit son chemin et il arrive » à l'instant où une machine vaste et élevée se présente dans le » seul endroit du Mein où le débarquement pût se faire. Il y avait » véritablement de quoi être étonné au premier aspect, et les » soldats me criaient : « Prenez garde à la mitraille. » Cependant, » j'avançais toujours... et je vis facilement que cette machine » n'était autre chose qu'une batterie flottante et assise sur trois » bateaux. Cependant la manière dont elle se présentait, le pont » placé pour être abattu, pouvait faire croire qu'elle allait vomir » un bataillon. Mais lorsque je m'en fus approché au point de la » toucher et d'apercevoir des hommes qui me faisaient des signes » de reddition, je la fis amariner et sur-le-champ cinq ou six gre- » nadiers s'y jetèrent. Quatre-vingts chasseurs et deux officiers » étaient dedans. Ils en sortaient avec peine ; ils étaient menacés. » Un officier, c'était Girard, avait dit : « Il faut massacrer ces » bougres-là. » — « Eh bien ! lui dis-je en me retournant, le » premier coup de baïonnette traversera mon corps avant d'arriver » aux leurs. » Je ne dois point omettre que, sur-le-champ, il se » confondit en regrets et m'assura bien que mes ordres seraient » toujours respectés par lui. Malgré nos démonstrations, les » ennemis étaient si peu rassurés que je me déterminai à me » mettre dans l'eau jusqu'à la ceinture. Alors, ils traversèrent en » me serrant bien la main. Tout ce que je leur disais en allemand » était fait pour les tranquilliser, et il y en avait même qui » souriaient aux apostrophes que je donnais à leur roi et à leurs » aristocrates. Voilà des circonstances où l'on est bien éloquent » et où l'on peut frapper fort et avec fruit tous ces hommes » grossiers. Jamais je n'ai négligé ces occasions. J'ai rempli bien » sérieusement mon serment d'apostolat toutes les fois que l'occa- » sion s'en est présentée. J'ai toujours cherché à déchirer le voile » épais dont ils sont obscurcis. Les Germains ne sont point faits » pour être libres, je le sais ; mais enfin, il y aura quelques grains, » je l'espère, qui germeront. »

Le 4 juillet, le journal de Beaupuy sur le siège de Mayence se termine brusquement par la mention d'un combat sur la rive gauche. Le siège était poussé avec vigueur. La situation des Français devint très critique en juillet. La chaleur était accablante ; les vivres manquaient. Rien ne faisait présager que l'armée de Rhin-et-Moselle viendrait au secours des assiégés, depuis plus de trois mois abandonnés à leurs propres forces. Le 20, Doyré fit des propositions au roi de Prusse, qui se montra d'autant plus conciliant qu'il était averti de l'approche d'une armée de secours. Le 23 juillet, la capitulation fut signée. La garnison obtint de sortir de Mayence avec armes et bagages, sous la seule condition de ne pas servir pendant un an contre les armées coalisées.

IV

La sortie des troupes françaises s'effectua le 24 et le 25 juillet. Gœthe en a fait un tableau saisissant. Il a montré la haine redoutable des émigrés rentrant dans Mayence contre les partisans des Français, les clubistes qui les en avaient chassés. Merlin avait obtenu que ceux-ci pourraient accompagner nos soldats jusqu'à la frontière et là être échangés contre des prisonniers prussiens. Mais la foule houleuse menaçait à chaque instant de les mettre en pièces. Il nous a dépeint le défilé de nos soldats, la colonne des Marseillais, petits, noirs, bariolés, déguenillés. « On eût dit que le roi Edwin avait ouvert sa montagne et lâché sa joyeuse armée de nains. » Venaient ensuite les troupes régulières, sérieuses et mécontentes, mais non abattues ni humiliées, puis les chasseurs à cheval, dont la musique joua tout-à-coup la *Marseillaise*, lentement, réglant la mesure sur leur marche traînante ; enfin, les commissaires de la Convention, Merlin en habit de hussard, remarquable par sa barbe et son regard sauvage, arrêtant par ses menaces la foule prête à s'élancer sur un clubiste qui l'accompagnait. Le second jour Gœthe vit défiler l'infanterie : c'étaient des troupes de ligne, des hommes alertes et bien faits, accompagnés de jeunes filles de Mayence qui s'attachaient à leur fortune. La démarche sévère des soldats, les officiers qui bordaient les rangs empêchaient seuls la foule de faire un mauvais parti à ces désertrices.

Aubert-Dubayet commandait la première colonne avec Vimeux, Kléber et Beaupuy. Cette colonne fut dirigée sur Metz par Alzey et la Sarre. Malgré les amertumes de la capitulation, en mettant le pied sur le sol de la patrie, les soldats se sentirent heureux. « A Sarrelouis (26 juillet), la » population, précédée par ses officiers municipaux, vint » au devant d'eux avec des rameaux et des couronnes de » chêne. Des tables avaient été dressées dans toutes les » rues et la réception de ces glorieuses troupes fut une fête » publique (1). » Mais aussitôt que Merlin et Rewbell eurent pris les devants pour préparer la réception des troupes à Metz, la scène changea brusquement. La capitulation de Mayence, au moment où l'armée de Rhin-et-Moselle allait enfin la secourir, avait suscité dans l'esprit des commissaires de cette armée des soupçons de trahison. Tous les officiers généraux de la garnison de Mayence sont arrêtés. On leur enlève leurs aides-de-camp ; on les fouille pour saisir dans leurs poches les papiers de leur félonie ; ils ne paraissent plus que de vils criminels. Kléber est arrêté dans son lit par un gendarme, Dubayet est saisi au milieu de son état-major, Vimeux a le même sort. Tous les trois se soumettent sans murmurer.

(1) *Vie et Correspondance de Merlin de Thionville*, par Jean Reynaud, 1re partie, p. 64.

Le lendemain, 27 juillet, Beaupuy, chef de la 2e brigade, est investi du commandement de la colonne. Il est de ceux sur lesquels ne peut raisonnablement planer l'ombre d'un soupçon. Cependant, les soldats qu'il commande vont éprouver à Metz un affront plus cruel encore qu'à Sarrelouis. Le triomphe des Montagnards sur les Girondins avait marqué depuis le 2 juin l'inauguration du régime de la Terreur. Dans toutes les villes, à l'exemple de Paris, le parti le plus violent avait pris en main le pouvoir. Ce parti, qui domine à Metz, interdit aux soldats de Mayence de loger dans l'intérieur de la ville. L'exaspération des soldats, déjà irrités par l'arrestation de leurs chefs, ne connaît plus de bornes. « La plupart » des soldats, dit le général Decaen, alors simple capitaine, » versaient des larmes ; d'autres brisaient leurs fusils ou » arrachaient leurs cocardes ; mais en un clin-d'œil, passant » du désespoir à la colère, on vit ces masses formidables, » sourdes à la voix des officiers qui cherchaient à les retenir » dans le devoir, se précipiter comme un torrent dans la ville. » L'alarme y fut grande. A l'hôtel-de-ville battu par cette » multitude, Beaupuy, qui commandait depuis l'arrestation » des généraux, et qui avait suivi à la course, ne trouvait » personne : toute la municipalité avait fui. Enfin, un » membre du district se présente, et sur la promesse d'une » réparation immédiate, la sédition tombant comme elle » s'était élevée, l'armée s'écoula en un instant ; mais aussitôt » les portes se rouvrirent devant elle, et le lendemain, la » population, instruite de la vérité par tant de narrations » et d'épanchements intimes, soldats et habitants, comme à » Sarrelouis, ne faisaient qu'un (1). »

Le tact et la séduction de Beaupuy avaient fait ce

(1) *Vie et Correspondance de Merlin de Thionville (opus cit.)*, 1re partie, p. 65-66.

changement. Pendant qu'il récônciliait ses soldats avec les habitants de Metz, Merlin et Rewbell, soupçonnant le danger, s'étaient hâtés d'aller à Paris. Rewbell au Comité de Salut public, Merlin à la Convention apprennent l'ordre d'arrestation des officiers de l'armée de Mayence donné la veille. La chaude éloquence de Merlin a fait rapporter ce décret, qui est à l'instant même remplacé par le suivant : « La garnison française qui était à Mayence a bien mérité de la patrie. Les membres de l'état-major de cette garnison seront mis sur-le-champ en liberté... » La colère du Comité de Salut public retomba sur les généraux qui n'avaient pas secouru à temps la ville assiégée. Custine et Beauharnais payèrent de leur tête la reddition de cette place.

CHAPITRE IV.

BEAUPUY EN VENDÉE [1]. — LA GRANDE GUERRE.

Septembre 1793 à janvier 1794.

I. — Souffrances et abnégation des Mayençais en Vendée.
II. — Débuts de la guerre de Vendée. — Pierre Beaupuy, frère de Michel, tué à Fontenay-le-Comte. — Premières opérations des Mayençais. — Echec de Torfou.
III. — Victoires de Saint-Christophe, Chollet et de Beaupreau.
IV. — Guerre sur la rive droite. — Beaupuy grièvement blessé à Château-Gontier. — Déroute des Mayençais.
V. — Beaupuy contribue à sauver Angers. — Victoire de Savenay.

I

Ce n'était pas le repos qui attendait Beaupuy, après les glorieuses fatigues du siège de Mayence. La Convention ne se borna pas à rendre un tardif hommage à ceux qui avaient si bien défendu cette ville. Elle les choisit pour occuper le poste le plus périlleux et le plus ingrat qu'elle pût alors assigner aux soldats républicains. Ne pouvant d'une année entière les employer contre l'étranger, elle décida, par un décret du 1er août, qu'ils seraient transportés en poste dans la Vendée.

---

(1) Pour le récit des opérations de Beaupuy en Vendée, nous avons surtout suivi *Les Guerres des Vendéens et des Chouans contre la République française*, par un officier supérieur des armées de la République, 6 vol. in-8°, 1824-27. Cet ouvrage, publié dans la collection des mémoires relatifs à la Révolution française (collection Baudouin) est de Julien Savary (1753-1839), né à Vitré, membre du Corps législatif sous l'Empire. C'est dans Savary que nous avons trouvé les nombreux rapports ou lettres de Beaupuy, reproduits soit dans le texte, soit dans les appendices de ce chapitre.

Si triste qu'il fût pour Beaupuy et ses frères d'armes de quitter la guerre étrangère pour la guerre civile, ils devaient trouver dans leur nouvelle mission l'occasion de manifester des vertus plus rares encore que celles dont ils avaient jusque-là fait preuve. Sur le Rhin, Beaupuy s'était battu de bon cœur, avec autant de gaîté que de bravoure. Mais alors, la récompense de chaque prouesse était pour lui certaine ; elle était dans l'approbation de chefs intelligents et justes, dans l'estime d'une armée entière, mue par un unanime sentiment d'honneur et de patriotisme. Désormais, il lui faudra ajouter au courage guerrier une parfaite abnégation, surmonter le dégoût des basses calomnies, faire le sacrifice de toute noble ambition personnelle, lutter longtemps sans autre perspective que le soupçon ou l'échafaud. Nul ne peut rendre justice aux chefs des Mayençais dans la campagne de Vendée, s'il ne considère que leur valeur ou leur habileté dans les combats et s'il ne voit pas à travers quelles injustices et quels écœurements ils surent atteindre la victoire.

Ce fut l'honneur de presque toutes les armées républicaines de rester en dehors des tristes luttes politiques qui si vite décimèrent la Convention. Mais, bon gré mal gré, les soldats de Mayence, depuis neuf mois éloignés de leur pays, subirent à leur retour en France le contre-coup des violences parfois nécessaires, mais aussi parfois gratuites et funestes qui signalèrent le règne de la Terreur. Leur honneur fut d'être les victimes et non les complices des plus sanguinaires parmi les terroristes. Ils avaient des sentiments trop humains pour se faire les serviles instruments de ceux qui, en les envoyant en Vendée, avaient décrété la mise à feu et à sang de cette malheureuse contrée. Ils apportaient des habitudes de loyauté et de discipline dans une armée que l'Hébertiste Bouchotte, ministre de la guerre, s'entendait avec le Comité de Salut public pour sans-culottiser, c'est-à-dire pour transformer en une horde pillarde et insoumise. Ils arrivaient avec une réputation de supériorité qui semblait alors un outrage au grand principe d'égalité et qui faisait d'eux une sorte d'aristocratie suspecte aux autres troupes connues seulement par leurs déroutes.

« Collot-d'Herbois, raconte ironiquement Rewbell, me » disait hier bien sérieusement qu'il était fâché de m'enten- » dre prononcer les mots d'armée de Mayence, de bonne, » de mauvaise armée, de bonnes, de mauvaises troupes ; » que tout cela était du vieux style, contraire à l'unité de la » République, à laquelle toutes les armées étaient égales ; » qu'il fallait les rendre toutes bonnes en les fondant les unes » dans les autres (1). » La situation des chefs surtout était intolérable. La popularité de Kléber, d'Aubert-Dubayet, de Beaupuy était un sujet d'inquiétude continuelle pour les conventionnels soupçonneux chargés de les surveiller. Singuliers gardiens de la discipline, ceux-ci disaient aux soldats, pour miner le crédit des chefs les plus aimés : « Vous n'appartenez à personne, vous n'obéissez qu'à la loi. » Ce ne sont pas les généraux qui jusqu'ici ont remporté » des victoires ; c'est votre audace, c'est votre seule » bravoure (2). »

Ainsi, leurs vertus et leurs talents mêmes devaient desservir auprès des terroristes les généraux de l'armée de Mayence. Rien ne les compromit plus que leur modération.

---

(1) Lettre de Rewbell à Merlin de Thionville, 30 septembre 1793. — *Vie et correspondance de Merlin de Thionville*, par Jean Reynaud, 2e partie, page 92.

(2) Proclamation des représentants Hentz et Prieur à l'armée, 7 octobre 1793.

Sans cesse, ils sont accusés de modérantisme ; on leur reproche de ne pas user de moyens assez révolutionnaires ; on ira jusqu'à taxer le plus éminent d'entre eux, Kléber, de royalisme. Il n'est pas sans intérêt de rechercher quelle était chez Beaupuy la nature et la mesure de cette modération dont on faisait un si grand crime. L'officier « hostile à toute intolérance » que nous a dépeint Wordsworth, l'homme d'un esprit assez élevé pour mettre en balance les vertus et les défauts de la multitude, n'était certes pas en 1792 parmi les violents. Sans doute, il sympathisait alors avec les Girondins, car au sortir de ses ardents entretiens avec lui, Wordsworth apporte à Paris la haine des septembriseurs, la haine de Robespierre et le désir de se joindre au parti le plus modéré de la Convention, qui lui paraît trop vacillant. Deux causes semblent avoir depuis modifié les opinions de Beaupuy. La première, ce fut l'influence qu'exerça sur tous les Mayençais le fougueux et intrépide montagnard Merlin de Thionville. La seconde, la plus forte, ce fut la trahison du girondin Dumouriez, crime que rien ne pouvait pallier aux yeux de soldats en train de se battre contre l'ennemi de la nation. Les insurrections girondines en province achevèrent de perdre le parti auprès de l'armée. Dès lors, Beaupuy comme les autres, semble avoir vu dans la Montagne le salut de l'unité nationale. En ce sens, il est montagnard en 1793.

Quant à une calme appréciation de la révolte des Vendéens, à une vue large et tolérante de leur zèle monarchique et religieux, on ne peut raisonnablement les attendre de leur adversaire pendant la Terreur. La guerre de Vendée fut vraiment une guerre de religion, mais où la religion fut des deux côtés ; Beaupuy et ses compagnons étaient des croyants aussi fervents que les plus dévots parmi les insurgés.

Pour eux, les paysans vendéens étaient les victimes de la superstition, les dupes des prêtres. C'étaient des gens aveuglés, se refusant à voir la lumière de la Révolution ; et comme Beaupuy n'avait pas de doutes sur la vérité de son propre culte, il comprenait fort bien que la Convention ne déposât pas les armes avant d'avoir réduit à l'obéissance ceux dont la révolte mettait en danger la religion nouvelle. Nous verrons que pour lui la persécution devait s'arrêter là : anéantir l'armée vendéenne et sauver les Vendéens. A coup sûr, le désintéressement est admirable, d'où qu'il vienne, et s'il est juste de rendre hommage au voiturier Cathelineau et au garde-chasse Stofflet, se battant pour rétablir avec la foi de leurs pères les privilèges de leurs seigneurs, il convient de ne pas refuser le même tribut au marquis de Canclaux, au noble Aubert du Bayet, au chevalier Bacharetie de Beaupuy, qui ont si vaillamment lutté pour l'abolition des privilèges de leur propre caste et pour la propagation d'une religion dont le premier dogme prononçait leur déchéance.

II

Ce n'est pas ici le lieu de retracer les origines et les premières opérations de la guerre de Vendée. Disons seulement que commencée le 10 mars 1793 par quelques conscrits réfractaires, l'insurrection s'est vite propagée de proche en proche. Des paysans elle a gagné les nobles ; elle a trouvé des chefs intelligents et braves, Cathelineau, Stofflet, Charette, Bonchamps, La Rochejacquelein, d'Elbée, Lescure. Bientôt elle possède une grande armée de 50,000 hommes ; elle chasse les républicains de toutes les villes du Bocage. Elle s'empare un moment de Saumur et d'Angers. Elle ne s'arrête que devant la courageuse résistance des Nantais, dirigée par Canclaux, et devant l'habileté du général Tuncq, qui lui inflige quelques défaites avec sa division de Luçon.

Déjà un Beaupuy avait succombé dans la lutte malheureuse contre les insurgés. Sa mort glorieuse mérite d'être ici racontée. Pierre Beaupuy, que nous avons vu partir comme simple volontaire pour le Rhin en août 1792, était retourné en Périgord à la fin de la même année, quand l'armée prit ses quartiers d'hiver. Il avait trouvé dans son pays natal les esprits en proie à une surexcitation ombrageuse. Il y fut signalé comme aristocrate et quelques-uns allèrent jusqu'à dénoncer comme ami des émigrés celui qui venait de les serrer de si près. Il n'eut pas de peine à dissiper ces absurdes soupçons. D'ailleurs, les événements ne tardèrent pas à lui fournir de quoi répondre à la calomnie. Tandis que Michel était assiégé dans Mayence, Pierre partait pour la Vendée dans le milieu du mois de mai 1793, à la tête du cinquième bataillon de la Dordogne, qui venait de l'élire son commandant. Il se présenta, avant son départ, à son collègue du Conseil général, Pipaud-Desgranges (1), pour renouveler le serment de défendre la liberté jusqu'à la mort. Le serment prêté, comme certains des assistants appréciaient plus ou moins sévèrement la récente conduite des soldats républicains faits prisonniers à Thouars, qui avaient cru pouvoir racheter leur liberté en s'engageant à ne plus combattre les Vendéens, Pipaud alla au-devant de la pensée du brave commandant : « Voyez mon ami, dit-il » à l'assemblée ; je connais ses principes ; nos sentiments

(1) Pierre-Eléonor Pipaud-Desgranges, procureur-général-syndic du Conseil général de la Dordogne. Décrété d'accusation par la Convention quelques jours après qu'il eut prononcé l'éloge funèbre de Beaupuy, dans lequel il attaquait violemment la Montagne, Pipaud devait être exécuté à Paris le 31 octobre 1794.

» sont les mêmes : chargé de commander les citoyens que » vous envoyez pour défendre la liberté, il leur apprendra » que le républicain préfère de mourir à cesser un moment » d'être libre. » Beaupuy serra la main de son ami et s'écria : « Je contracte ici l'engagement solennel de ne pas trahir ta » promesse ! »

Quelques jours après, il arrivait avec sa troupe à Fontenay-le-Comte, dans le Bas-Poitou. Après des succès répétés, les Vendéens avaient enfin subi, le 16 mai, un sérieux échec à cet endroit. On leur avait pris leur fameux canon Marie-Jeanne. Mais huit jours plus tard, ils campaient de nouveau aux portes de cette ville, dans les mêmes positions, attendant le même ennemi. Le choc se produisit le 25. Empruntons ici la narration de Pipaud-Desgranges, toute chaude encore de l'événement, puisqu'elle est du 13 juin suivant :

« L'ennemi paraît. Beaupuy engage ses soldats à oublier les » fatigues d'une longue route qu'ils venaient de faire et pendant » laquelle il n'avait cessé de les exercer à différentes évolutions. « Ce n'est pas, leur dit-il, quand l'ennemi nous livre le combat » que nous devons penser au repos ; allons au-devant de lui ! » » Il brigue et obtient l'honneur d'être au poste le plus périlleux. » Le combat s'engage. Des lâches, épouvantés par le nombre, » donnent le signal de la fuite ; ils entraînent la gendarmerie » avec eux. Bientôt la déroute devient universelle, s'étant commu- » niquée à son bataillon. Ses efforts, réunis à ceux de ses braves » officiers, ne peuvent la faire cesser. Mais, ferme à son poste, » c'est en vain qu'il est attaqué. Le nombre de ses ennemis ne » peut en imposer à son audacieux courage ; il ne sait pas reculer. » Il combat avec intrépidité. Il en avait successivement renversé » cinq ou six sur la poussière. Couvert de blessures, entouré par » des cavaliers qui l'attaquent de toutes parts en lui criant de se » rendre et de donner ses armes : « Non, leur répond-il, je n'en » ferai rien ; je ne sais que vaincre ou mourir ! » Ce fut son dernier » moment ; il fut aussitôt mis en pièces par ses ennemis (1). »

(1) Eloge funèbre de Pierre Beaupuy. Voir p. 48, note.

La cérémonie dans laquelle Pipaud-Desgranges prononça l'éloge funèbre d'où est extrait ce récit fut imposante. Le département de la Dordogne y délégua ses représentants les plus autorisés. La Convention devait, un an plus tard, rendre, à son tour, hommage à la mémoire de Pierre Beaupuy ; elle inscrivit à son procès-verbal la narration de cette mort glorieuse et en ordonna l'impression. Cela en pleine Terreur. L'héroïque sacrifice de Pierre avait dégagé son nom des luttes et des passions du temps comme l'expression d'un patriotisme sans mélange (1).

Michel Beaupuy se chargea de venger son frère. C'est en effet à lui et aux autres Mayençais qu'il est réservé de détruire la grande armée vendéenne, encore à peine entamée. Aussi, les Mayençais sont-ils attendus avec impatience.

Pour les faire arriver plus vite, on les entasse dans des charrettes de paysans qu'on a réquisitionnées et qu'on relaie plusieurs fois par jour. Horriblement fatigués, leur armement faussé par le cahot des charrettes, manquant en route des choses les plus nécessaires, car tous les magasins d'approvisionnement sont vides sur leur passage, ils arrivent par Orléans et Tours à Saumur, le 31 août. Ils ne sont que dix mille environ. Aubert-Dubayet et Kléber, acquittés, les ont

---

(1) Séance du 9 messidor an II. (Réimpression du *Moniteur*, t. 21, p. 156.) — On y lit : « Les volontaires composant le premier détachement de la garde nationale de Périgueux écrivirent, le même jour de cette action, à l'administration du département de la Dordogne : « Nous vous apprenons avec la douleur la plus profonde la mort du citoyen Beaupuy. Il arriva à Fontenay avec un détachement de trois cents hommes au moment où la générale battait. Il fut, malgré la fatigue, un des premiers rangés en bataille ; il promit de rester à son poste et d'y mourir : il ne trahit pas son serment. » — Une autre lettre ajoute : « Beaupuy, notre commandant, a été tué par six cavaliers ennemis auxquels il a répondu, lorsqu'ils lui ont dit de rendre les armes, qu'il était républicain. Alors, ils l'ont mis en pièces. »

rejoints à Tours, le premier pour prendre le commandement en chef, le second pour se mettre à la tête de l'avant-garde. Vimeux commande la première brigade, Beaupuy la seconde et Haxo la réserve. Les représentants Merlin et Rewbell sont de nouveau attachés à la petite armée.

L'arrivée de ces troupes aguerries est saluée avec enthousiasme par les populations républicaines, anxieuses de voir promptement se terminer la terrible guerre qui désole l'ouest de la France. Les autorités de Saumur vont au-devant d'elles avec des couronnes civiques. Les habitants d'Angers leur font le même accueil. Les Vendéens sont représentés comme perdant toute confiance et s'attendant à voir la fortune changer de camp. Mais ces premiers beaux jours d'illusion vont être suivis pour les Mayençais de longs et cruels déboires. Au lieu de la prompte victoire qui leur est promise, ils auront à soutenir une guerre acharnée, près de laquelle Kléber regardera celle des frontières comme un jeu. Au lieu de paysans à moitié vaincus par la peur, ils trouveront devant eux des adversaires les égalant par le courage et dont Beaupuy dira qu'il ne leur manquait du soldat que l'habit.

A ces ennemis redoutables, il faut en ajouter un qu'ils se firent, sans le savoir, dès leur arrivée, « le fils aîné du Comité du Salut public, » l'ex-horloger Rossignol, promu, malgré son insuffisance, au commandement suprême de l'armée des Côtes de Brest. Rossignol a essayé d'obtenir pour lui l'armée de Mayence. Un conseil de guerre tenu à Saumur décide, le 2 septembre, que cette armée sera attribuée au commandant en chef de l'armée des Côtes de La Rochelle, le vaillant et habile général Canclaux, qui, malgré le terrible décret du 1er août, a obtenu des représentants auprès de son armée un arrêté interdisant l'incendie et le pillage. Le conseil de guerre a eu peur de démoraliser les Mayençais en les rapprochant des bandes fuyardes et pillardes de Rossignol. Celui-ci, furieux, se vengera de Canclaux en dérangeant par son mauvais vouloir autant que par sa réelle impéritie les heureuses combinaisons de son rival. Il se vengera surtout en portant contre les Mayençais de continuelles et dangereuses accusations.

Les 6 et 7 septembre, les Mayençais arrivent à Nantes, où leur belle tenue émerveille la population. Après leur avoir accordé quelques jours de repos, Canclaux commence l'exécution du plan de campagne adopté par le conseil de guerre du 2 septembre. L'armée de Nantes doit balayer la côte au sud de la Loire, pénétrer par l'est dans le Bocage, « ce labyrinthe obscur et profond, dit Kléber, dans lequel on ne peut pénétrer qu'à tâtons, » et là opérer sa jonction avec l'armée de Rossignol, venue de Saumur, ainsi qu'avec les colonnes de cette même armée, venues des Sables et de Luçon. Les Vendéens seront ainsi acculés à la Loire, dont des canonnières doivent leur barrer le passage.

« Toutes les colonnes républicaines, disait l'un des inspi-
» rateurs des rebelles, l'abbé Bernier, pourraient être battues
» au levant et au midi sans que la Vendée soit sauvée ; mais
» toutes seraient victorieuses que rien ne serait perdu si nous
» écrasons les Mayençais. » Aussi est-ce aux Mayençais que les Vendéens opposent leurs meilleures troupes et leurs plus habiles capitaines. D'Elbée, Bonchamps, Lescure se portent sur la Sèvre nantaise, le long de laquelle remontent les Mayençais. L'avant-garde, commandée par Kléber et forte de 2,000 hommes, est attaquée à Torfou par 20,000 Vendéens, et, après une résistance acharnée, forcée de battre en retraite. Canclaux s'empresse d'avertir Beaupuy de cet échec et de lui demander de lui faire prendre une revanche.

Le soir du même jour, le 19 septembre, Beaupuy lui annonce qu'il a chassé les Vendéens du Pallet. Toujours prêt à s'effacer pour mieux faire ressortir le mérite de ses soldats, il termine son rapport par ces mots : « Je dois aux braves » soldats que je commande de dire que jamais je n'ai vu une » meilleure volonté, un courage plus froid que celui qu'ils » ont montré. Oui, mon général, quand je serai battu, jamais » ce ne sera la faute de nos braves républicains (1). »

Ce succès rassure Canclaux sur ses communications avec Nantes. Déjà l'échec de Torfou est réparé. Mais des nouvelles alarmantes arrivent de partout. Rossignol, malgré les engagements pris par lui, ordonne aux colonnes de Niort, de Luçon et des Sables de rentrer dans leurs quartiers. L'inaction de ces troupes découvre la droite de Canclaux, commandée par Beysser, qui est mis en déroute à Montaigu. Rossignol, qui par une contradiction singulière fait avancer les armées d'Angers et de Saumur en même temps qu'il ordonne à ses colonnes du sud de se retirer, est complètement battu à Coron et au Pont-Barré. La Vendée est de nouveau victorieuse. Les Mayençais, abandonnés à eux-mêmes en plein Bocage, sont compromis. Canclaux ordonne la retraite, qui se fait en bon ordre couverte par Beaupuy et par Haxo. Les Mayençais arrivent au camp de la Naudières, sous Nantes, le 24 septembre.

La retraite de leur ennemi le plus redouté enfle d'espoir et d'orgueil le cœur des Vendéens. Par dérision, ils appellent l'armée de Mayence l'armée de *faïence*. Mais les Mayençais ne tarderont pas à donner à ces sarcasmes une sanglante réplique.

---

(1) Voir appendice 7. Rapport de Beaupuy à Canclaux sur l'affaire du Pallet.

III

Tandis que le chef d'état-major de Rossignol, l'ex-auteur dramatique Ronsin, courait à Paris accuser Canclaux et Aubert-Dubayet des défaites dont Rossignol et lui étaient responsables, ceux qu'il calomniait ne perdaient pas un instant pour réparer leur échec. Libres désormais de tout engagement envers Rossignol, qui avait failli aux siens, ils entendent agir par eux-mêmes. Des mesures énergiques sont prises pour raffermir la discipline de la petite armée. Celle-ci se met ensuite en marche dans la même direction que précédemment. Déjà Kléber a remporté un avantage à Tiffauge, le 6 octobre, lorsqu'arrive l'ordre du rappel des généraux Canclaux et Dubayet, dénoncés par Ronsin. Ils acceptent leur rappel simplement et se retirent avec patriotisme. En attendant l'arrivée du général en chef qui doit prendre le commandement des deux armées réunies de La Rochelle et de Brest, Vimeux, le plus ancien général de brigade, est chargé de l'intérim. Il le refuse, s'excusant sur son grand âge. Kléber est alors, malgré lui, forcé de l'accepter. La dépêche ministérielle a fait bien d'autres changements. Elle a révoqué quelques-uns des meilleurs généraux, Grouchy entre autres. Elle a fait avancer des inconnus et des incapables. Quant à Kléber, Beaupuy, Haxo et Vimeux, elle les a simplement maintenus dans leur grade.

Le successeur de Canclaux arrive le 8 octobre. C'est le lâche et inepte Léchelle, qui avait commandé à La Rochelle et qui ignorait jusqu'au nom de l'île de Noirmoutier. Il est accompagné du représentant Carrier, le futur inventeur des noyades. Les généraux Kléber, Vimeux et Beaupuy se présentent chez lui avec les représentants Merlin et Turreau.

Kléber lui remet l'état de situation de l'armée et lui expose le plan de Canclaux. Sans jeter les yeux sur la carte que lui montre Kléber, sans faire une observation, Léchelle se lève et se borne à dire : « Oui, ce projet est fort de mon goût ; mais c'est sur le terrain qu'il s'agit de se montrer. Il faut marcher en ordre majestueusement et en masse. » On juge de la stupeur des assistants. Kléber replie sa carte et la séance est levée. « Oh ! dit Beaupuy, qui avons-nous là ? » Et Merlin d'ajouter : « Ce qu'il y a de plus inepte. »

Le lendemain, Léchelle passe en revue les troupes, où quelques voix crient : « Vive Dubayet ! » Dès ce moment, Léchelle, comme avant lui Rossignol, vouera une haine profonde à l'armée de Mayence. Fort heureusement, les représentants du peuple, effrayés de l'incapacité de Léchelle, décident que Kléber conservera sous lui le commandement de l'armée de Mayence. Beaupuy prend alors la tête de l'avant-garde, forte de 3,350 hommes et de quatre pièces d'artillerie (11 octobre). Désormais, sa place sera au premier rang jusqu'à la fin de la campagne.

Pauvre armée de Mayence ! Le ministre s'accorde avec Léchelle pour la désorganiser : « Surveillez-la, lui écrit-il, » le 14 ; tâchez d'en former sans affectation des têtes de » colonnes dans différentes divisions. Il faut détruire l'esprit » du corps et qu'il n'y ait d'autre émulation que de servir la » patrie (1). »

Les Mayençais vont répondre à ces soupçons par la victoire. Avec le seul appoint de la division de Luçon, où ils trouvent un digne émule dans Marceau, ils s'avancent de Montaigu, où ils avaient établi leur quartier, sur Mortagne.

---

(1) *Savary*, vol. II, p. 238.

Marceau, qui mène l'avant-garde de la division de Luçon, traverse cette ville sans s'y arrêter et s'avance sur la route de Chollet. Le 15 octobre, attaqué par la division entière de Lescure, il va être enveloppé, quand Beaupuy envoie promptement à son secours un bataillon d'élite, ses fidèles chasseurs de Cassel. Ce renfort ranime le courage des républicains et les Vendéens prennent la fuite. En même temps, l'avant-garde de Beaupuy était aux prises avec une colonne ennemie, du côté de Saint-Christophe et de La Tremblaye. Là encore, les républicains furent complètement victorieux (1). « Je ne nomme personne, dit Beaupuy dans » son rapport. Commandants, officiers, volontaires, tous se » sont battus en vrais républicains. » Ce succès fut attristé pour lui par la perte de son jeune ami, François-René Besson, adjudant-général provisoire, qui, « toujours zélé, toujours entreprenant, » ainsi qu'il l'écrivait plus tard au frère de cet officier, lui avait demandé la permission d'entrer à Mortagne avec l'avant-garde légère ; mais, allant au-delà de sa mission, il se mit à poursuivre l'ennemi jusqu'auprès de Chollet, et « c'est là, ajoutait Beaupuy, qu'accablé par le nombre de » ces scélérats, il a succombé sous leurs coups !... Je n'ai pas » connu dans l'armée de jeune homme plus brave (il l'était » jusqu'à la témérité ! Je ne crois pas qu'il m'ait donné d'autre » sujet de me fâcher contre lui !), plus intelligent, plus » instruit, plus capable : l'amitié ne m'aveuglait point ; j'allais » le prendre pour mon chef d'état-major. Mais j'alimente ta » douleur au lieu de l'affaiblir. Adieu ; je dois finir et pour » toi et pour moi (2). »

---

(1) Voir le rapport de Beaupuy à Léchelle sur le combat de Saint-Christophe, appendice VIII.

(2) Voir appendice IX.

Le lendemain de l'affaire de Saint-Christophe, Beaupuy entra à Chollet, évacué par l'ennemi. « Les citoyens de » Chollet vous ont sans doute attesté, écrit-il à Léchelle, » que tous mes braves chasseurs, ainsi que les dix-sept » compagnies de chasseurs sous les ordres de l'adjudant- » général Bloss, ont traversé la ville sans s'arrêter et sans » même rien accepter des habitants, nos chasseurs se portant, » à ma voix, à la course, sur le chemin de Beaupreau, où l'on » nous assurait que les rebelles se retiraient (1). »

Chaque jour est marqué par une bataille. Le 17, Beaupuy est attaqué par l'armée entière des Vendéens, qui ont décidé de ne pas évacuer la Vendée avant d'avoir fait un dernier et vigoureux effort. La fermeté avec laquelle il soutient le choc, en attendant que le reste de l'armée vienne l'appuyer, assure la victoire des républicains dans cette journée décisive.

Le rapport qu'il fit sur cette bataille au général Léchelle mérite d'être cité en entier. Comme la plupart des rapports de Beaupuy, il échappe à la froideur des comptes-rendus officiels. Dans son style simple, le général excelle à rendre la vie et les péripéties du combat. On verra quels dangers il courut dans celui-ci et comment il dut son salut à sa présence d'esprit :

« Il pouvait être une heure après-midi, quand tout-à-coup on » est entré chez moi pour m'apprendre que les rebelles n'étaient » plus qu'à une portée de fusil, et que, favorisés par les bois et » par la retraite précipitée des avant-postes, ils arrivaient à grands » pas sur nous. Sur-le-champ, je vous ai expédié une ordonnance » pour vous demander du secours ; j'ai ordonné à l'adjudant- » général Bloss de porter ses grenadiers en avant, de prendre le

---

(1) *Savary*, vol. II, p. 262.

» commandement de l'aile gauche et de s'occuper, sur toute » chose, de son flanc ; à Dubreton, de se tenir à ma réserve, et » enfin, j'ai fait dire à Targes que je me reposais sur lui de la » contenance de mon aile droite.

» J'étais à peine à cheval que je les ai vus s'avancer sur le » chemin de Beaupreau ; mais déjà les grenadiers étaient placés. » C'est là que j'ai eu le plaisir de voir ces grenadiers exécuter un » très beau feu de file commandé par le chef de bataillon » Verger.

» Etonné d'une résistance à laquelle vraisemblablement il ne » s'attendait pas, l'ennemi a commencé ses manœuvres ordinaires. » Il a jeté beaucoup de tirailleurs sur ma droite, mais sans trop » affaiblir une masse que j'apercevais dans le chemin creux. Je » vis que c'était le moment de faire avancer l'artillerie légère, » qui aurait fait de grands ravages ; mais très imprudemment, » on avait mis le feu à des genêts, et une fumée épaisse nous le » dérobait. Ne pouvant tirer de l'artillerie tout l'effet que j'en » attendais, je fis signe à une partie de ma réserve de marcher et » de charger à l'arme blanche, aussitôt qu'elle aurait fait sa » première décharge. Elle se met en mouvement, refuse sa gauche » et avance sa droite, comme je le désirais ; mais bientôt elle » s'arrête. Cette inaction n'échappe point à l'ennemi ; il s'enhardit » et marche à découvert avec la plus grande activité. Cependant, » le combat se soutenait, malgré l'inégalité du nombre et malgré » l'attaque environnante qui se faisait sur tous les points de ma » ligne ; mais la vue de cette colonne qui débouchait était faite » pour étonner. J'envisage les effets qui en allaient résulter ; je » veux l'observer sur son flanc, et c'est dans ce moment que » mon cheval déjà blessé tombe sous moi. J'étais seul ; je me » dégage avec beaucoup de peine, mais j'étais à pied. Hugot, » simple chasseur à cheval de la légion des Francs, accourt à » moi, met pied à terre et me jette sur son cheval. Je me retourne » vers cette colonne et ne peux plus douter de ses progrès. Je » cours au peloton de chasseurs à cheval ordonner au commandant » de charger ; il ne bouge. Je le casse et je commande aux

» chasseurs de me suivre ; ils s'avancent, mais se replient sans » ordre et l'ennemi redouble d'audace.

» Cependant mes ailes se maintenaient, et, malgré l'inertie de » deux bataillons, malgré la multitude des Vendéens qui com» mençaient à inonder la lande, le combat se soutenait. J'attendais, » je devais compter sur quelques bataillons frais, je vous en avais » demandé, je leur avais donné le temps d'arriver, mais j'attendais » en vain. Le feu de l'ennemi redoublait, et, comme il se dirigeait » de mon côté, mon second cheval tombe mort sous moi. Quoique » étourdi de ma chute, je me secoue ; j'entends leur chef crier : » *Prenez-le, prenez-le, c'est le général, ne le tuez pas* (1). Le danger » redouble mes forces et je parviens à me dégager en laissant un » de mes éperons retenu dans les laines de ma schabraque. C'était » beaucoup, mais je n'étais pas sauvé, ils étaient sur moi. Heu» reusement un caisson renversé sous lequel je m'échappe barre » l'ennemi et j'arrive enfin au bataillon de l'Hérault qui était » dans une position très avantageuse. Je trouve l'adjudant géné» ral Nattes ; je lui dis de se rendre sur le chemin de Chollet et » d'y faire toutes les dispositions convenables, attendu que » l'ennemi y pénétrait en force ; tout cela s'exécute. Les tirailleurs » que j'avais ralliés à la faveur du feu de l'Hérault redoublent le » leur, et bientôt j'ai la satisfaction de voir l'ennemi ralentir le » sien et se retirer en désordre. *Mes camarades*, m'écriai-je alors, » *c'est à notre tour de nous égâyer* (2). Il ne fallut pas le répéter » et bientôt la déroute des Vendéens fut complète. Il y avait une » demi-heure que nous les poursuivions, mais sans pouvoir bien » juger de leur nombre ; ce ne fut que sur l'étang de la lande de » la Papinière, que Bloss et moi nous en avons aperçu trois mille » au moins. Oh ! combien de fois aussi n'avons-nous pas gémi de » n'avoir pas seulement vingt-cinq hommes à cheval ! ils eussent » suffi pour les couper et les livrer à nos volontaires qui les

(1) Barris, commandant de l'artillerie volante, m'a dit depuis que c'était la Rochejaquelein, son ancien camarade de collège. (Note de Beaupuy.)

(2) Expression dont se servaient les Vendéens pour dire qu'il fallait s'étendre et courir sur l'ennemi.

» talonnaient. Dans cette poursuite, je n'avais qu'un chasseur à » cheval. Malgré cela nous les eussions eus tous en détail ; mais » la nuit arrivait ; je me décidai à faire halte et à occuper une » superbe position, appelée le Moulin-à-Vent.

» La perte de l'ennemi doit être énorme ; il a perdu ses meilleurs » chefs ; d'Elbée et Bonchamps sont blessés mortellement. Tous » ses canons ont été pris. Sur douze de fonte, il y a deux pièces » de 12. Nous avons bien des chefs à regretter : Patris, Ageron, » Vernange, chefs de bataillons ont été tués. Targes, Saint-» Sauveur et Travot, chefs de brigade, ont été blessés griè-» vement. Bien des officiers ont eu le même sort, mais leurs noms » ne me sont pas encore parvenus.

» Cette journée doit être remarquable, non-seulement par » l'avantage remporté sur les rebelles, mais en général par la » conduite particulière de chaque soldat. Il semblait que chacun » d'eux s'était dit : de mon courage va dépendre le salut de » l'armée et celui de sept représentants du peuple. Aussi, quoique » privés de bonne heure de leurs chefs qu'ils étaient accoutumés » à suivre à la victoire, ils ont su conserver leurs postes, se » retirer en ordre, se rallier de même et tomber à propos sur » l'ennemi. J'ai donné peu d'ordres, d'ailleurs mon état-major » avait été réduit par le combat du 16 à un adjudant-général et » à deux adjoints, ainsi qu'à l'adjoint de Bloss, le citoyen Bellet, » dont la bravoure et les avis m'ont été fort utiles (1). »

Sur le champ de bataille, Beaupuy fut proclamé général de division par les représentants du peuple, mais trompé par les rapports inexacts de Léchelle où le nom de Beaupuy

---

(1) *Savary*, vol. 2, p. 268.

Sur la bataille de Chollet on a encore une lettre de Beaupuy à Viot d'Angers, publiée dans *La Vendée en 1793*, par Fr. Grille, 3 volumes, Paris, 1852. Malheureusement Grille a si bien coutume de refaçonner le style des documents donnés par lui, et cette lettre porte des traces si évidentes de remaniement, que nous avons cru devoir nous abstenir de la reproduire.

ne figurait même pas, et où Léchelle, qui s'était tenu sur les derrières pendant tout le combat, s'attribuait à lui seul le mérite de la victoire, le ministre refusa de ratifier cette nomination.

Malgré tous les vides faits dans son corps de troupes, Beaupuy ne perdit pas un instant. Il fallait prendre un parti après la victoire : ou retourner à Chollet ou marcher sur Beaupreau. Il soumit cette question aux généraux Haxo, Chabot, Westermann, aux adjudants-généraux Bloss et Savary, qui se trouvaient près de lui et demanda leur avis. Il fut décidé d'une voix unanime qu'on se porterait sur Beaupreau ; l'ordre en est donné. Quelques voix se font entendre : « Nous n'avons plus de cartouches. » — « N'avez-vous pas des baïonnettes ? reprend Beaupuy, des grenadiers ont-ils besoin d'autre chose ? » On répond par des cris de *Vive la République !* et on part. Beaupuy et Westermann s'avancent au clair de lune vers Beaupreau, et le succès confirme leur audace (1).

« La prise de Beaupreau, dit Beaupuy dans son rapport, » a complété la journée de Chollet ; c'est à une heure après » minuit que nous sommes arrivés devant le château. La position » avantageuse des postes avancés, le canon d'alarme, tout » annonçait de la résistance. Arrivés au débouché et vis-à-vis le » pont, nous avons été accueillis par un coup de canon chargé à » mitraille ; quoique couverts, il a cependant ralenti notre marche. » Aussitôt, j'ai ordonné aux tambours de battre la charge ; ils » avaient disparu. Alors, mettant pied à terre, ainsi que Bloss » et Savary, nous avons tous couru sur ce pont, aux cris de : » *Vive la République !* et avec tant de vivacité que les canonniers » ont pris la fuite sans faire feu.

---

(1) *Savary*, vol. II, page 272.

» Moulin à poudre, munitions de toute espèce, farines, voilà » notre conquête ; des prisonniers dont nous avons brisé les fers » et qui ne cessent de bénir la République, voilà notre récom- » pense (1). »

Beaupreau occupé, Westermann s'y livre au repos avec sa cavalerie épuisée de fatigue. Quant à Beaupuy, son premier soin est de reconnaître les positions autour de la ville et d'y établir sa troupe. Il informe aussitôt le général en chef de sa position et du besoin qu'il a de cartouches, d'artillerie et de canonniers.

« On pourra se faire une idée du courage et de la force d'âme » du général Beaupuy, dit Savary qui l'accompagnait, lorsqu'on » saura que depuis quelques jours il était travaillé d'une fièvre » ardente. On pourra juger de son caractère simple et modeste » par la lettre suivante du 10 décembre (huit semaines après) au » ministre de la guerre. »

Voici cette lettre destinée à réparer les omissions volontaires de Léchelle :

« Je vous adresse les deux rapports que j'envoyai au général » L'Echelle après les combats de Saint-Christophe et de Chollet. » Heureux du succès de sa patrie, il importe peu au républicain » comment il arrive. Qu'elle triomphe, voilà son bonheur. Aussi, » ces lettres seraient-elles restées dans l'oubli auquel elles sem- » blaient condamnées sans la demande des représentants du » peuple et sans le vœu de nos frères d'armes (2). »

La poursuite des Vendéens continue : le 18 octobre, les avant-postes, sur la route de Beaupreau à Saint-Florent, signalent un grand nombre d'individus qui se dirigent vers l'avant-garde. Beaupuy s'y porte aussitôt. C'étaient des

(1-2) *Savary*, vol. II, p. 273-274.

prisonniers républicains, au nombre de quatre à cinq mille, qui, menacés de mort, avaient été sauvés par l'intervention de l'héroïque général vendéen Bonchamps. Celui-ci, mortellement blessé à Chollet, avait demandé leur grâce comme dernière faveur. Il y avait dans les deux camps de nobles caractères.

Cependant quand nos soldats arrivèrent à Saint-Florent, le 20 octobre, ils apprirent que les Vendéens avaient passé la Loire. Beaupuy s'empressa d'en avertir Léchelle : « La » Loire est sous nos yeux ; plus de rebelles de ce côté, » quelle satisfaction ! Mais aussi quelle différence si les » nôtres avaient tenu à Varades ! La France entière en » serait purgée, la Loire eût été leur tombeau, ils s'y » seraient précipités tant la terreur était grande parmi » eux (1). » Mais Varades, situé en face de Saint-Florent sur la rive droite, avait été emporté par les Vendéens. La guerre n'était pas finie ; elle n'avait fait que changer de rive.

IV

Beaupuy reçoit l'ordre de se porter à marche forcée aux Ponts-de-Cé. Il voit arriver des envoyés d'Angers qui l'invitent à accélérer sa marche tant les Vendéens inspirent d'effroi. Le 21 octobre, il écrit d'Angers à Léchelle qu'il est arrivé dans cette ville après une marche de douze heures. Il a, dit-il, pris de nouvelles dispositions d'attaque sans la participation du général en chef, mais il les a prises de concert avec les représentants du peuple. « Je ne puis

(1) *Savary*, vol. II, p. 283.

» attendre vos ordres, trop de distance est entre nous deux, » mais je me concerterai avec le général Canuel et le » général Olagnier qui occupe une position à Saint-Georges, » et j'espère que la République verra dans peu de jours la » fin de cette étonnante et affreuse guerre (1). »

La guerre devenait en effet plus affreuse que jamais. Après le passage de la Loire par les rebelles, les représentants poussent au pillage, au massacre et à l'incendie. Pour flatter les membres du Comité de Salut Public, ils imaginent même dans leurs rapports « tout dégoûtants de mensonge », dit Kléber, des horreurs qui n'ont jamais été commises. Le meilleur d'entre eux, Merlin de Thionville, « à qui l'histoire » n'aura point à reprocher d'avoir donné des ordres d'in- » cendie et de destruction (2), » dénature l'acte généreux de Bonchamps et s'efforce de ne voir dans sa clémence qu'une manœuvre politique. Il demande le secret pour cette belle action de l'ennemi. Il conseille de répandre la terreur : « Faites une proclamation, montrez Lyon rasé, la Vendée » en cendres et le sang des traîtres inondant le pays. » Le rapport des représentants Bourbotte, Choudieu et Francastel, du 21 octobre, représente la Vendée comme une solitude profonde où l'on peut marcher longtemps avant de rencontrer un homme et une chaumière. « Nous n'avons laissé derrière nous, disent-ils, que des cendres et des monceaux de cadavres. »

Triste calomnie de soi-même qu'il serait inutile de relever si elle entachait ceux-là seuls qui l'imaginèrent. Mais il importe d'en signaler l'exagération, puisqu'elle est de nature

(1) *Savary*, vol. II, p. 283. (Voir appendice X.)
(2) *Savary*, vol. II, p. 287.

à flétrir la renommée de généraux comme Kléber, Marceau, Beaupuy, purs de tout sang versé en dehors des combats.

La dévastation méthodique et totale que décrivent complaisamment les représentants ne devait s'exécuter en Vendée qu'avec le général Turreau. Jusque-là, les Mayençais n'ont à se reprocher que l'incendie du château de la Chardière, le 20 octobre (1). Tant qu'ils ne furent pas dispersés et adjoints à des troupes composites, ils gardèrent toute l'humanité possible dans une guerre, rendue affreuse, avant leur arrivée, aussi bien par les soldats des généraux sans-culottes que par les Vendéens eux-mêmes. La discipline avait été assurément fort stricte dans l'armée de Canclaux au début des opérations (2). Les premières horreurs dont les Mayençais s'étaient trouvés témoins sont celles que commirent les Vendéens après leur victoire de Torfou. L'adjudant-général Decaen, envoyé le lendemain en reconnaissance sur la ligne de retraite pour relever les blessés, disait :

« Nous ne vîmes que des cadavres sur ce chemin jusqu'à
» l'endroit où nous avions la veille poursuivi à notre tour les
» rebelles ; mais au-delà et jusqu'au village de Boussay, d'où

(1) Voir *Savary*, vol. II, p. 209.

(2) Voici l'ordre du jour du général Grouchy du 20 septembre 1793 (*Les représentants du peuple*, par H. Wallon, tome 1er, p. 457). A cette date, les mouvements de Grouchy étaient liés à ceux de Beaupuy, qui venait de battre les Vendéens au Pallet :

Léonidas — Laval — Loyauté.

« Il est défendu à tout militaire de l'armée d'incendier aucune maison sans ordre des représentants du peuple ou des généraux.

» Il est défendu d'attenter à la vie des femmes, des enfants ou des vieillards.

» Il est défendu de porter atteinte aux propriétés et de piller. Les propriétés des brigands appartiennent à la République. Ce n'est point aux soldats à en disposer. Les propriétés des patriotes doivent être respectées.

» Les commandants des corps sont responsables. »

» nous revînmes sur nos pas sans avoir eu de nouvelles, ce chemin » offrait un affreux spectacle. Tous les cadavres qu'on y rencon- » trait étaient allumés et en partie réduits en cendres : on avait » mis le feu à leurs vêtements ! Il est assez probable, et bien » d'autres horreurs commises nous portèrent à le présumer, qu'on » n'avait pas attendu que les victimes eûssent cessé de vivre pour » assouvir sur elles, par tant de barbarie et de cruauté, une rage » fanatique ! (1) »

Certes, après avoir vu de pareils spectacles, les soldats devaient être difficiles à retenir dans leur fureur. Cependant, ils ne devinrent féroces à leur tour qu'après la débandade de Laval et sous l'influence de l'implacable Westermann, qui n'était pas un Mayençais.

L'humanité même exigeait une poursuite rapide des Vendéens après le passage de la Loire et la prompte extinction d'une guerre qui donnait lieu à de telles représailles. Le 22 octobre, Beaupuy part d'Angers et se dirige vers Candé. Le 25, il arrive avec Westermann à Château-Gonthier.

« Westermann, dit Kléber dans son journal, toujours pressé » d'agir et de faire parler de lui à tout prix, fut d'avis de marcher » de suite sur Laval. Beaupuy lui fit observer qu'ayant encore » six lieues à faire, on n'arriverait à Laval qu'au milieu de la » nuit, et que le soldat, accablé de lassitude, serait hors d'état » de rien entreprendre ; qu'en différant cette attaque jusqu'au » lendemain, on pourrait non-seulement prendre des dispositions » plus sûres, mais que l'on serait renforcé par l'armée. Toutes » ces considérations ne purent déterminer Westermann à renoncer » à son projet. Avide de gloire, il voulut profiter du moment où

---

(1) Journal de Decaen cité par Jean Reynaud, *Vie et correspondance de Merlin de Thionville*, 2e partie, p. 91.

» les circonstances lui donnaient le commandement par ancien» neté pour faire un coup d'éclat. Ainsi, ne consultant que son » imprudent courage, il se mit en marche.

» Arrivé à la Croix de bataille, Westermann donna l'ordre au » capitaine Hauteville d'aller reconnaître l'ennemi. L'ardeur de » cet officier l'emportant sur la prudence, il chargea les premiers » postes et les poursuivit vivement. L'alarme se répand aussitôt ; » on entend sonner le tocsin, et au moment où nos troupes » commençaient à se déployer, l'ennemi, revenu de sa première » frayeur, marche à notre rencontre. Guidé par le commandement » de nos officiers, il attaque, lorsqu'on s'attendait encore à ne le » joindre que dans la ville (il était alors minuit). Quoique pris à » l'improviste, nos soldats se conduisirent avec leur valeur ordi» naire ; la droite surtout fit des prodiges.

» Le combat fut très opiniâtre, et l'obscurité de la nuit » contribua à le rendre très sanglant. La victoire fût restée à nos » troupes, si la cavalerie de Westermann eût voulu suivre » l'exemple de celle des Francs (1) ; mais au lieu de charger, elle » rétrograda et porta le désordre dans la colonne. Westermann, » accablé par le nombre, vit alors que l'audace ne suffisait pas « toujours pour obtenir des succès. Il ordonna la retraite, qui se » fit en assez bon ordre jusqu'à Château-Gontier, où l'armée » arriva le jour suivant (2). »

C'est à Beaupuy que revient l'honneur d'avoir assuré la retraite (3). Grâce à lui, cet échec eut été sans conséquence si, par malheur, Léchelle ne s'était avisé de vouloir diriger lui-même les opérations suivantes. Une grande bataille était imminente. Déjà, un plan d'attaque, proposé par Kléber, a été adopté par le général en chef, quand celui-ci, revenant sur son acceptation, adresse à ses lieutenants un ordre du jour « marqué, dit Kléber, au coin de la plus crasse ignorance. » Le 27 octobre, les Vendéens occupent une forte position sur les hauteurs d'Entrames, entre Château-

(1) Ce corps faisait partie de la brigade de Beaupuy.

(2) *Savary*, vol. II, p. 296.

(3) Voir Thiers. *Révolution française*. Campagne de 1793.

Gonthier et Laval. Léchelle envoie vingt mille hommes sur une seule colonne, pour attaquer un poste accessible par plusieurs routes, sans faire une fausse attaque, aucune diversion, au risque de voir l'ennemi détacher dix ou quinze mille hommes par la rive droite de la Mayenne pour forcer Château-Gontier et prendre les républicains entre deux feux.

Léchelle, sollicité de modifier ses dispositions, est inflexible. Il faut obéir, même avec la perspective d'une défaite.

Beaupuy avec son avant-garde s'avance résolûment. La division Chalbos doit l'appuyer ; mais Léchelle, qui a perdu la tête dès la première fusillade, empêche Chalbos de se porter à son secours. La déroute se met dans cette division, qui pourtant ne se battait pas. Léchelle donne l'exemple de la fuite. Alors, abandonnés, les Mayençais eux-mêmes reculent : ils se rejettent sur Château-Gonthier. Pour la première fois, Beaupuy et Kléber les voient fuir. Les ennemis s'emparent de l'artillerie des républicains et la dirigent contre eux, puis, se mettant à leur poursuite, les atteignent aux portes de la ville.

Beaupuy, cependant, tient tête aux Vendéens sur un pont où il a rallié quelques Mayençais et tente de barrer le passage. Ici, le héros apparaît dans toute la grandeur de son caractère et s'immortalise par un trait que l'histoire, si oublieuse qu'elle ait été d'ailleurs envers lui, a depuis longtemps enregistré. Laissons-la parler par la bouche de Kléber :

« Le général Beaupuy, dit-il, se battit avec son intrépidité » ordinaire. A la tête de son avant-garde, au plus fort de la » mêlée, il reçut une balle qui lui traversa le corps. Transporté » dans une cabane à peu de distance de Château-Gontier, sur la » route d'Angers, on mit le premier appareil sur sa plaie, et l'on

» se disposait à le transporter plus loin, lorsqu'il dit avec ce calme » qui ne l'abandonna jamais : « *Qu'on me laisse ici et qu'on pré-* » *sente ma chemise sanglante à mes grenadiers* (1). »

La légende, enchérissant sur cet exact et simple récit, a représenté Beaupuy mortellement blessé, donnant sa dernière pensée et sa dernière parole à la République dont il n'avait pu conjurer l'échec et dont sa consolation était d'être le martyr. « Je n'ai pu vaincre pour la République, aurait-il dit en tombant sur le champ de bataille ; du moins, je meurs pour elle (2). » L'autre mot, le seul authentique, suffisait. La gloire de Beaupuy, à ce moment, est de n'avoir pas seulement proclamé sa fidélité à sa cause, mais de l'avoir si à propos mise en action, en reprenant, pour ainsi dire, sa place au combat, dans un symbole lumineux, dans ce drapeau fait de son linge et de son sang, qui le montrait à ses compagnons d'armes comme un suprême exemple de sacrifice à la foi commune. Farouche et grandiose inspiration qui rendit du cœur aux soldats éperdus, et qui, si elle ne put ramener la victoire, aida Kléber à tenir quelque temps encore avec les débris de l'armée de Mayence (3).

---

(1) *Savary*, vol. II, p. 305.

(2) Voir, entre autres, *Dictionnaire historique des batailles*, par une société de militaires et de marins. (Paris, Ménard, 1818.) V° Laval, t. III, page 495. — L'abbé Deniau, dans son *Histoire de la Vendée*, t. III, p. 145, a adopté cette narration. (Angers 1878-1879.)

(3) Dans l'*Histoire d'un Paysan*, d'Erckmann-Chatrian (3e partie, ch. XI), roman qui toujours s'inspire de l'histoire et qui parfois la complète, soit à l'aide de la tradition, soit par le secours de l'imagination, les belles paroles de Beaupuy ont fourni les traits d'un tableau saisissant : « Les Mayençais, tout au fond de la petite rue noire, avaient une chemise pleine de sang au bout d'une perche pour drapeau : la chemise de Beaupuy, qu'il leur avait donnée comme signe de ralliement et de vengeance. Ils tenaient ferme !... » Et plus loin : « Il pleuvait ; nous marchions serrés en nous éloignant le plus vite possible du village et du

Blessé à la poitrine et à la main gauche, Beaupuy fut placé sur une charrette à bœufs. On l'emmena au Lion, puis à Angers, où il arriva, étendu sur la paille, cruellement secoué, mais dominant sa douleur, uniquement soucieux du sort de la guerre. Sa blessure était si grave qu'on désespéra d'abord de le sauver et que le bruit de sa mort se répandit parmi les Vendéens. C'est sans doute par cette voie que Wordsworth, alors en Angleterre, apprit la fausse nouvelle de la mort de son ami. Des historiens ont depuis reproduit cette erreur (1).

L'intérêt que Beaupuy inspirait fit qu'on lui attacha deux chirurgiens, Party et Musset, pour le soigner, et qu'on publia à Angers les bulletins de sa maladie. Beaupuy allait bientôt reconnaître cette sollicitude en concourant au salut de la ville.

V

Pendant que le blessé se rétablit peu à peu, l'armée de Mayence se réorganise à Angers même, par les soins de Kléber. Léchelle, hué par ses soldats, a été obligé de quitter l'armée et s'est retiré ignominieusement à Nantes pour y mourir, après avoir une dernière fois calomnié les Mayençais.

---

feu de notre arrière-garde, qui brillait en zigzag sur la plaine sombre. L'idée que Kléber était là nous rendait à tous confiance. Au milieu du bataillon flottait la chemise rouge du brave général Beaupuy. »

Cet épisode de la bataille de Château-Gonthier a inspiré en outre un jeune peintre de talent, M. Alexandre Bloch, qui, dans un tableau exposé au Salon de 1888, a représenté Beaupuy, à pied, à la tête de ses soldats, se précipitant, sabre à la main, sur un groupe ennemi et recevant d'un Vendéen un coup de pistolet en pleine poitrine. Ce tableau, intitulé *Le général de Beaupuy à Château-Gontier*, a été acquis par l'Etat et donné au musée de Rennes.

(1) Entre autres, Thiers, *Histoire de la Révolution*, et Challamel, *Histoire-Musée de la Révolution française*, tome 1er, page 555.

Cette dénonciation est écoutée. L'armée de Mayence est dissoute par ordre du Comité de Salut public et doit servir à former désormais les têtes de colonne de l'armée de l'Ouest. Les généraux Kléber et Haxo sont dénoncés comme royalistes. Le commandement suprême est donné successivement à Chalbos et à Rossignol. L'armée de l'Ouest ainsi réorganisée s'avançe de nouveau contre les Vendéens, qui, après leur victoire d'Entrames, sont allés mettre le siège devant Granville, d'où ils ont été repoussés. Etablis à Dol, ils sont perdus si on suit le conseil de Kléber et si on se contente de leur barrer le passage. Mais l'imprudence de Westermann amène de nouvelles défaites. Les Vendéens sont vainqueurs à Dol et à Antrain (20 et 21 novembre). Ils ont la route libre pour rentrer dans leur pays. Toutes leurs forces se portent sur Angers. La possession de cette ville, c'est pour eux le salut, le passage de la Loire assuré, la possibilité de recommencer la guerre avec des ressources nouvelles et des chances égales à celles qu'ils avaient avant la bataille de Chollet.

Il fallait que quelqu'un portât la peine des défaites de Dol et d'Antrain. Kléber, suspect mais nécessaire, avait réussi à faire nommer Marceau commandant général des troupes sous Rossignol, qui restait général en chef et était tenu irresponsable. Les représentants Prieur et Turreau s'en prirent donc à Marceau et à Kléber : ce dernier est menacé de la guillotine. C'est lui qui est la cause du péril auquel la ville d'Angers est exposée. Kléber va seul le soir du 3 décembre chez les représentants pour avoir une explication. Il les trouve couchés, à l'exception de Turreau. « Enveloppé » dans mon manteau, dit-il, je me promène dans la chambre » pendant dix minutes, sans mot dire, lorsque tout-à-coup » Prieur s'écrie : « Eh bien ! Kléber, que penses-tu

» d'Angers ? » Je lui répondis froidement : « Ce que j'en ai » pensé il y a trois jours, lorsqu'au conseil de guerre, j'ai » proposé d'y envoyer la brigade Boucret. » — « Mais, sais-tu » que deux représentants y sont enfermés ? » — « Je l'ignore, » mais je sais bien qu'il y a à Angers quatre mille hommes » de garnison, une population considérable, *et, de plus, le* » *général Beaupuy* (1). » Prieur, apaisé, se laisse fléchir, et il est décidé qu'on marchera immédiatement au secours d'Angers.

Le même jour, Angers attaqué se montrait digne de la confiance que Kléber mettait en son énergie. La ville se sauve elle-même sans attendre l'armée de secours. Le commandant de la garde nationale, Ménard, déjoue tous les efforts des assiégeants pendant quarante-huit heures d'assaut. Il y a dans la ville trois généraux, mais deux d'entre eux, Boucret et Danican, sont invisibles. Le troisième, c'est Beaupuy, qui, au contraire, bien que souffrant de ses blessures récentes, se porte sans cesse aux endroits les plus menacés. « Il servait » comme volontaire, dit un témoin oculaire (2). Sa blessure » l'avait fait pour quelques mois sortir des cadres. Mais, loin » de rester enfermé dans sa chambre, il prit à l'action une » part fort vive, et nous le verrons partout donner un noble » exemple et de salutaires conseils. » Le bastion Saint-Michel est pris à revers par les Vendéens, qui renversent tous ceux qui y paraissent. Le parapet en ruines a été abattu quelques mois auparavant ; c'est à découvert qu'il faut se battre. Beaupuy y arrive. Il conseille de se mettre à l'abri derrière des sacs de terre, et à l'instant, par toute la ville, les femmes s'occupent à en faire. Le feu devient ainsi moins

---

(1) *Savary*, vol. II, page 406.

(2) F. Grille, *La Vendée en 1793*, 3 volumes. Paris, 1852.

meurtrier. Le bastion est sauvé et deux pièces de canon chargées à mitraille y sont placées pour écraser les Vendéens, s'ils parviennent à franchir le rempart.

Enfin, après un dernier assaut par deux colonnes, les Vendéens abandonnent le siège, le 4 décembre, à quatre heures du soir. Angers est sauvé et les Vendéens sont perdus. Le soir du même jour, Kléber arrive dans la ville délivrée.

La perte des Vendéens est maintenant certaine et prochaine. Marceau est nommé au commandement provisoire de l'armée de l'ouest. Il accepte à condition d'être conseillé et dirigé par Kléber. La destitution de celui-ci envoyée par le ministre est suspendue, et les deux amis se jurent de vaincre ensemble ou de monter ensemble sur l'échafaud.

Refoulés vers le nord, mis en déroute au Mans, le 10 décembre, sabrés par l'impitoyable Westermann, arrêtés à Ancenis au passage de la Loire, les Vendéens essaient de rentrer en Bretagne : ils atteignent par Nort et Blain Savenay, où doit se consommer leur ruine.

Impatient de revoir ses frères d'armes, Beaupuy, toujours invalide, rejoint l'armée républicaine devant Blain et la suit, simple spectateur, à Savenay, d'où il écrit à Merlin de Thionville, le 25 décembre 1793, deux jours après la victoire :

« Enfin, enfin, mon cher Merlin, elle n'est plus, cette armée » royale ou catholique, comme tu voudras. J'en ai vu, avec tes » collègues Prieur et Turreau, les débris consistant en cent » cinquante cavaliers battant l'eau dans les marais de Montaire, » et comme tu connais ma véracité (1), tu peux dire avec assu-

---

(1) Beaupuy était le plus brave et le plus modeste des hommes. (Note de Savary.)

» rance que les deux combats de Savenay ont mis fin à la guerre » de la nouvelle Vendée et aux chimériques espérances des » royalistes.

» L'histoire ne nous présente point de combats dont les suites » aient été plus décisives. Ah ! mon brave, comme tu aurais joui ; » Quelle attaque ! mais quelle déroute aussi ! Il fallait les voir, » ces soldats de Jésus se jetant dans les marais ou obligés de se » rendre par cinq ou six cents à la fois, et Langrénière (1) pris, » et les autres généraux dispersés et aux abois.

» Cette armée, dont tu avais vu les restes de la terrasse de Saint- » Florent, était redevenue formidable par son recrutement dans » les départements envahis. Je les ai bien vus, bien examinés ; » j'ai reconnu même de mes figures de Chollet et de Laval, et à » leur contenance et à leur mine, je t'assure qu'il ne leur manquait » du soldat que l'habit. Des troupes qui ont battu de tels Français » peuvent se flatter aussi de vaincre des peuples assez lâches » pour se réunir contre un seul, et encore pour la cause des rois !

» Enfin, je ne sais si je me trompe, mais cette guerre de » paysans, de brigands, sur laquelle on a jeté tant de ridicule, » que l'on dédaignait, que l'on affectait de regarder comme » méprisable, m'a toujours paru, pour la République, la grande » partie, et il me semble à présent qu'avec nos autres ennemis » nous ne ferons plus que peloter.

» Adieu, brave montagnard, adieu ! Actuellement que cette » exécrable guerre est terminée, que les mânes de nos frères sont » satisfaits, je vais guérir. J'ai obtenu de tes collègues un congé » qui finira au moment où la guerre recommencera. »

Cette lettre a été souvent citée. Madame de La Rochejacquelein, qui la lut avec orgueil dans les gazettes du temps, en insère un extrait dans ses *Mémoires* comme le plus bel aveu fait par l'ennemi du courage des Vendéens.

Merlin de Thionville en donna lecture à la Convention, dans la séance du 7 nivôse an II (28 décembre 1793) et en

(1) M. de Langrénière, un des chefs vendéens, le seul qui n'ait pas voulu abandonner sa troupe dans la déroute de Savenay.

profita pour se plaindre qu'on n'eût pas ratifié la nomination de Beaupuy comme général de division, — plaintes inutiles tant que le parti de Robespierre, hostile à Merlin, hostile aux Mayençais, restera au pouvoir (1).

Avant de profiter du congé qu'il avait obtenu, Beaupuy voulut aller voir l'attaque de l'île de Noirmoutier, que le général Haxo devait diriger, le 1er janvier 1794. En route, il rencontra près de Machecoul les débris d'un poste de trois cents hommes placé dans cette ville et que Charrette, à la tête d'un rassemblement considérable, avait mis en fuite. Beaupuy sauva et rallia ce qui restait de ce poste. Ni les blessures, ni les congés ne pouvaient l'empêcher de servir sa patrie.

(1) *Moniteur*, 9 nivôse an II (29 décembre 1793), n° 99 :

« *Merlin de Thionville*. — C'est pourtant à ce même Beaupuy, à ce brave officier qui s'est battu à Chollet en combat singulier avec un chef des brigands ; c'est à Marigny, le plus intrépide des hommes ; c'est à plusieurs autres officiers de l'armée de Mayence, incorporée à celle de l'Ouest, que le ministre de la guerre s'obstine à refuser les brevets des nominations faites provisoirement par les représentants du peuple. Il faut que la Convention, usant de la plénitude de ses pouvoirs, ôte aux agents appelés encore ministres la nomination des officiers. Au surplus, je demande que le Comité de Salut public examine ma proposition. »

Le renvoi au Comité de Salut public fut décrété, mais le Comité s'empressa d'étouffer l'affaire.

CHAPITRE V.

BEAUPUY ET LA PACIFICATION DE LA VENDÉE.

1794-1795.

I

Après la prise de Noirmoutier, Beaupuy se reposa quelques jours à Nantes, puis il se retira dans sa ville natale pour achever de se guérir et aussi sans doute pour apporter quelque consolation à sa mère, qui avait en six mois perdu deux de ses fils : Pierre, tué à Fontenay, et Louis-Gabriel, mort à Strasbourg, le 12 octobre.

Les deux autres frères de Michel étaient restés à Mussidan. L'abbé Guy y avait fait loyalement l'essai des fonctions de prêtre assermenté. On a conservé un programme de fête patriotique dressé par lui (1). Il venait cependant d'abjurer ses lettres de prêtrise (le 4 décembre 1793), répugnant à ce qu'il y avait d'équivoque dans son ministère et se donnant franchement à la philosophie qui, dans sa famille, tenait lieu des vieilles croyances (2).

(1) Voir appendice XI.

(2) Le 4 frimaire an III (24 novembre 1794), le Directoire du district de Mussidan désigna Guy Beaupuy, alors âgé de 38 ans, avec un autre de ses concitoyens, Lagarde, pour faire partie de l'Ecole normale instituée à Paris par un décret de la Convention du 18 brumaire an III (23 octobre 1794). Ce décret invite les directoires « à faire leur choix sur les citoyens qui uniront à des mœurs pures un patriotisme éprouvé et les dispositions nécessaires pour recevoir et pour répandre l'instruction. » — *Archives départementales de la Dordogne*. Registre des arrêtés du Directoire du district de Mussidan.

Quant à l'aîné des fils, Nicolas Beaupuy, marié vers 1789 à la fille d'un riche banquier de la région, plébéïenne très belle et très distinguée, il jouait alors à Mussidan un rôle considérable et bienfaisant. Nicolas montrait dans les fonctions civiles un courage égal à celui dont Michel faisait preuve sur le champ de bataille. Ce courage s'était déjà manifesté pendant qu'il était membre de l'Assemblée législative. Lorsque le 17 juillet 1792, des fédérés réclamèrent à la barre de l'Assemblée la mise en accusation de La Fayette, qui avait demandé la punition des auteurs de la journée du 20 juin, Beaupuy, ne voyant dans cette mesure que l'effet de la haine du moment contre l'idole de la veille, la repoussa avec vigueur. Des émeutiers l'assaillirent et voulurent le contraindre à désigner les Fayettistes de la Législative pour en faire justice. « Commencez par moi, » leur répondit-il ; ouvrez mon cœur et vous y lirez qu'on a » pu voter pour La Fayette avec des intentions pures (1). »

C'est ce même Beaupuy, constamment occupé de questions militaires, et tenant par ses origines autant que par ses attaches de famille à l'armée, qui, le 10 août suivant, avait déposé sa croix de Saint-Louis sur le bureau de l'Assemblée, en accompagnant cet acte d'une proposition qui fut accueillie par les applaudissements de ses collègues : « Je n'ai jamais » sollicité, dit-il, ni reçu aucune pension ni gratification du » pouvoir exécutif. J'ai obtenu pour prix de mes services la » croix de Saint-Louis, qu'on ne pouvait me refuser. Si la » nation crée des récompenses nationales, je ferai mes efforts » pour en mériter. Aujourd'hui, je dépose cette croix sur le » bureau pour être convertie en médaille qui sera remise au » premier officier ou soldat qui se distinguera par quelque

(1) Biographie Arnault, Jay, Jouy. (Paris, 1820.)

» action d'éclat, ou qui enlèvera un drapeau aux Autrichiens » ou aux Prussiens (1). »

Depuis, non réélu à la Convention, il était revenu à Mussidan, où il reprit ses anciennes fonctions de maire. Il avait été, en outre, membre du Directoire départemental et commandant de la garde nationale. A la fin de 1793, il était, en même temps que maire, président du Comité de surveillance du district de Mussidan. C'est à ce titre qu'il interrogea, sans le connaître, le 1er décembre, un des proscrits de la Gironde, le marquis Isarn de Valady, arrêté comme vagabond dans les bois des environs sous le nom de Jacques Jurquet. Il dut envoyer le faux Jurquet au tribunal révolutionnaire de Périgueux. Valady, reconnu par son collègue à la Convention, Roux-Fazillac, alors en mission dans la Dordogne, fut condamné à mort, étant hors la loi, et exécuté le 24 décembre. Nicolas Beaupuy avait involontairement donné la main à la Terreur. Il ne lui fit pas d'autre sacrifice. Grâce à son attitude, à la fois énergique et conciliante, la région mussidanaise se ressentit à peine de ce régime. « La postérité, dit un de ses biographes, » n'apprendra pas sans admiration que pendant qu'une » faction furieuse proscrivait des milliers de citoyens et » faisait répandre sur les échafauds des flots de sang français, » dans un petit coin de terre située vers la Dordogne, il n'y » eut, grâce au courage d'un homme de bien, ni suspects, ni » arrestations, ni supplices (2). »

Nicolas Beaupuy dut faire preuve d'une grande abnégation pour obtenir ce résultat, alors unique. En regard du Comité qu'il présidait à Mussidan, il s'était formé un club présidé

(1) Séance de l'Assemblée législative du 10 août. *Moniteur*, 24 août 1792, nº 237.

(2) Biographie Arnault, Jay, Jouy.

par un ardent montagnard nommé Lambert. Une grande animosité régnait entre ces deux sociétés et des désordres sérieux étaient à craindre, lorsqu'un jour, pendant une séance du club hostile, Nicolas se présenta à la barre et dans un esprit d'union, demanda à donner l'accolade au citoyen Lambert. L'accolade fut donnée et la fusion qui en résulta assura la paix à Mussidan (1).

C'était l'époque où le représentant Lakanal, envoyé dans la Dordogne afin de faire concourir tous les citoyens à la création d'un centre d'armement et d'approvisionnement pour les armées, poursuivait la noble tâche qu'il avait ajoutée à sa mission officielle, celle de pacifier les esprits, tout en faisant respecter l'autorité souveraine de la Convention. Il avait établi le centre de son action à Bergerac, non loin de Mussidan. Nicolas Beaupuy, on le voit, le secondait puissamment dans son œuvre de conciliation. Il l'aida aussi à préparer la défense. Nous le voyons chargé, comme maire de Mussidan, à la date du 3 messidor an II (21 juin 1794), de recueillir dans son district les effets d'équipement susceptibles d'être utilisés pour les troupes à cheval (2). Malgré cela, dans le court intervalle qui sépare cette date du 9 thermidor (27 juillet), fut-il, comme le disent certaines biographies, dénoncé, suspendu et momentanément arrêté comme suspect ? Nous n'avons pu retrouver la preuve de ce fait, qui n'est d'ailleurs pas invraisemblable. Quoi qu'il en soit, après la chute de Robespierre, Nicolas Beaupuy n'eut pas à changer d'attitude pour continuer à faire son devoir et à servir son pays. Par lui et

(1) Cet incident, recueilli par la tradition locale, nous a été rapporté par M. Chastanet, ancien maire de Mussidan.

(2) Registre destiné à inscrire tous les arrêtés pris en séance publique par le Conseil général de l'administration du district de Mussidan. — Séance publique du 3 messidor an II. *(Archives du département de la Dordogne.)*

par son frère l'ex-abbé Guy, qui fut à son tour maire de Mussidan, l'action douce et puissante des Beaupuy se fit sentir quelques années encore dans la région. Cette famille y devint peu à peu l'objet d'un véritable culte. Quand Nicolas, fait sénateur par le Consulat, mourut à sa campagne de Paufi, en 1802, les habitants de Mussidan accoururent au lieu du décès pour emporter son corps dans sa ville natale. Mais la commune de Saint-Géry, où est situé Paufi, faisait bonne garde autour de la dépouille. Il y eut une rixe sanglante et la victoire resta aux habitants de Saint-Géry, qui ne crurent pouvoir mieux faire, pour prévenir toute nouvelle tentative d'enlèvement, que de sceller son tombeau dans les murs de leur église.

L'affection dont sa famille était entourée, le calme de son district, la douceur des trois mois de congé qu'il y passa raffermirent vite l'optimisme natif de Michel Beaupuy, quelque peu ébranlé au milieu des scènes de carnage dont il avait été témoin en Vendée. D'ailleurs, tout modeste qu'il fût, il ne put rester insensible à l'accueil chaleureux de ses compatriotes. Il était revenu parmi eux précédé par la renommée de ses exploits sur le Rhin et sur la Loire. Le souvenir s'est conservé à Mussidan du glorieux blessé de Château-Gontier, se raidissant contre la douleur pour assister aux fêtes que ses amis donnèrent en son honneur. Il fallait entendre la bonne Louise Laclote, ancienne domestique de la maison Beaupuy, parler, sur ses vieux jours, des soins qu'elle avait donnés alors, étant très jeune et, paraît-il, très jolie, à son maître convalescent. Le coup de feu reçu par le général l'avait percé de part en part : la balle vendéenne était sortie par le dos, entre deux côtes. Il avait, en outre, sa blessure de la main gauche et les graves contusions qu'il s'était faites aux jambes par la chute de deux chevaux tués sous lui à la bataille de Chollet. La vieille servante s'attendrissait en rappelant l'aiguille d'argent que les médecins la chargeaient parfois d'introduire, avec de la charpie, dans la plaie inquiétante : elle se souvenait avec délices que Beaupuy l'appelait sa Louisette ; elle ne tarissait pas sur la bonté et la douceur du patient. Cependant, le patient, ayant, une nuit, entendu le tocsin qui signalait un incendie dans la ville, oublia ses blessures et son traitement et alla au feu comme les autres. On s'est longtemps rappelé la silhouette imprévue du général apparaissant dans le tumulte, dès la première alerte, le bras gauche en écharpe, et, faute de mieux, organisant la manœuvre, comme au combat.

Malgré les charmes du foyer et du pays natal, la pensée de Beaupuy, à mesure que s'opérait sa guérison, se tournait vers ses compagnons d'armes. L'inaction pesait à cet apôtre dont les yeux ne se détachaient pas de son idéal. Pour y atteindre, il se tenait prêt, de nouveau, à tous les sacrifices.

II

Beaupuy resta en congé jusqu'au printemps de 1794, convaincu que l'horrible guerre de Vendée était terminée et que des mesures prudentes en même temps qu'énergiques auraient vite raison des dernières résistances.

Le 16 avril, il écrivit de Mussidan à Turreau, devenu général en chef de l'armée de l'Ouest (1) :

« J'ai recouvré toutes mes forces ; je pars, je me rends à » Nantes. Ma marche sera lente ; elle ne secondera pas mon

(1) Turreau, nommé en remplacement de L'Echelle, n'était venu prendre son commandement qu'à la fin de décembre 1793. Beaupuy, alors en congé, n'avait pas servi sous lui et était parti pour Mussidan sans le connaître.

» impatience à t'aller prouver, mon général, plutôt par des faits » que par des paroles, mon dévouement invariable à la Répu- » blique (1). »

Quand il revit la Vendée, au commencement de mai, l'aspect de ce malheureux pays lui ôta brusquement ses illusions. Il trouva les ruines accumulées et les haines accrues, où il s'attendait à voir le calme renaître. Mais, en retour, combien il dut se féliciter d'avoir été absent à une époque où les généraux ne furent que les exécuteurs des volontés barbares de Turreau, l'inventeur des colonnes infernales.

Après Savenay, tous les généraux suspects de compassion avaient été écartés avec soin de la Vendée. Kléber fut envoyé contre les Chouans, Marceau relégué à Chateaubriant ; Beaupuy était éloigné par sa blessure. C'était le moment de mettre à effet les terribles décrets de la Convention, décrets restés lettre morte, alors que les chefs Mayençais étaient là. Turreau, appelé au commandement suprême, avait résolu de ruiner le Bocage de fond en comble (2). Après l'avoir environné de camps retranchés, il y avait lancé douze colonnes chargées de mettre tout à feu et à sang, de tuer ou de déporter tous les habitants. Les ordres de Turreau s'étaient exécutés avec un raffinement de cruauté inouïe, sous la conduite de lieutenants transformés en assassins et en incendiaires. Les patriotes avaient été pillés et massacrés aussi bien que les rebelles.

Le résultat fut de ranimer l'insurrection éteinte. Stofflet dans le Bocage et Charette dans le Marais, le long de la

---

(1) *Savary*, vol. III, p. 408.

(2) Les représentants Bourbotte et L. Turreau (cousin du général) n'osant ni approuver, ni condamner son plan, demandèrent leur rappel. Le Comité de Salut public laissa faire Turreau, se gardant de lui donner des ordres directs.

côte, retrouvèrent des soldats nombreux et redevinrent redoutables. Le Mayençais Haxo, le seul qui eût conservé dans cette guerre les traditions de bravoure et de loyauté, succomba héroïquement en mars à la poursuite de l'insaisissable Charette.

Cependant, les faux rapports de Turreau sur sa campagne, le nuage dont il enveloppait ses actions, le vague de sa correspondance, ne purent éternellement tromper le Comité de Salut public. Averti surtout par le mémoire du conventionnel Lequinio, lu le 1er avril, que la Vendée était toujours en pleine révolte, et que les républicains y étaient battus, le Comité destitua Turreau, le 13 mai.

C'est à cette date que Beaupuy arrivait pour prendre le commandement de la division de Machecoul. Il eut à peine le temps de se rendre compte des difficultés de la guerre du Marais et de déplorer l'insuffisance de ses moyens (1). Le 17 mai, arriva la destitution de Turreau. Vimeux fut nommé pour le remplacer, et Beaupuy fut promu chef d'état-major.

Vimeux, que nous avons vu en 1792 capitaine au régiment de Bassigny, était de beaucoup le plus âgé des généraux Mayençais. Il avait maintenant cinquante-sept ans. L'émigration de tous les officiers placés avant lui dans son régiment l'avait vite porté aux grades les plus élevés. Son extraction plébéïenne, sa réserve prudente, son peu de prestige, l'avaient fait échapper aux soupçons dans lesquels presque tous ses collègues avaient été impliqués. Sa promotion au commandement en chef excita quelque surprise. On cherchait vainement en lui les lumières et l'habileté qui eussent justifié, dans des circonstances aussi critiques, un pareil avancement. Il est inexact de dire,

(1) Voir l'appendice XII. Lettre de Beaupuy à Vimeux, 17 mai 1794.

comme l'un de ses subordonnés, le général Aubertin, qu'il n'avait aucune espèce de réputation militaire. Il avait, à Mayence, et dans la campagne précédente, donné des preuves de bravoure et rendu de réels services. C'était en somme un honnête général, de caractère conciliant, mais sans initiative, sans instruction, trop faible pour accomplir seul la tâche pénible qui lui était imposée. Sa modestie était grande ; il refusa d'abord. Cédant aux menaces des représentants, il finit par accepter. « Je n'en fus pas aussi fâché » dans la suite, dit-il dans son *Journal*, lorsque je sus que » j'aurais pour chef d'état-major un ancien ami, le général » Beaupuy, très brave et très instruit, avec qui j'avais déjà » servi pendant vingt-cinq ans dans le même régiment. » Dans les circonstances où je me trouvais, je sentais » vivement le besoin d'être secondé par d'habiles officiers » généraux. »

Si le témoignage de Vimeux ne suffisait pas, on pourrait invoquer ceux de Savary et d'Aubertin, pour prouver que Beaupuy fut l'inspirateur et le bras droit du nouveau général.

« La nomination de Beaupuy comme chef d'état-major, » dit Savary, détermina le général Vimeux à se charger du » fardeau qu'on lui destinait (1). »

« Le hasard, dit Aubertin, servit Vimeux dans le poste » éminent où l'on venait de le placer. Il trouva dans le » général Beaupuy un homme de mérite et de bon con» seil (2). »

Aussi, pendant les quelques mois qui suivirent, les actes de Beaupuy furent-ils si étroitement liés à ceux de Vimeux

---

(1) *Savary*, vol. III, p. 499, note.

(2) Mémoires du général Aubertin sur la guerre de Vendée en 1793 et 1794. Tome Ier des mémoires du général Hugo. Paris 1825, p. 146.

qu'il est difficile de faire l'histoire de l'un sans faire en même temps celle de l'autre. Le mérite des mesures qui furent prises alors doit leur être attribué en commun. Beaupuy inspira Vimeux, lui écrivit sans doute la plupart de ses rapports et de ses proclamations. Vimeux eut le très grand mérite d'en assumer la responsabilité.

Le quartier général étant fixé à Niort, Beaupuy s'y rendit avec Vimeux et s'empressa de dresser un tableau des forces mises à sa disposition. Ce fut une cruelle constatation que celle de la misère et du relâchement de l'armée qu'il avait quittée après la victoire de Savenay. La moitié des soldats était aux hôpitaux, le reste était couvert de gale. Tous étaient en haillons et marchaient pieds nus. Les armes étaient pour la plupart hors de service. Beaucoup de soldats portaient des piques. Ceux qui avaient des fusils manquaient de baïonnettes. Faute de prévoyance, tout était brisé et hors d'usage.

Le moral de l'armée avait plus souffert encore. Quatre mois de pillage obligatoire, de viol et d'ivrognerie avaient étouffé tout sentiment d'obéissance et d'humanité. La peur de tomber entre les mains d'un ennemi à qui on ne faisait pas quartier et qui naturellement se vengeait en massacrant les prisonniers était telle qu'on voyait maintenant des Mayençais fuir au seul nom des Vendéens.

Il s'agissait d'abord de lever le voile épais que Turreau avait mis sur les yeux du Comité de Salut public. Comme Turreau n'avait pas cessé de protester que tout allait bien en Vendée et que la guerre n'y offrait plus de gravité, le Comité appelait à la frontière la moitié des troupes de l'armée de l'Ouest et en même temps exigeait du nouveau général qu'il s'engageât à tout terminer à bref délai. « Que

» cette guerre, répondait l'honnête Vimeux, ne soit plus » dangereuse ou politique pour la République, cela doit » être ; mais vous répondre de sa fin dans tant de décades, » il n'y a qu'un ignare ou un charlatan qui puisse tenir ce » langage. Ah ! pourquoi cette guerre ne dépend-elle pas » d'une bataille ? J'en verrais bien vite la fin ou celle de mes » vieux jours (1). » Mais l'ennemi se gardait bien d'accepter une bataille rangée, et d'ailleurs il eut été difficile de la lui livrer avec des troupes insuffisantes et désorganisées. A une demande de 37,000 hommes pour la frontière, Beaupuy répondait, le 24 juin, en traçant le tableau de ses forces. Il l'estimait 41,000 hommes nécessaires pour pousser les Vendéens vers la Loire, selon les ordres du Comité. Il en demandait 2,000 autres pour garder les côtes de Paimbœuf à Royan et les préserver d'une invasion. Or, il constatait qu'il ne lui restait que 33,000 soldats dont 10,900 sans armes (2). Les réclamations de Beaupuy ne sont pas écoutées. Il réitère ses plaintes le 10 juillet. Les 30,000 hommes qu'on lui a laissés n'ont pas d'armes suffisantes. On a désarmé une partie des troupes qu'on lui laissait pour compléter l'armement de celles qu'on lui enlevait. Il lui manque plus de 10,000 fusils, 12,000 baïonnettes, 3,000 sabres et pistolets (3).

Dans ces conditions, comment mener activement les hostilités ? Pour défendre les départements de l'ouest contre un ennemi toujours fuyant, qui pille, tue et disparaît, il faut adopter le plan que Turreau a imaginé, après l'avoir rendu

---

(1) Lettre de Vimeux au Comité de Salut public, 14 juin 1794. *Savary*, vol. III, p. 557.

(2) Voir appendice XIII.

(3) Voir appendice XIV.

nécessaire (1) ; il faut établir des camps retranchés, bien gardés et dans lesquels les troupes s'exerceront aux manœuvres. Ces camps doivent être reliés entre eux par des feux de signaux et communiquer par de fortes patrouilles pour se prêter secours à l'occasion. Des détachements en doivent sortir journellement pour fourrager et pour dissiper les rassemblements des rebelles qui se formeraient dans le voisinage (2).

C'était le seul moyen de ramener peu à peu la discipline dans les troupes, le seul moyen de les empêcher de tomber en détail sous les coups d'un invisible ennemi. C'était aussi donner le temps aux soldats qui avaient brûlé et massacré au hasard, sous Turreau, d'apprendre un peu la pitié.

Aussi, le généralat de Vimeux ne sera-t-il marqué que par des escarmouches ayant pour but, selon les ordres du Comité de Salut public, de détruire les moulins ou les fours des rebelles et de leur enlever leur butin. Les pénibles travaux de chef d'état-major n'empêcheront pas toujours Beaupuy de se mettre à la tête d'une expédition. Le 4 août, il tombe sur l'ennemi à Cérizais et lui tue quinze cents hommes (3).

---

(1) Beaupuy, désireux de recueillir tous les renseignements possibles sur l'état de la Vendée, avait écrit à Turreau en prenant la direction de l'état-major. Turreau, en thermidor, lui adressa de Belle-Ile, où il commandait, une longue lettre, ou plutôt une élégante composition littéraire, dans laquelle il ne faisait guère que justifier sa conduite et recouvrir de belles phrases ses maladresses et ses violences. (*Mémoires pour servir à la guerre de Vendée*, par le général Turreau, page 187. — Collection des mémoires relatifs à la Révolution française. — Paris, Baudouin, 1824.)

(2) Instruction du général en chef sur la défense, la police et la composition des camps, adressée aux généraux, le 13 juillet 1794. — *Savary*, vol. IV, p. 25.

(3) Voir appendice XVI.

Mais l'honneur de Vimeux et de Beaupuy fut dans l'inauguration d'une période de conciliation et de douceur qui permit à la Vendée de respirer après les abominables massacres ordonnés par Turreau. Beaupuy restait ainsi fidèle à son apostolat. Il profitait de sa séduction naturelle pour gagner son chef à ses idées humanitaires. A leurs risques et périls, Vimeux et Beaupuy interprétèrent largement dans le sens de la clémence certaines indications vagues du Comité de Salut public, et, outrepassant de beaucoup les intentions de ce Comité, proclamèrent une sorte d'amnistie en pleine Terreur. Le 14 juin, répondant au Comité de Salut public, Vimeux disait :

« J'ai trouvé à mon arrivée une instruction sur l'exécution de » votre arrêté du 21 mai relativement aux récoltes de la Vendée... » Il m'a paru qu'elle changeait le système de la guerre, qu'au » lieu de ne voir dans la Vendée que des brigands, comme le » portait l'instruction du même mois, celle-ci, au contraire, » tendait à conserver et employer utilement les hommes qui » existent encore (1)... »

En conséquence, le 24 juin, Vimeux donne avis aux généraux que les terribles commissions militaires sont supprimées. Puis, s'appuyant sur la Commission dite d'agriculture, dont il devait protéger les travaux, et qui avait pour mandat d'établir exactement le nombre des habitants et la quantité des subsistances, d'assurer à l'armée des provisions et de garantir les récoltes des particuliers du pillage des rebelles, Vimeux, s'enhardissant, fait à ses soldats, le 26 juin, la belle proclamation suivante, dans laquelle se reconnaît la main de Beaupuy :

Vimeux, général en chef, à ses frères d'armes.

« Mes braves camarades, la Commission d'agriculture et des » arts a nommé, d'après les arrêtés du Comité de Salut public,

---

(1) *Savary*, vol. III, p. 558.

» des agents chargés de rétablir l'ordre et la sûreté publique dans » le département *Vengé*, ci-devant Vendée.

» Soldats de la patrie ! vous êtes appelés à prendre part à » l'exécution des mesures bienfaisantes arrêtées par cette Com» mission.

» Français et républicains, vous combattrez avec ce courage » qui ne s'est jamais démenti les rebelles qui s'opposeront en » armes à la volonté nationale ; mais vous ouvrirez les bras aux » hommes séduits ou entraînés par la violence, qui ont cédé aux » suggestions perfides des prêtres et des nobles, et qui, reconnais» sant leur erreur, rentreront dans leurs foyers avec l'olivier de » paix à la main, avec le repentir dans le cœur, enfin avec le » ferme désir d'obéir aux lois de la République. Vous respecterez » les propriétés ; c'est la base de la société, c'est la richesse de la » nation. Vous protégerez les individus : l'humanité le commande, » votre gloire l'exige. Notre amour-propre pourrait-il être flatté » de la destruction d'un ennemi qui veut nous rendre ses armes ? » Vous l'avez vaincu par votre valeur, vous le vaincrez encore » par votre modération. Si cette seconde victoire est moins écla» tante que la première, vous en recevrez la récompense dans la » conquête précieuse du cœur de vos frères égarés que vous » aurez rendus à la raison et à la patrie.

» En conséquence, chargé expressément de faire respecter les » personnes et les propriétés de tous ceux qui se seront présentés » aux agents et qui seront inscrits sur leur liste, j'ordonne aux » officiers généraux employés dans cette armée de faire traduire » sur-le-champ, devant le tribunal militaire, quiconque se per» mettrait le pillage ou la violation des personnes et tout officier » qui ne réprimerait pas ces désordres et ces violences.

» La présente proclamation sera lue aux troupes assemblées et » sera affichée dans toutes les places et cantonnements dépendant » de l'armée de l'Ouest (1). »

---

(1) *Savary*, vol, III, p. 575.

C'était une déclaration d'amnistie. On voit qu'il n'est pas juste, comme on le fait communément, d'attribuer au seul général Hoche les actes de prudente clémence qui amenèrent la fin de la guerre civile. Si grande et si méritée que soit la gloire de Hoche, il importe de constater que ses premières proclamations aux Chouans sont de septembre 1794, après que la Terreur avait cessé et quand chacun commençait à parler d'apaisement. Plus méritoire fut le courage de ceux qui, du vivant de Robespierre, un mois avant le 9 Thermidor, firent entendre les belles et dangereuses paroles que nous venons de citer.

Certes, elles étaient dangereuses alors. Turreau avait été destitué non pour sa barbarie, mais pour ses échecs ; une volonté dominante, celle de Robespierre, lui avait même donné en compensation un commandement à Belle-Isle. Carrier, l'auteur des noyades, avait été rappelé de Nantes, mais il siégeait à la Convention sans y être inquiété. Les Vendéens ayant répondu à l'appel de Vimeux par un appel aux soldats républicains de se joindre à l'insurrection, le représentant Bô écrivit au Comité : « Vous jugerez par là » l'effet de la proclamation des agents de la commission » d'agriculture et du général Vimeux, et vous vous hâterez » d'ordonner l'extermination prompte de ces scélérats (1). »

Vimeux, parti de Niort, plein de confiance, pour inspecter les troupes, après avoir lancé sa proclamation, fut bien déçu à son retour dans cette ville.

« Je vis avec douleur, dit-il dans son *Journal*, que depuis mon » départ ma proclamation, toute paternelle qu'elle était, n'avait » rien produit sur l'esprit des habitants et qu'elle m'avait attiré » l'animadversion des représentants en mission qui voulaient me » faire arrêter sous le spécieux prétexte que, sans avoir le droit

(1) Nantes, 4 juillet 1794. Wallon. *Les Représentants du Peuple*, p. 253.

» de faire des proclamations, celle que j'avais publiée n'était pas » assez sévère, etc. On sait assez ce que valaient dans ce temps » de pareilles menaces. J'y échappai cependant, et comme les » Vendéens ne nous laissaient point de repos, je leur dois peut- » être de ne pas avoir éprouvé plus de désagréments de la part » des représentants, qui ont eu plus d'une fois l'occasion de sentir » combien ils avaient besoin de généraux. »

Aussi le 23 juillet, cinq jours avant la chute de Robespierre, une lettre du Comité reprochait-elle aux représentants du peuple à Niort l'indulgence dont on commençait à faire preuve en Vendée. « Vous voudrez bien, y était-il dit, » sans perdre un moment, ordonner que la justice révolu- » tionnaire reprenne son cours (1). »

D'ailleurs, non-seulement les mesures de clémence étaient dangereuses pour leurs auteurs, mais elles étaient fort difficiles à employer. Les généraux qui commandaient sous Vimeux et Beaupuy étaient en partie les mêmes qui avaient incendié et massacré sous Turreau. Beaupuy s'en rendait compte et s'efforçait d'attirer à l'armée de l'Ouest ceux qu'il savait intelligents et modérés.

« Eh bien, mon cher ami, écrivait-il, le 29 juin, à l'adjudant » général Savary qui avait remplacé Kléber et Commaire à » Chateaubriant, est-ce que tu as pris racine au milieu des » Chouans ? Aurais-tu oublié que tu as des amis dans l'Ouest ? » d'où vient ce silence ? tu n'es pas à ta place ; tu as été créé » pour l'armée de l'Ouest et tu es fait pour elle. Quelques » connaissances acquises sur le véritable état de la Vendée, la » réunion d'un grand nombre de commissaires envoyés par le » gouvernement et de généraux de l'armée, tout cela ne nous suffit » pas. Il nous faut des hommes comme toi qui aient la carte » morale et la carte physique. En attendant qu'il s'en forme,

(1) *Savary*, vol. IV, p. 43.

» viens nous trouver ici, nous te l'ordonnons et par devoir et par » inclination. Rien ne doit s'opposer à ton départ. Nous cherchons » partout les meilleurs médecins : le tempérament du Vendéen a » été tant travaillé, tant émétisé, qu'il lui faut enfin des calmants ; » arrive donc promptement (1). »

Malgré ses efforts, Beaupuy ne pouvait débarrasser l'armée de généraux comme Dutruy et surtout comme Huché, le plus sanglant exécuteur des volontés de Turreau. Dutruy, de sa propre autorité, fait une proclamation qui dément celle du général en chef. Il faut le rappeler à l'ordre. Huché fusille, le 18 juillet, plus de trois cents individus des deux sexes et se vante de cet exploit au représentant Bô, n'osant en rendre compte à Vimeux. Celui-ci, du moins, obtient qu'il soit destitué et l'envoie se justifier devant le Comité de Salut public.

Tandis que les habitudes de cruauté de leurs lieutenants contrarient les plans de Vimeux et de Beaupuy, l'incrédulité bien excusable des Vendéens les rend d'abord stériles. Les garanties manquent à ceux-ci pour se rendre à discrétion. Ils ont la parole du général en chef ; mais cette parole sera-t-elle ratifiée par la Convention ? Carrier n'a-t-il pas fait massacrer des communes entières auxquelles Merlin de Thionville avait promis le pardon ? Il est trop tôt encore pour arriver à la pacification absolue. Les esprits n'y sont préparés ni d'un côté ni de l'autre. En outre, les Vendéens prennent l'indulgence inusitée des généraux républicains pour de la peur. Ils ont vu partir les meilleurs soldats. Ils croient le moment venu de se venger de leurs défaites. Les progrès croissants de la chouannerie en Bretagne leur redonnent de l'espoir. Charette, enhardi, devient plus entreprenant et obtient quelques succès.

---

(1) *Savary*, vol. III, p. 580.

Rebuté par les difficultés inévitables de sa tâche, Vimeux ne cesse de demander son remplacement ; il n'a pas assez d'énergie et de persévérance pour mener lui-même à bonne fin l'œuvre commencée. Les obstacles passagers lui dérobent la vue du triomphe réservé au système d'amnistie. Ses réclamations sont entendues du Comité de Salut public, qui, le 17 août, nomme à sa place le général Dumas, le père du romancier. Vimeux adresse au Comité son dernier rapport, le 25 août.

Plus prompt encore à désespérer, Dumas se contente de faire en septembre une tournée dans la région. Il est si vivement affecté par les ruines qu'il y voit et par le misérable état des troupes qu'il sollicite aussitôt et obtient son changement. Le commandement en chef est alors donné à Canclaux (8 octobre). Continuels et dangereux changements de direction qui eussent compromis le succès final, si le chef d'état-major ne fût resté à son poste jusqu'au 13 janvier 1795, assurant le maintien de la politique de conciliation.

Cette politique devenait d'ailleurs de jour en jour plus facile. Peu à peu, une réaction se faisait contre les dévastateurs de la Vendée, auxquels la Convention demandait maintenant compte de leurs actes. Le décret du 2 décembre, donnant tardivement raison à Vimeux et à Beaupuy, proclamait l'amnistie pour tous ceux qui mettraient bas les armes. Aussi, pendant les premiers mois du généralat de Canclaux, la guerre fut-elle presque suspendue. Canclaux eut pour mission de ramener Charette et Stofflet par des concessions.

En janvier 1795, il reçut même l'ordre d'accepter une entrevue avec Charette dans les environs d'Aizenay. Il y alla, accompagné de Beaupuy et de son état-major, mais

Charette ne se trouva pas au rendez-vous. C'était partie remise jusqu'au 17 février, jour de la conférence de la Jaunaie, à la suite de laquelle Charette, momentanément réconcilié avec la République, devait faire son entrée triomphale dans Nantes.

III

Le 15 janvier 1795, Beaupuy fut enfin nommé chef de division. Il avait fallu quinze mois pour que fût ratifié ce grade si bien gagné par lui sur le champ de bataille de Chollet.

Le représentant Francastel, qui s'était joint plusieurs fois à ses collègues en mission dans la Vendée pour réclamer du gouvernement cet acte de justice, adressa de Paris, le 10 mars, au nouveau divisionnaire, une lettre de félicitations qui témoigne que Beaupuy, quelque éloigné qu'il fût de pactiser avec la Terreur, avait eu néanmoins le don de désarmer la méfiance des terroristes les plus farouches. C'est un hommage significatif que cette lettre, où l'homme de sang converti à des idées ultra-pacifiques cherche visiblement un langage propre à trouver de l'écho dans l'âme de Beaupuy :

LIBERTÉ — ÉGALITÉ — FRATERNITÉ

A Paris, le 20 ventose an troisième
de la République une et indivisible.

Francastel, Représentant du Peuple, au Citoyen Beaupuy, général divisionnaire.

« Je ne puis mieux te prouver, citoyen, combien j'applaudis à » la confirmation de ton grade, par le Comité de Salut public, » qu'en rappelant de suite, comme tu le désires, par mon attesta- » tion, la justice qui t'avait été rendue par mes collègues et par

» moi, à une époque où tu étais encore souffrant, mais dévoré,
» comme nous, du désir d'achever cette infernale guerre. Si ta
» santé est vigoureuse, comme ton âme, tu continueras de rendre
» des services signalés à notre chère patrie. Ma vie est assez
» languissante; j'attends quelque soulagement du printemps et
» surtout de l'union si nécessaire pour terminer glorieusement
» notre carrière et fonder à jamais la République sur ses véritables
» bases, les droits de l'homme, la liberté et l'égalité. Puissions-
» nous nous rencontrer quelque jour dans une retraite paisible,
» dans une obscurité vertueuse, jouissant du bonheur des Français
» libres et régénérés ! Car, après le bonheur d'avoir servi sa
» patrie, il n'en est point de plus grand que celui de vivre ignoré.
» Salut et amitié. Tout entier à la République et à ceux qui la
» servent.

» FRANCASTEL (1). »

Beaupuy commanda la division des Sables-d'Olonne, dont le quartier général était à Machecoul et qui était destinée à surveiller le pays de Charette pendant que les forces de l'armée de l'Ouest combattaient Stofflet, toujours en armes dans le Bocage. Profitant du repos où on laissait ses troupes, il s'efforçait de leur enseigner la théorie et de convertir en soldats disciplinés les bandes composites et novices qui formaient sa division (2). Il ramenait la paix dans les cantons occupés par lui. Le 25 mars 1795, le général Caffin lui écrivait :

« Tu m'annonces que les cantons qu'occupe ta division
» commencent à se ressentir des bienfaits de la paix. Tu dois
» bien jouir d'être le témoin d'un changement si heureux. Le
» pays où je suis est loin d'être aussi tranquille, et si l'on rebâtit
» dans les environs, ici l'on détruit. Stofflet a formé des rassem-
» blements (3).... »

(1) L'original nous a été communiqué par M. Dussol, de Mussidan. — Voir à l'appendice XX une autre lettre élogieuse de Francastel à Beaupuy, du temps de la Terreur.

(2) Voir appendices XXI et XXII.

(3) *Savary*, vol. IV, p. 413.

La région de Machecoul fut trouvée si tranquille que Canclaux lui retira six mille hommes pour les porter au camp de Ragon et de là contre Stofflet. A son grand regret, Beaupuy fut obligé d'interrompre la théorie, mais il donna avant le départ un ordre de mouvement où se peint de nouveau sa généreuse et loyale nature :

« Dans la marche ou dans le camp, soit que l'ennemi nous » attaque, soit que nous l'attaquions, jamais il n'y aura un coup » de fusil tiré sans commandement... Enfin, mes camarades, mon » premier ordre, ma plus grande recommandation, c'est en » faveur de l'humanité et du sang français, il a bien assez » ruisselé... Jusque dans la chaleur du combat, laissez la vie à » ceux qui ne se défendent pas et qu'ils la reçoivent de vous, aux » yeux d'un représentant du peuple, aux cris mille fois répétés de » *Vive la République !* (1). » (31 mars 1795.)

Beaupuy lui-même reçut l'ordre de se porter de Machecoul sur Chollet avec une colonne de 4 à 5,000 hommes. Il arriva à Beaupreau le 31 mars. Les deux colonnes de son armée observèrent la plus stricte discipline. D'ailleurs un arrêté des représentants, du 23 mars, avait porté la peine de mort contre toute infraction commise. Quatre chasseurs ayant enlevé du pain dans une maison habitée, après avoir usé de menaces, furent traduits par Beaupuy devant la commission militaire. Un d'eux fut condamné à mort, les trois autres à la détention (6 avril 1795). Un exemple avait été jugé nécessaire. Ce fut la seule mesure rigoureuse qu'il fallut employer dans cette division (2).

Cependant le mouvement des troupes fut suspendu le 11 avril. Stofflet paraissait décidé à traiter. Il sentait qu'il

(1) *Savary*, vol. IV, p. 416.
(2) Voir appendices XXVI et XXVII.

allait être pris. Il était enveloppé de tous côtés. Il avait été chassé de la forêt de Vezin, son dernier asile. Son ministre, l'abbé Bernier, fit pour lui des propositions de paix. La paix fut signée à Saint-Florent, le 2 mai.

A cette date, Beaupuy n'était plus à l'armée de l'Ouest. Le 22 avril, Savary le remplace au commandement de la première division, à Chollet (1). Le 25, Beaupuy fait ses adieux au général Canclaux, à Saumur, et part pour l'armée du Rhin (2). Il avait en Vendée deux fois bien mérité de la patrie. Avec Kléber et Marceau, il avait en 1793 porté les coups les plus sensibles à la grande armée des rebelles. Avec Vimeux et Canclaux, il avait en 1794 et en 1795 contribué à réparer les fautes sanglantes de Turreau et à amener la première pacification de la Vendée. Quand un nouveau soulèvement éclatera, le général Hoche n'aura qu'à s'inspirer de l'exemple de ses prédécesseurs pour faire disparaître les derniers restes de la guerre civile.

(1) *Savary*, vol. IV, p. 461. Note. — Nous avons adopté l'orthographe de *Chollet* au lieu de *Cholet*, en conformité des documents de l'époque.

(2) *Savary*, vol. IV, p. 454.

CHAPITRE VI.

BEAUPUY A L'ARMÉE DE RHIN-ET-MOSELLE.

Mai 1795 — Octobre 1796.

I. — Etat de l'armée de Rhin-et-Moselle au printemps de 1795. — Adhésion de la division Beaupuy à la Constitution de l'an III. — Beaupuy sous Pichegru. — Affaire de Frankenthal. — Trahison de Pichegru.

II. — Campagne de 1795 sous Moreau. — Les généraux Desaix et Delmas amis de Beaupuy. — Passage du Rhin. — Beaupuy blessé à Kork.

III. — Victoire de Geisenfeld. — Retraite de Moreau. — Victoire de Biberach. — Beaupuy tué sur l'Elz.

IV. — Caractère de Beaupuy.

I

Quitter la triste guerre de Vendée et aller combattre l'étranger, tel était le vœu de tous les généraux républicains retenus dans l'Ouest. Plus heureux que Beaupuy, Kléber et Marceau, partis depuis un an, s'étaient illustrés dans la campagne de 1794, à l'armée de Sambre-et-Meuse. Séparé de tous ses amis de Mayence, sauf Vimeux, car Haxo était mort et Aubert-Dubayet, après son injuste disgrâce, avait été employé au nord de la Loire contre les Chouans, Beaupuy dut recevoir avec joie l'ordre de retourner comme général de division sur ces bords du Rhin où il avait conquis, deux ans auparavant, son grade de général de brigade.

A ce moment, l'avenir ne pouvait que lui sourire. Les victoires remportées sur toutes les frontières de la France pendant l'année 1794 faisaient présager pour 1795 une dernière campagne qui serait définitive. La coalition était en train de se dissoudre. La Prusse s'en détachait par le traité de Bâle, le 5 avril 1795. L'Espagne allait bientôt s'en retirer aussi. La Hollande, devenue la République batave, cessait d'être une ennemie. Il ne restait de redoutable sur le continent que l'Autriche, mais cette puissance, vaincue alors qu'elle avait des alliés, pourrait-elle résister longtemps seule ?

Cependant, dès son arrivée sur le Rhin en mai 1795, Beaupuy put voir ce qu'il se cachait de misères sous cette apparente prospérité. Sans doute, l'armée qu'il rejoignait était animée d'un remarquable esprit patriotique et militaire. A cette date, elle avait atteint, selon l'un de ses chefs, Gouvion Saint-Cyr, un degré d'excellence qu'elle ne dépassa pas. Le représentant Féraud, au retour d'une mission auprès d'elle, faisait devant la Convention, le 1er mai, un magnifique éloge de ses soldats et de ses officiers, et il exaltait l'héroïsme avec lequel tous avaient supporté le terrible hiver de 1794 à 1795 (1). Avec de pareils combattants il eût été permis de tout espérer, mais deux causes allaient paralyser leur valeur. La première fut le dénuement où ils furent laissés. La misère avait été telle pendant l'hiver qu'on avait vu des soldats déterrer les semailles sous la neige avec les pointes de leurs baïonnettes et se disputer l'herbe des champs ou quelques misérables racines. Au mois de mai, la gauche de l'armée devant Mayence resta encore trois jours sans pain. La famine, exaspérant les troupes, finit par provoquer l'indiscipline et le pillage. Les soldats furent contraints de se faire maraudeurs. Les communes se plaignirent. Beaupuy, dont

(1) *Moniteur* 1795, an III, numéro 222.

la justice et l'humanité furent vite connues, fut plus d'une fois l'arbitre de leurs réclamations (1). La Convention, ruinée malgré ses victoires, ne pouvait pas renouveler le matériel hors d'usage et payait les troupes en assignats dépréciés. Les officiers touchaient huit francs par mois en numéraire, quel que fût leur grade, et participaient à quelques-unes des distributions faites aux soldats. « J'ai » connu, dit Gouvion Saint-Cyr, des généraux de division » qui ont reçu une paire de bottes qui valait bien sept ou » huit francs ou un morceau de drap dont ils avaient un » pressant besoin (2). »

La seconde cause de l'inaction, puis des revers de l'armée du Rhin en 1795, fut le général en chef qu'on lui donna. Pichegru, le conquérant récent de la Hollande, arriva pour en prendre le commandement vers la date où Beaupuy arrivait de son côté et où l'armée du Rhin, fondue avec celle de la Moselle, prenait le nom d'armée de Rhin-et-Moselle. Pichegru, rendu corruptible par le besoin d'argent, et l'oreille déjà ouverte aux propositions des royalistes, ne sut pas ou ne voulut pas remédier à la misère des 100,000 hommes mis sous ses ordres. Dans le courant de l'année 1795, il s'achemina de la négligence vers la trahison. Profitant du misérable état de ses troupes, il s'en fit un argument pendant toute la belle saison pour résister aux instructions de la Convention qui lui ordonnaient de porter la guerre sur la rive droite du Rhin.

La Convention elle-même était impuissante à supprimer la seule cause apparente d'inaction du général en chef. Elle

---

(1) Voir appendice XXVIII.

(2) Mémoires sur les campagnes des armées de Rhin et de Rhin-et-Moselle de 1792 jusqu'à la paix de Campo-Formio, par le maréchal Gouvion Saint-Cyr, Paris 1829, vol. II, p. 161.

était menacée dans Paris par deux ennemis redoutables, les terroristes vaincus, mais non désarmés, et les royalistes, qui commençaient à relever la tête. « La Convention, » pendant ce temps-là, écrivait de La Rochelle à Beaupuy » l'adjudant-général Tristan-Brision, entourée de frêlons » habiles qui bourdonnent sans cesse autour d'elle, se » concentre dans Paris, qui est tout son horizon politique, » et, occupée à y maintenir la paix et à détourner les poi- » gnards sans cesse dirigés contre elle, ne sait plus où » trouver ses vrais amis (1). » C'est sous la menace de ces « poignards » que fut rédigée en août la nouvelle Constitution dite de l'an III, avec la loi additionnelle du 13 fructidor (30 août), destinée à garantir l'existence de la République contre des élections qui s'annonçaient comme hostiles, et c'est pour lui assurer de nombreux défenseurs que cette Constitution fut soumise à l'acceptation des assemblées primaires. Il était de la plus grande importance que celles de l'armée lui fissent un accueil favorable. Forte de l'appui des soldats républicains, la Convention, où dominait alors le parti modéré, pouvait en imposer à ses ennemis des partis extrêmes. Aussi, la cérémonie du vote à l'armée du Rhin se fit-elle avec une grande solennité. L'armée entière prit les armes. Après avoir entendu la lecture de l'acte constitutionnel qu'on adopta par acclamation, les procès-verbaux d'adhésion

(1) Lettre du 9 thermidor an III (27 juillet 1795). Original communiqué par M. Dussol. On y lit aussi au sujet des manœuvres royalistes : « Depuis La Rochelle jusques à Dunkerque, nous sommes cernés par l'Anglais, aussi intrépide qu'étonnant dans ses efforts. Les côtes de la Vendée, l'anse de Quiberon, l'embouchure de la Vilaine et l'anse de la Hougue voient ces intrépides insulaires s'établir à terre et s'y fortifier en soutenant les prêtres et les émigrés qui, revenus à dessein chacun dans leur lieu natal, y reçoivent l'accueil le plus commode de tous ceux qui les pleuraient, et vous savez, mon général, qu'ils étaient nombreux en ces pays. »

furent rédigés par corps, signés individuellement, réunis ensuite et envoyés au gouvernement (1).

Parmi toutes ces adhésions, la plus enthousiaste fut celle de la cinquième division, commandée par Beaupuy (2). Sans doute, il y a quelque ironie à comparer les souhaits d'éternité formulés en l'honneur de la constitution du Directoire avec la courte et précaire existence de ce régime. Mais ce qui échappe au sourire, c'est l'enthousiasme de ces soldats si profondément respectueux envers un gouvernement qui les laisse manquer de tout ; c'est la ferveur de leur acte de foi après tant de mauvais jours, tant de misères et de déceptions.

Les militaires de la 5e division aux représentants Merlin de Thionville et Rivaud.

« Au quartier général de Reschwoogh,
le 19 fructidor an III (5 septembre 1795).

» Oui, représentants du peuple, nous l'acceptons, cette Constitution, objet de tous nos vœux et récompense de nos travaux ; oui, nous l'avons acceptée pour toujours.

» Elle sera sacrée pour nous ; nous la respecterons. Pour nous, elle est l'œuvre le plus parfait sorti de la main des hommes.

» Enfantée par la raison, épurée par l'expérience, consacrée par nos vœux, malheur à celui qui y porterait atteinte, car nous voulons tous qu'elle soit respectée.

» Cette volonté, la première et la dernière que nous énonçons, émane de nos cœurs et de nos principes, mais si fortement que rien ne peut l'affaiblir.

---

(1) *Gouvion Saint-Cyr*, vol. II, page 189.

(2) Cette division comprenait 16 bataillons et 6 escadrons à la date du 23 octobre 1795. — *Gouvion Saint-Cyr*, vol. II, tableau 101.

» Unis, serrés l'un contre l'autre, cramponnés pour ainsi dire à » cette arche sainte, convaincus qu'en elle seule résident notre » bonheur et le salut de notre patrie, tous, oui, tous, nous jurons » de la soutenir et de la défendre jusqu'à la dernière goutte de » notre sang contre nos ennemis, qui seront toujours ceux de la » liberté et de la République. »

(Suivent les signatures.) (1)

Beaupuy transmit aux représentants l'adresse de ses soldats dans la lettre suivante où son propre enthousiasme se faisait jour :

« C'est devant le fort Vauban, en face de l'ennemi, dans le » Champ-de-Mars, devenu pour nous une assemblée primaire, » que tous mes frères d'armes de cette partie de la 5e division ont » accepté la Constitution et ont arrêté la réponse à votre adresse, » qu'ils me chargent de vous transmettre.

» La Convention ne s'est point trompée, représentants du » peuple ; c'est bien dans les camps, c'est dans nos cœurs, je dois » le dire, c'est là, dans toute sa pureté, qu'est le foyer du feu » sacré de la liberté. Ce même feu qui, en 89, renversa la Bastille, » n'a pas cessé d'y brûler et de s'y confondre avec l'amour pour » la patrie et le respect pour ses décrets.

» Non, citoyens représentants, non, jamais vote n'aura été émis » avec plus de recueillement, de liberté et de franchise. J'en » appelle à deux mille témoins. C'est autour d'un feu de joie, sur » deux tambours, devenus pour nous l'autel le plus sacré, le plus » inviolable, que nous venons de contracter cet engagement, et » ce ne sera pas en vain ; nous sommes gens de parole.

» BEAUPUY,
» *Général de division* (2). »

---

(1) *Vie et correspondance de Merlin de Thionville*, par Jean Reynaud, 2e partie, page 240.

(2) *Vie et correspondance de Merlin de Thionville*, par Reynaud, 2e partie, page 241. — *Galerie militaire*, par F. Babié et L. Beaumont. — (Paris, an XIII, 7 volumes.) V° Beaupuy.

Il ne fallait rien moins que ces chaleureuses protestations de respect de la légalité pour rassurer la Convention mourante, qui avait péniblement échappé à l'insurrection de prairial et contre laquelle couvait, plus redoutable encore, l'insurrection du 13 vendémiaire (5 octobre). Toutefois, ce fut la perspective même de leur défaite légale qui poussa les ennemis de la Convention à la révolte et qui engagea plus avant le général Pichegru dans ses projets de trahison (1).

Ignorant les troubles d'ambition qui dissimulaient au général en chef ses devoirs sacrés, Beaupuy, toujours fidèle et désintéressé, attendait avec impatience que sonnât l'heure de prendre les armes. La tactique de Pichegru était de paralyser, autant que possible, de telles ardeurs. Le rôle de Beaupuy se borna, pendant l'été, à procurer à sa division des campements dans le Palatinat et dans la Basse-Alsace, entre Spire et Woerth. C'est à peine s'il eut l'occasion de combattre au début de la triste campagne de 1795, où il eut d'abord pour mission de surveiller la rive droite, vers Philipsbourg (2). Engagée en septembre, trop tard pour permettre une offensive vigoureuse, systématiquement stérilisée par Pichegru, qui ne la soutint qu'avec une partie de ses troupes, cette campagne fut une série de revers. Elle s'était ouverte cependant par un succès inespéré, par la prise de Manheim sur une simple sommation (22 septembre). Mais l'armée de Sambre-et-Meuse, commandée par Jourdan, que Pichegru appuie insuffisamment, est battue après avoir franchi le Rhin et forcée de se retirer sur Dusseldorf. C'est l'ennemi qui, à son tour, passe le Rhin et qui met en déroute les divisions françaises

(1) Les premières pièces qui démontrent la culpabilité de Pichegru remontent au mois d'août 1795.

(2) Voir appendice XXIX. Lettre du commandant Lecornez à Beaupuy.

chargées de l'investissement de Mayence, sous les généraux Schaal, Courtot et Saint-Cyr. Les Français perdent trois mille hommes dans cette affaire. « Elle aurait pu avoir » des suites bien plus funestes encore, dit Jomini, le plus » autorisé des critiques militaires, si une partie de la 5e division, aux ordres du général Beaupuy, qui se trouvait aux » environs de Manheim, ne se fût de suite portée sur Worms » pour soutenir la retraite de Saint-Cyr (1). » (29 octobre.)

Beaupuy s'appuie encore quelques jours sur Worms pour surveiller cette partie de la rive gauche du Rhin. Le jeune chef de brigade Vignes le seconde habilement dans la contrée boisée et broussailleuse qui avoisine Ham. Abandonné par la 182e brigade qui couvrait sa gauche et qui a précipitamment battu en retraite, la position de Vignes est assurément des plus critiques. Mais il a ce qu'on appelle du coup-d'œil. Il se repose d'ailleurs sur les talents militaires de son chef : « Je suis là-dessus sans inquiétude, lui écrit-il, » le 31 octobre. L'ennemi a beau faire le fin. *A bon chat bon* » *rat*, et je vous le recommande. » L'ennemi devient pressant autour de la 5e division. Le 5 novembre, Vignes entend ronfler le canon et rouler la fusillade du côté de Worms et envoie du secours à Beaupuy. Mais ce n'est qu'une fausse démonstration des Autrichiens. Il continue à faire bonne garde, fouillant lui-même les fourrés de la rive gauche, déchirant son manteau aux broussailles, l'œil sur l'ennemi répandu en face et sur le pourtour du point qu'il occupe. Il veille surtout à établir une communication courte et facile avec la grande route de Frankenthal pour se retirer sur Beaupuy, en cas de besoin. La précaution était bonne. L'ennemi, toutefois, ne se dessinait pas à cet endroit. « Pas

---

(1) Jomini, *Histoire critique et militaire des guerres de la Révolution*. Paris, 1820, vol. 7, p. 259.

» la plus petite nouveauté sur mon point, écrivait Vignes à » Beaupuy, dans son rapport du 10 novembre. Un sentinelle » mal assuré a cru voir l'ennemi cette nuit sur le Rhin. » Son imagination lui grossit le danger, il fait feu sur la » chimère, et l'explosion de son arme porte la terreur dans » un troupeau de canards sauvages dont les cris redoublés » lui reprochent et sa méprise et son importunité. Pourquoi » troubler ainsi le peuple *duveté?* »

Vignes est un gai compagnon qui a, bon gré mal gré, le mot pour rire. La situation est cependant des plus graves. Ce jour-même, les généraux autrichiens Cleirfayt et Wurmser, délivrés d'inquiétude du côté de Jourdan, se portent contre Pichegru et, se rapprochant de nos frontières, viennent lui livrer bataille dans les lignes de la Pfrimm (10 novembre). Après un combat peu décisif, auquel ne prend part qu'une partie de l'armée française, Pichegru ordonne la retraite sur le Speyerbach. Beaupuy, qui a pu à peine combattre, se retire vers Frankenthal, où se livre, le 14, une nouvelle bataille. Jomini lui attribue encore dans cette action importante tous les honneurs de la journée :

« L'aile gauche des Impériaux, aux ordres de Latour, forme » trois attaques contre la division de Beaupuy : la première, à » l'extrême gauche, aux ordres du général Otto, marche sur » Edickeim et Friesenheim. La seconde, dirigée par Latour » lui-même, se porte par la chaussée directement sur Oggersheim » et Studernhein ; la colonne de la droite, sous le baron Lillien » assaillit Epstein, de concert avec une brigade du centre. Toutes » ces attaques, quoique exécutées par des forces supérieures, » n'obtinrent pas le succès qu'on en espérait. Le général Beaupuy » disputa avec acharnement le terrain jusqu'à Epstein et Stu- » dernhein, où il se maintint à la faveur du peu d'ensemble des » mouvements de l'ennemi (1).

---

(1) *Jomini*, vol. VII, p. 267.

Ce fait d'armes était d'autant plus glorieux que Beaupuy avait contre lui, d'après les vraisemblances, les dispositions prises par le général en chef pour faire battre ses propres troupes. Parmi les caissons de munitions réservés à ses soldats, il s'en trouva un dont les cartouches étaient remplies de sable (1). Pichegru, quelque déception qu'il éprouvât d'un succès qui contrariait ses secrètes espérances, dut cependant reconnaître publiquement les talents militaires de son lieutenant (2), dont le prestige devint considérable auprès de l'armée de Rhin-et-Moselle. Ce prestige n'enlevait rien de leur liberté d'expansion et de leur cordialité aux sentiments d'affection que Beaupuy avait en peu de temps inspirés autour de lui. On sent à lire les lettres qu'il recevait à cette époque et qui émanent la plupart d'officiers placés sous ses ordres que sa séduction personnelle avait là aussi exercé son empire accoutumé. Vignes, notamment, lui avait voué un attachement sans bornes. Beaupuy avait récompensé le jeune commandant en le faisant nommer aux fonctions de chef de demi-brigade, qu'il n'avait jusque-là remplies que provisoirement. Esprit vif et enjoué, répandant autour de lui l'entrain et la bonne humeur, Vignes était à l'aise sous cette autorité attachante, dont on sentait l'ascendant, mais non le poids, et qui, elle aussi, n'avait rien de sec ni de rébarbatif. Après l'affaire de Frankenthal, sa table frugale s'étant accrue d'aventure de quelques provisions inusitées, ce fut pour Vignes une bonne fortune que de pouvoir les faire partager à son général et de l'inviter sans façon à un vrai repas. « Deux petits cochons de lait, lui écrivait-il le 1er décembre, » viennent d'être condamnés à mort. On les enterre demain

(1) Voir appendice XXXI. Lettre de Vandermaesen à Beaupuy.

(2) Voir appendice XXXI. Lettre de Tholmé à Beaupuy.

» chez moi. Le général Tholmé assiste aux funérailles. Si » vous les honorez de votre présence, elles en acquerront » plus de lustre et votre Vignes en aura plus de plaisir. » Beaupuy avait fait de sa division une véritable famille. Cette intimité déplut-elle à Pichegru ? Se préoccupa-t-il de cet esprit de cohésion et de fraternité qui se manifestait autour de Beaupuy ? A quelque temps de là, Vignes fut brusquement *jeté,* suivant son expression, dans une autre division. Il ne s'en consola pas (1).

Grâce à la résistance vigoureuse de Beaupuy à Frankenthal, Pichegru avait pu opérer sa retraite en bon ordre sur le Speyerbach, puis sur la Queich. D'ailleurs, le même jour où Beaupuy se battait si bien contre Latour, l'armée de Jourdan réorganisée débouchait dans la vallée de la Nahe, et son arrivée, dégageant Pichegru, devait amener la conclusion d'un armistice opportun qui fut signé le 21 décembre (2).

Insensible au zèle de ses soldats et de ses lieutenants, Pichegru profita de l'armistice pour mener à bonne fin ses projets de trahison. L'inaction devait mieux lui servir encore

(1) Voir appendice XXX.

(2) Malheureusement, dans l'intervalle, la dernière de nos conquêtes sur le Rhin, la place forte de Manheim, avait succombé après une défense énergique. Pichegru avait chargé à dessein du commandement de la garnison un ancien officier de gendarmerie nommé Montaigu, qu'il croyait incapable de défendre la ville. Montaigu trompa son attente. Quand il se rendit, le 22 novembre, il obtint les honneurs de la guerre, mais la garnison dut se constituer prisonnière. Honorant le courage du vaincu, Beaupuy lui écrivit : « Allons, brave général, votre défense de Manheim vous fera bien de l'honneur. » — Châteauneuf, *Histoire des grands capitaines de France* (1792-1802). Vol. I, p. 447, 2 vol., Paris, 1820.

Voir pour les dernières opérations de la campagne de 1795 la lettre de Tholmé à Beaupuy, appendice XXXI.

qu'une guerre malheureuse. Il laissa son infanterie prendre ses quartiers d'hiver dans les lignes de la Queich, dévastées par une longue série d'opérations militaires. Beaupuy eut pour quartier général Weissembourg. Pendant que l'armée campait dans la boue ou sur la neige, manquant de tout, le général en chef, retiré à Strasbourg, se livrait à de honteuses débauches. Il comptait sur le mécontentement des soldats et des officiers pour les rendre hostiles au Directoire, qui leur était représenté comme seul responsable de leurs souffrances. Heureusement Pichegru fut rappelé. Avec Moreau qui le remplaça, Beaupuy devait se dédommager de son inaction relative.

II

La 5e division espérait garder Beaupuy à sa tête (1); mais son attente fut déçue. En mars, Beaupuy fut promu au commandement de la 6e division, qui formait l'avant-garde (2). Ce ne fut du reste qu'un poste transitoire. Le 23 avril, Moreau vint prendre la direction de l'armée de Rhin-et-Moselle. Il ne connaissait pas Beaupuy, qu'il vit pour la première fois à la fin de mai. Beaupuy s'adressa à lui, sans doute pour obtenir de retourner à la division qu'il avait commandée en 1795. Moreau insista pour qu'il restât à la tête de l'avant-garde (3). Mais une refonte complète de l'armée mit fin à ces pourparlers. Moreau divisa son

(1) Appendice XXXII. Lettre de Masson à Beaupuy.

(2) Appendice XXXII. Lettre de l'Inspecteur général de l'Infanterie à Beaupuy.

(3) Appendice XXXII. Lettre du chef de l'Etat-Major Reynier à Beaupuy.

armée en trois corps, dont il confia la direction à trois généraux qui connaissaient fort bien la région pour s'y être battus depuis l'ouverture des hostilités : Desaix, Gouvion Saint-Cyr et Férino. Par suite de cette combinaison, Beaupuy se trouva à la tête de 10,000 hommes, soit la moitié du centre de l'armée, sous les ordres de Desaix. Les relations amicales qui existaient entre les officiers supérieurs rendirent possible et sans danger un arrangement qui subordonnait des généraux de division à leurs égaux en grade.

De ses compagnons d'armes de Mayence et de la Vendée, Beaupuy n'avait guère conservé auprès de lui que l'adjudant général Decaen, qui avait obtenu avec joie de passer sous ses ordres à la fin de l'année précédente et qui devait brillamment conduire son avant-garde dans la campagne suivante. Ce jeune officier, né à Caen en 1769, avait déjà fait preuve de beaucoup de courage et d'intelligence dans les guerres où s'était illustré Beaupuy. Il était encore destiné à révéler de grandes qualités administratives comme gouverneur de l'Ile-de-France, sous l'Empire.

Mais de nouveaux amis n'avaient pas tardé à remplacer pour Beaupuy ceux qu'il s'était faits dans les années précédentes et dont les hasards de la vie militaire l'avaient séparé. Prompt, ainsi que nous l'avons vu, à s'attacher à ses subalternes, il ne l'était pas moins à se concilier ses pairs. Au premier rang de ses amis, il convient de placer Desaix, que ses précoces talents avaient désigné pour commander à 28 ans un corps d'armée. Desaix, noble comme Beaupuy, s'était, comme lui, à l'indignation de sa caste, déclaré en faveur de la Révolution. Jusque-là son patriotisme était resté sans alliage d'un sentiment moins pur. Mais, pendant la campagne de 1796, le bruit des victoires de Bonaparte en Italie éveillera en lui la passion exclusive de la gloire militaire et l'enthousiasme sans borne pour le plus heureux capitaine de l'époque. Bonaparte devra plus d'un succès en Egypte à son dévouement et à sa valeur ; il lui devra aussi la victoire de Marengo, par laquelle Desaix, au prix de sa vie, consolidera l'autorité récente du premier consul.

Sous les ordres de Desaix, à côté de Beaupuy, combattait un autre noble, un Limousin, le général de division Delmas de Murulhac. Delmas avait fait la guerre d'Amérique tout enfant ; il était ensuite entré à l'Ecole royale militaire comme cadet dûment titré. En 1791, il avait été acclamé chef du 1er bataillon des volontaires de la Corrèze. A vingt-quatre ans, il était déjà général de brigade. Pendant que Beaupuy était à Mayence, Delmas était dans l'armée de Beauharnais qui n'arriva pas à temps pour secourir la place. Il reçut provisoirement le commandement en chef après le départ de Beauharnais, qui paya de sa tête ses fatales hésitations. La Convention ne ratifia pas cette nomination à cause de son âge. Dénoncé aux Jacobins, puis arrêté sur d'injustes soupçons comme noble et traître, enfin rendu à son grade, il devait partager quelques mois encore la gloire de Beaupuy dans cette campagne de Moreau et plus tard encourir la disgrâce du premier consul, disgrâce commune à presque tous les tacticiens raisonneurs et trop sincèrement républicains de l'armée de Rhin-et-Moselle, et à laquelle Beaupuy n'eût sans doute pas échappé. Une mort pareille à celle de son camarade, quoique beaucoup plus tardive, était réservée à Delmas. Il mourut à Leipsick, atteint d'un boulet de canon.

C'étaient là les compagnons ordinaires de Beaupuy, ceux avec lesquels son service rendait ses relations les plus fréquentes. Mais dans les autres corps de l'armée, il comptait plus d'un ami, le méthodique et savant Gouvion Saint-Cyr, le vaillant Duhesme, qui commandera la jeune garde à Waterloo et, couvert de blessures, sera massacré sur le champ de bataille. Glorieuse élite d'une armée qui représenta longtemps le plus généreux esprit de la Révolution, qui lutta pour elle sans arrière-pensée, sans ambition dangereuse, avec moins d'éclat que l'armée d'Italie, mais avec non moins de courage et plus de vertu.

Le 20 mai, l'archiduc Charles, successeur de Clairfayt, dénonce l'armistice et les hostilités reprennent le 1er juin. Enhardi par les victoires de Bonaparte en Italie, le Directoire décide, sur le plan de Carnot, que l'armée de Sambre-et-Meuse commandée par Jourdan et l'armée de Rhin-et-Moselle commandée par Moreau franchiront le Rhin et qu'elles opèreront leur jonction au cœur de l'Allemagne.

L'armée de Sambre-et-Meuse passe le fleuve la première à Neuwied, près de Coblentz. Mais bien plus difficile est le passage pour l'armée de Moreau, qui partout a l'ennemi devant elle et qui ne possède pas une seule place, pas une tête de pont sur le fleuve. Si les Autrichiens soupçonnent l'endroit choisi pour le passage, l'opération sera irréalisable. Moreau choisit Strasbourg et, pour tromper l'ennemi, décide de faire une feinte du côté de Manheim. Il charge Desaix de débarrasser la rive gauche des Autrichiens qui l'occupent. Le 14 juin, la division de Beaupuy s'avance par la grande route de Neustadt à Manheim. Elle trouve en avant du village de Darmstadt cette route défendue par de fortes batteries et par des inondations très profondes. Ces obstacles n'arrêtent pas l'ardeur des troupes ; ils sont surmontés et la division de Beaupuy rejoint celle de Delmas dans la plaine de

Mutterstadt. Le même jour, les Autrichiens battus sont forcés de se retirer dans leur camp retranché de Manheim (1).

Quand Moreau croit l'ennemi suffisamment trompé sur ses desseins, il donne l'ordre à Beaupuy de se rapprocher de Strasbourg. Tandis que Férino commande les troupes destinées à passer à Strasbourg même, Beaupuy est chargé de préparer, pour le 24 juin, le passage de 10,000 hommes à Gambsheim, un peu au-dessous de Strasbourg, pour s'emparer ensuite de la route de Rastadt et intercepter les secours qui pourraient venir du Bas-Rhin à l'ennemi. Des obstacles matériels imprévus firent échouer cette expédition, malgré le zèle du chef et des soldats à qui Moreau rendit hommage dans son rapport.

« L'attaque de Gambsheim n'a pu avoir le succès qu'on devait » en espérer ; les îles où on devait aborder se sont trouvées » couvertes d'eau par la crue des deux jours qui ont précédé le » passage ; cet obstacle n'a cependant pas arrêté ; le débar- » quement s'y est fait en plein jour, sous le feu de l'ennemi, et la » troupe y a été en bataille, ayant de l'eau jusqu'à la ceinture, » pendant qu'on essayait le passage en terre ferme ; mais la » rapidité du courant qui en séparait n'a pas permis d'y faire » remonter les bateaux ; on a fait repasser les troupes à la rive » gauche dans le meilleur ordre. Les soldats versaient des larmes » de rage de voir leur courage arrêté par des obstacles qu'il leur » était impossible de vaincre (2). »

Le passage du reste de l'armée entre Strasbourg et Kehl s'étant heureusement opéré, Beaupuy revient à Strasbourg en toute hâte pour la soutenir, et le 25 juin, fait passer toute son infanterie sur un pont de bateaux.

---

(1) *Victoires, conquêtes, revers et guerres civiles des Français.* — Paris, 1832, vol. 12, p. 49. — Voir appendice XXXIII, les rapports du général de brigade Sainte-Suzanne au général Beaupuy, du 15 et du 16 juin.

(2) *Moniteur,* 13 messidor an IV (1er juillet 1796).

Desaix prend le commandement des troupes réunies sur la rive droite. Beaupuy, chargé de déloger les troupes ennemies placées à Neumuhl, les attaque avec vigueur et leur fait 200 prisonniers. Le lendemain, 26 juin, l'armée se met en marche pour chasser l'ennemi de son camp de Willstett. Beaupuy s'avance par la grande route d'Offenburg. Il rencontre l'ennemi à Kork et le force à se replier précipitamment sur son camp. Mais, au moment où ses troupes débouchent de ce village, le régiment autrichien des cuirassiers d'Anspach charge la tête de la colonne avec la plus grande vigueur. Les charretiers qui conduisent les pièces d'artillerie légère sont sabrés sans quitter leur poste. Les cuirassiers autrichiens culbutent tout ce qui a passé le défilé et qui n'a pas encore eu le temps de se former. Beaupuy accourt sur les lieux ; il est entouré de cavaliers ennemis qui fondent sur lui le sabre à la main ; il reçoit sept ou huit graves blessures. Il parvient néanmoins à se dégager. Bientôt deux de ses bataillons placés dans les haies du village arrêtent cette charge meurtrière par un feu de file bien dirigé. La cavalerie française charge à son tour et fait une grande quantité de prisonniers.

Mais Beaupuy est contraint d'abandonner pour quelques temps sa division, dont le commandement est confié en son absence au général de brigade Sainte-Suzanne (1). Il s'éloigne de la campagne si brillamment inaugurée. Moreau, rendant compte de ses mouvements au Directoire, déclarait ne pouvoir donner trop d'éloges aux généraux Desaix et Beaupuy, pour leur conduite dans les diverses opérations qui avaient suivi le passage du Rhin.

---

(1) *Gouvion Saint-Cyr*, vol. III, p. 40.

III

Beaupuy se retira à Strasbourg, où, toujours peu ménager de sa personne, il s'accorda à peine le temps nécessaire pour se remettre de ses blessures. Les lettres de ses lieutenants le tenaient au courant de la marche en avant de l'armée qu'il était impatient de rejoindre et qui n'était pas moins impatiente de le voir revenir (1). Le 8 juillet, deux semaines après le combat de Kork, le représentant Haussmann écrivait au Directoire : « Les blessures du général Beaupuy vont on ne peut mieux ; il espère être en état de combattre dans un mois (2). » Un mois, c'était encore trop long pour l'ardent général. Le 28 juillet, il annonçait qu'il était rétabli et retournait à son poste (3). A en croire le chef de brigade Dedon, l'impatience de se rendre utile aurait fait oublier à Beaupuy la prudence et il n'aurait pas attendu que sa guérison fût parfaite pour rejoindre l'armée en marche vers le Danube (4).

Il la retrouva en pleine victoire au moment où elle venait de rejeter les Autrichiens derrière le Necker. Dès les 10, 11 et 12 août, il put prendre une part active à l'indécise bataille de Neresheim. C'est à la suite de cette bataille que

---

(1) Appendice XXXIV. Lettres de Duverger et de Fauconnet.

(2) Extrait d'une lettre du citoyen Haussmann, commissaire du gouvernement près l'armée de Rhin-et-Moselle, au Directoire exécutif. — 20 messidor an IV. — *Moniteur*, 28 messidor an IV (n° 298).

(3) *Archives nationales*, AF. III* 69, n° 3562. Lettre B.

(4) *Précis historique de l'armée de Rhin-et-Moselle*, par Dedon aîné, chef de brigade d'artillerie. — Paris, sans date, p. 174. Note.

l'archiduc Charles, par une manœuvre devenue fameuse, laissa le général Latour avec la moitié de ses troupes seulement devant Moreau et se porta au nord avec le reste de son armée pour accabler l'armée de Sambre-et-Meuse. A partir de ce moment, les succès de Moreau seront inutiles et sa marche en avant ne sera que dangereuse. Mais Beaupuy trouva dans cette partie de la campagne de nouvelles occasions de se distinguer. Il fut au passage du Danube et à celui du Lech et il contribua puissamment au succès du combat de Geisenfeld, dernier avantage de l'armée française avant qu'elle fût contrainte de battre en retraite. Dans cette brillante affaire, on voit Beaupuy commander les trois quarts du corps de Desaix, devenu l'aile gauche de l'armée. Ce corps est chargé par Moreau de s'emparer du pont d'Ingoldstadt, sur le Danube, mouvement qui coïncide par hasard avec une attaque projetée par Latour. Tout l'effort de l'armée autrichienne porte ainsi sur l'aile gauche de l'armée française. Le combat s'engage, le 1er septembre, dans les bois de Geisenfeld. Desaix et Beaupuy soutiennent le choc de l'ennemi sans plier et attirent dans une embuscade la puissante cavalerie autrichienne que Latour lance contre eux pour les tourner. Ils dissimulent derrière une hauteur un bataillon d'infanterie, trois régiments de cavalerie et une batterie légère. Ces troupes chargent inopinément la cavalerie de Latour. Repoussée et forcée de défiler sous le feu meurtrier d'un bataillon français, cette cavalerie est fort maltraitée. Les Autrichiens, loin d'entamer le corps de Desaix, ont perdu quinze cents hommes et quelque centaines de chevaux. S'imaginant avoir devant eux des forces supérieures, ils renoncent à tourner l'aile gauche française qui était exposée. Si Moreau avait pu venir appuyer son aile gauche, l'armée de Latour eût été fort compromise et peut-être détruite (1). Mais Moreau, trop timide, ne profite pas du succès de ses lieutenants. Comme pour faire une concession tardive aux instructions qui lui ordonnaient de combiner ses mouvements avec ceux de Jourdan, il fait passer le Danube à Neuburg, le 13 septembre, aux divisions Beaupuy, Taponnier et Duhesme. Sur ces entrefaites, la nouvelle que Jourdan a été battu par l'archiduc arrive à Moreau. Aventuré en pays hostile et découvert, il se décide à ordonner la retraite vers le Rhin, le 19 septembre.

Alors commence cette retraite vantée à l'égal d'une victoire. L'armée autrichienne est, il est vrai, inférieure en nombre à celle de Moreau, mais les pays traversés, la Souabe et la Bavière, s'insurgent contre nous. Les communications sont coupées avec la France, et le prince Charles menace, si on ne se hâte pas de gagner avant lui les défilés de la Forêt-Noire, de fermer toute issue à l'armée de Rhin-et-Moselle. Il faut soutenir l'ardeur du soldat dont le moral s'affaisse toujours dans une retraite. Les généraux ne furent pas au-dessous de cette tâche difficile. Grâce à leur énergie et à leur ascendant sur les soldats, l'armée sut se conserver intacte dans une marche de cent lieues en pays ennemi. Elle sut même vaincre en se retirant. Le 2 octobre, Latour, enhardi par les victoires du prince Charles, vint attaquer Moreau à Biberach et fut complètement battu. Cinq bataillons autrichiens furent réduits à mettre bas les armes par les divisions Delmas et Beaupuy, du corps de Desaix.

---

(1) Voir *Gouvion Saint-Cyr*, volume III, pages 224-230, et Jomini, *Histoire critique et militaire des guerres de la Révolution*. Paris, 1820, tome IX, pages 55-6. — Dans son rapport, Moreau dit : « Les généraux Desaix, Beaupuis et Decaen... ont dirigé toutes les attaques avec la plus grande intelligence et le plus grand sang-froid. » *Moniteur*, 26 fructidor an IV (12 septembre 1796). — Voir aussi appendice XXXV.

Les privations et les souffrances portant les troupes à enfreindre les lois de la discipline, les généraux durent user d'énergie et prêcher d'exemple pour arrêter le pillage. Nul n'avait plus et n'imposait mieux que Beaupuy le respect des biens des ennemis. Une anecdote racontée par les contemporains en donnera la preuve :

« Pendant toute la campagne de l'an V (septembre-octobre » 1796), Beaupuy n'eut constamment que les deux chevaux dont » il se servait avant l'ouverture de la campagne. Le quartier » général étant établi dans une des villes de la Souabe, Moreau » fit prévenir Beaupuy, qui était à quelques lieues de là, qu'il se » rendrait les jours suivants à son cantonnement pour conférer et » dîner avec lui. Beaupuy, ne voulant pas grever d'une nouvelle » charge le pays où il se trouvait, vendit l'un de ses chevaux » pour recevoir son ami. Le plus bel éloge de cette action, il faut » l'entendre dans la bouche des habitants de la Souabe, qui ne » parlent encore de Beaupuy qu'avec attendrissement et admi» ration (1). »

Toujours combattant, l'armée française atteint la Forêt-Noire. Moreau veut prendre le col de la Kinzig pour rentrer par Kehl ; mais déjà la division Nauendorf, détachée par l'archiduc Charles, l'y a devancé, et l'archiduc lui-même s'avance de ce côté avec le reste de ses troupes. Alors, Moreau envoie Gouvion Saint-Cyr occuper le passage du

(1) *Annuaire du département de la Dordogne* pour l'année sextile XI de l'ère française, rédigé sur l'intervention du préfet par le secrétaire général de la Préfecture (Delfau), à Périgueux, de l'imprimerie Dupont.

Cet éloge est confirmé par une notice sur Beaupuy qui se trouve à la suite du discours de Sauveroche sur les *Célébrités du Périgord* (1835) : « Les habitants de la Souabe ne visitent jamais sans émotion [le monument de Beaupuy]. Celui qui écrit ces lignes a plus d'une fois entendu les vieillards de la Forêt-Noire prononcer avec respect et attendrissement le nom du magnanime Beaupuy. » Sauveroche avait été professeur à Strasbourg.

Val-d'Enfer, où le maréchal Villars, en 1703, refusait de s'aventurer, disant qu'il n'était pas assez diable pour le tenter. A la suite de Saint-Cyr, toute l'armée s'y engage. Bien que l'imagination des soldats ait grandi l'horreur de ce défilé, il y avait vraiment des endroits faits pour terrifier des troupes qui se sentaient de tous côtés environnées d'ennemis. Près du château de Falkensteig, la vallée se resserre, les parois du roc surplombent et se rapprochent et, dans un espace de quinze mètres, ne laissent point pénétrer la lumière du soleil.

Le val d'Enfer est franchi ; l'armée débouche dans les plaines du Brisgau. Devant elle est le Rhin, à moins de quatre lieues, et derrière le Rhin, la rive française, la patrie. Moreau pouvait y rentrer sans encombre par le Vieux-Brisach, avec son armée intacte que beaucoup croyaient perdue. Mais le général en chef a décidé de descendre le long de l'Elz et de revenir par Kehl, décision depuis critiquée comme inutilement dangereuse et qui devait coûter la vie à Beaupuy, après une dernière victoire.

L'aile gauche de Desaix est chargée de surveiller la vallée de l'Elz. L'archiduc Charles, qui a opéré sa jonction avec Latour, veut lui barrer le chemin. Son avant-garde attaque, le 15 octobre, celle de la division de Beaupuy et la repousse jusqu'à Kondringen. Alors Beaupuy réunit toutes les troupes qu'il a sous la main, charge l'ennemi, le repousse jusqu'à Kenzingen et lui prend quatre compagnies (1).

Le 19 octobre, une bataille générale s'engage. L'archiduc veut déloger les Français des bords de l'Elz où ils sont établis ; de son côté, Moreau a décidé de ne pas renoncer à

(1) *Gouvion Saint-Cyr*, vol. III, p. 332-333.

la route de Kehl sans tenter une dernière fois la fortune des armes. La division de Beaupuy occupe les hauteurs de Malterdingen et de Kondringen, sur la rive droite de l'Elz que les pluies d'automne ont fait déborder. Le reste de l'armée française étant derrière l'Elz, cette division peut être acculée au fleuve et détruite. Moreau ne veut pas évacuer sans combattre cette position très importante pour un retour offensif. Mais il ordonne à Beaupuy de l'abandonner aussitôt qu'il y verra arriver l'ennemi avec des forces supérieures, et de replier l'avant-garde sur le corps de bataille, derrière l'Elz.

A midi, des troupes de Latour apparaissent subitement sur les hauteurs voisines. Depuis le matin, elles ont suivi par un temps affreux des chemins à peine praticables, à travers la montagne. Du premier mouvement, Latour déploie contre l'avant-garde française, commandée par Decaen, trente bouches à feu et la fait charger par ses grenadiers. La fusillade répond à la fusillade. Mais la lutte est visiblement inégale, et Beaupuy prend ses dispositions pour se retirer derrière l'Elz par les ponts d'Amwasser et de Theningen. Decaen, à cet effet, se rend à son avant-poste. Il est renversé de cheval et sa chute le met momentanément hors de combat. Beaupuy prend sa place. « Aujourd'hui, » mon camarade, lui dit-il, c'est à moi de faire le général » d'avant-garde. Reste à la division. » A peine a-t-il prononcé ces mots qu' il tombe lui-même, atteint d'un boulet de canon.

La nouvelle de sa mort vole de rang en rang, semant partout la consternation. Le boulet fatal a empêché la transmission de l'ordre de retraite, et les soldats continuent à se battre, sans chef, sans direction, sans autre perspective que de venger leur général. « Il a fallu toute leur bravoure,

» dit Moreau dans son rapport, pour ne pas être culbutés » par des forces supérieures et une artillerie nombreuse. » Desaix est instruit de la situation. Decaen, qui l'a rejoint, oubliant ses propres blessures, ne pensant qu'à la perte irréparable que vient de faire l'armée, ne peut retenir ses larmes. Desaix n'est pas moins affecté que lui. Mais l'heure n'est pas aux lamentations. « Sauvons la division, lui dit-il. Nous le pleurerons après. »

Cependant, Beaupuy n'a pas été tué sur le coup. Il respire encore, et à son moment suprême, déjà incapable d'un geste ou d'une parole, il exerce une dernière fois ce privilège des héros, qui est de faire naître l'héroïsme autour d'eux. Un dragon du 6e régiment, nommé Chauvel, qui combattait près du général, le voyant démonté et dangereusement blessé, s'est précipité à son secours et, aidé d'un sergent d'infanterie, l'a placé devant lui sur son cheval. Il a eu soin de s'emparer des cartes que portait Beaupuy, afin de dérober au moins cette proie à l'ennemi. Puis, sous une grêle de balles et de boulets, « il l'emporte. A quelques pas de là, le » chapeau du général tombe. Chauvel craint que l'ennemi ne » voie qu'un général français a été tué : il ramasse le chapeau » de sang-froid avec la pointe de son sabre et prend ensuite » le chemin de la retraite ; mais bientôt il s'aperçoit qu'il est » coupé. Il ne trouve son salut qu'en passant une rivière ; » et, sans prévoir le danger auquel il s'expose, tenant sur » son cheval le général mourant et déjà livré aux angoisses » de l'agonie, il traverse la rivière à la nage. » Il arrive ainsi au quartier-général français, à Emmendingen, où Beaupuy, qui n'a pu reprendre connaissance, expire quelques heures après (1).

---

(1) L'*Observateur Impartial* aux armées de la Moselle, des Ardennes, de Sambre-et-Meuse et de Rhin-et-Moselle, de 1792 à 1796, par C. Le

Le soir de cette malheureuse journée, après une lutte acharnée et meurtrière, la division Beaupuy, échappée au péril qu'avait pu enfin conjurer Desaix, se retirait derrière l'Elz, tout entière au deuil qui venait de la frapper. Elle touchait presque à la frontière. Le surlendemain, tandis que Moreau reculait peu à peu vers Huningue, Desaix franchissait le Rhin au Vieux-Brisach, ramenant les blessés, les prisonniers et les malades sous la protection de sa division. Avec lui il transportait le corps de Beaupuy, dont la perte assombrissait pour beaucoup la joie du retour en France. « Beaupuy était justement adoré de ses soldats. » — « Il fut pleuré par eux » — phrases souvent banales, parfois fausses, mais qui ont une valeur singulière sous la plume de témoins secs et précis comme Decaen, Dedon, Gouvion Saint-Cyr. L'armée de Rhin-et-Moselle voulut d'ailleurs offrir un témoignage durable de sa douleur au général qu'elle venait de perdre. Elle fit l'abandon d'une journée de solde, selon les uns, de deux et même de trois journées, selon d'autres, pour élever à Beaupuy, près de Neuf-Brisach, un de ces grandioses mausolées qui, tels que celui d'Abbatucci à Huningue et de Desaix à Strasbourg, semblent avoir été posés comme des bornes sacrées sur cette rive française du Rhin (1).

Comte, conducteur général de l'artillerie de l'armée de Rhin-et-Moselle. Paris, an V (1797). — Voir aussi *Gouvion Saint-Cyr*, p. 11, 24. — *Moniteur*, 10 brumaire an V (31 octobre 1795). — *Annuaire du département de la Dordogne pour l'an XI* (page 272). — Quelques traits de ce récit sont aussi empruntés aux papiers inédits du général Decaen, in-fol. 177, t. VII. Mémoires. Campagnes de l'an IV et de l'an V (p. 75). Bibliothèque publique de Caen.

(1) Voir appendice XXXVII et suivants.

IV

« Ecrivains patriotes, orateurs chaleureux, je vous propose un noble sujet, l'éloge du général Beaupuy, de Beaupuy, le Nestor et l'Achille de notre armée. Vous n'avez pas de recherches à faire ; interrogez le premier soldat de l'armée de Rhin-et-Moselle, ses larmes exciteront les vôtres. Ecrivez alors ce qu'il vous en dira et vous peindrez le Bayard de la République française (1). »

Ainsi s'exprimait, en célébrant seize mois plus tard les travaux de l'armée de Rhin-et-Moselle, le général Duhesme qui avait lutté à côté de Beaupuy dans la fatale journée du 19 octobre 1796. L'éloge que Duhesme réclamait pour son ami dans ce style pompeux du temps qui n'excluait pas l'émotion sincère, c'est, on l'a vu, un poète étranger qui devait l'écrire. En France même, de courtes et tardives biographies furent tout le tribut d'hommages accordé au héros. Des renommées militaires plus éclatantes — d'un éclat souvent moins pur — éclipsèrent celle de Beaupuy. Beaupuy n'avait jamais commandé en chef. De graves et nombreuses blessures, puis une mort prématurée, lui avaient

---

(1) *Moniteur*, 12 ventôse an VI (2 mars 1798), nº 162. Dans une audience publique du 10 ventôse an VI, donnée par le Directoire exécutif, les généraux Macdonal et Duhem (sic) prononcèrent chacun un discours en offrant au Directoire les drapeaux décernés aux armées du Nord et de Rhin-et-Moselle par le corps législatif.

Duhesme, dans son discours, fit l'éloge de ses camarades « moissonnés sur le champ de bataille » : Lambert, Abattuci, Beaupuy. Beaupuy eut dans cette oraison funèbre la place d'honneur.

barré le chemin des distinctions suprêmes. Ses belles actions et ses habiles mesures étaient allées grossir la gloire de ceux que les ordres souvent capricieux des ministres d'alors élevèrent à des postes plus importants. Mais il est impossible d'étudier les campagnes qui ont rendu célèbres les Kléber, les Marceau, les Moreau et les Desaix, sans s'apercevoir que Beaupuy a droit à une place auprès de ces grands capitaines et que le seul arbitraire de l'histoire la lui a jusqu'à présent refusée.

Sa vaillance parut admirable à une époque où cette vertu pouvait bien passer pour commune. *Brave* est une épithète de nature que les contemporains attachent sans cesse à son nom. L'exact Savary, qui fut l'ami de Kléber et de Marceau, proclamait Beaupuy « le plus brave des hommes. » Son courage n'avait du reste rien d'aveugle et d'irraisonné. Beaupuy conservait un sang-froid et une présence d'esprit rares au milieu des dangers. Kléber, excellent juge, signale en lui « ce calme qui ne l'abandonna jamais. » Son énergie égalait sa bravoure et ce n'est pas le trait le moins héroïque de sa carrière d'avoir dompté pendant plusieurs jours de suite une fièvre ardente, résisté à des fatigues inouïes auxquelles cédait l'impétueux Westermann lui-même, et cela tout en contribuant puissamment aux victoires de Saint-Christophe, de Chollet et de Beaupreau.

Energie, vaillance, instruction militaire rare alors et acquise dans les armées de l'ancien régime, tout fut mis au service de sa foi révolutionnaire. Nul des généraux de la première République ne personnifie mieux que Beaupuy l'esprit religieux de la Révolution. Il y eut en lui du soldat et de l'apôtre. Il partit en guerre contre une société qu'il avait jugée mauvaise, contre les misères du vieux monde, convaincu que du succès dépendait le bonheur du genre humain. Et jamais ni l'ardeur de la lutte, ni le dangereux éclat de la gloire ne lui firent oublier son apostolat. Son enthousiasme ne saurait être pris pour une flamme de jeunesse brillante, mais passagère. Beaupuy n'était pas comme Marceau, comme Hoche, comme Desaix, un adolescent, lorsque la Révolution éclata. Il n'était même plus un jeune homme comme Jourdan, Moreau, Gouvion Saint-Cyr. Il avait trente-quatre ans en 1789 et, à peu près seul parmi les généraux fameux de la République, Kléber était son contemporain. Ce n'est donc pas sans justesse que Duhesme l'appelle le Nestor de l'armée de Rhin-et-Moselle, car, à quarante ans, Beaupuy était comme un vétéran pour les jeunes généraux ses collègues et investi par eux d'un respect particulier.

Acceptée en pleine virilité après avoir été préparée par l'esprit libéral de sa famille, nourrie de lectures philosophiques, épurée par le mépris des officiers de Bassigny, sa conviction eut quelque chose de grave et de sûr. Dès le début, elle lui donna une forte autorité morale sur ceux qui l'entouraient. Elle s'exerça irrésistiblement sur l'esprit jeune, mais déjà ferme de Wordsworth. Elle s'imposa aux généraux qui l'approchèrent et aux soldats qui furent mis sous ses ordres. Elle lui conquit l'estime des ennemis du dehors et même du dedans, car, dans cette époque de soupçons et de calomnies, il n'est pas trace d'une seule parole défavorable à son égard.

On s'explique aisément ce charme par le portrait que nous avons donné de lui, portrait de jeunesse, dont on retrouve les traits essentiels dans celui qui fut publié après sa mort et qui le représente en costume de général, sur la fin de sa carrière (1) Cette dernière image, faite sur les indications précises de ceux qui avaient connu Beaupuy, accentue encore le caractère réfléchi et profond de sa douce physionomie. L'attitude, l'expression du visage, la simplicité du costume font moins songer au général qu'au philosophe. Il est visible que la douceur et la modestie de son caractère tempéraient ce qu'il pouvait y avoir de passionné et d'austère dans sa foi. Ces qualités, qui devaient lui nuire devant l'histoire, oublieuse des héros modestes, lui assuraient de son temps une sympathie exempte de défiance. D'ailleurs, la joie rayonnante dont parle Wordsworth et contre laquelle il semble que les déceptions et les dégoûts de l'heure présente n'aient jamais prévalu, était comme la grâce suprême du héros et achevait de lui gagner les plus hésitants et les plus farouches. Tandis que Kléber, juge pénétrant et caustique des hommes, succombait souvent à des découragements profonds, Beaupuy continuait à suivre, sans soupçon de l'avenir, gaîment, la route qu'il s'était tracée. Et il mourut assez tôt pour emporter dans le tombeau sa confiance inébranlée, pour croire près de se réaliser au profit des survivants l'idéal prématuré de bonheur terrestre qu'il avait conçu. Il mourut au moment où les guerres de conquête allaient succéder aux guerres de défense nationale, où sous le victorieux général de l'armée d'Italie alors réputé le soutien de la République, commençait à poindre celui qui devait porter à la République le coup mortel. Il ne connut pas les heures troubles de la fin du siècle ; il n'eut pas, comme son frère Nicolas, à choisir entre un gouvernement précaire cherchant

---

(1) Ce portrait, qui fait partie de la collection Ambroise Tardieu, a paru dans certaines éditions des *Victoires et Conquêtes*. — Voir celle de 1830, tome XIII, page 166.

en vain la force dans les coups d'Etat et un général audacieux qui, par un coup d'Etat nouveau, semblait à beaucoup devoir infuser à la République une nouvelle vie et donner le repos au pays fatigué (1).

Il se présente à l'histoire sans une ombre, resté, après quatre ans des pires épreuves, digne de la consécration de Wordsworth : « *Beaupuy, que ce nom soit placé auprès des plus grands de l'antiquité.* »

(1) Nicolas Beaupuy, qui crut voir le salut dans Bonaparte et qui l'aida à devenir premier consul, ne le vit pas, il est vrai, devenir empereur, car il mourut en 1802.

12

APPENDICE

ET

DOCUMENTS JUSTIFICATIFS

APPENDICE

ET DOCUMENTS JUSTIFICATIFS

I

TABLEAU GÉNÉALOGIQUE DE LA DESCENDANCE DE MONTAIGNE JUSQU'A LA FAMILLE BACHARETIE DE BEAUPUY.

MICHEL DE MONTAIGNE,
marié à Françoise de La Chassaigne, d'où :

Léonor de Montaigne, mariée en secondes noces, étant veuve de François de Latour, à Charles de Gamaches, d'où :

Marie de Gamaches, mariée à Louis de Lur, d'où :

Jeanne-Honorée de Lur, mariée à Louis de Saint-Jean, écuyer, seigneur de La Filolie, Saint-Laurent et Fontenelles, d'où :

1° Charlotte-Suzanne de Saint-Jean, morte sans enfants.	2° Marie-Anne de Saint-Jean de La Filolie, mariée à Pierre de Villars, d'où :

1° Gabriel de Villars, curé.	2° Nicolas-Charles de Villars, chevalier, seigneur de La Filolie, de Mondésir, du Moulin-Neuf, etc., marié à Thérèse de Pic de Père, d'où :	3° Marie Charlotte de Villars, mariée à Jean Joumard des Achards, v^{te} de La Brangelie, d'où :	4° Marguerite, morte fille.

Enfants de Nicolas-Charles de Villars :

1° Jeanne-Françoise de Villars, mariée à François Bacharetie de Beaupuy, écuyer, en 1750, d'où :	2° Quitterie de Villars, mariée à Jean de Chabans en 1755.

Enfant de Marie Charlotte de Villars :

Angélique Gabrielle Joumard des Achards, mariée le 18 fév. 1738 à François-Alexandre, c^{te} de Galard-Brassac de Béarn.

1° Nicolas Charles Beaupuy, né en 1751, marié à Eléonor Bonnetou, d'où	2° Pierre-Armand Beaupuy ;	3° Louis-Gabriel Beaupuy ;	4° Michel-Arnaud Beaupuy ;	5° Jean Beaupuy, dit Guy.

1° Guy-Lucien Beaupuy, mort en 1803.	2° Pierre-Prosper Beaupuy, mort vers 1835, en qui s'est éteinte la descendance des Beaupuy

II

ACTE DE BAPTÊME DE MICHEL BEAUPUY.

(Extrait des registres de l'état-civil de la commune de Saint-Médard de Mussidan.)

Baptême de Michel Bacharetie.

Le quatorze juillet mille sept cent cinquante-cinq dans l'église paroiss. de St Médard a été baptisé Michel Arnaud de Bacharetie, fils N. et L. de Messire François et dame Jeane Beaupuy de Vilars habitans des faux bourgs pre[te] paroisse. Ont été parrins Michel de Bacharetie pour msicur Michel puic de peret (1) et Marguerite Triol pour Marie de Vilars qui nont signé pour ne scavoir de ce requis par moy.

Signé : N. PARADOL, vi.

III

ÉTATS DE SERVICE DES FRÈRES BEAUPUY.

(D'après des archives du dépôt de la guerre.)

1° BEAUPUY (Nicolas-Charles), né le 5 avril 1751, à Limœuil (2).
Sous-lieutenant sans appointements au régiment de Dauphin-Dragons, le 22 juin 1767.
Sous-lieutenant, le 12 janvier 1769.
Lieutenant, le 1er juin 1772.
Capitaine en second, le 22 février 1783.
Capitaine en premier, le 24 février 1786.
Chef d'escadron, le 1er mai 1788.
Nommé major, le 29 juin 1788, au régiment Mestre-de-camp-général-Dragons. (Ce régiment devient le 10e dragons en 1790, et Beaupuy figure sur les contrôles comme lieutenant-colonel.)

---

(1) Pic de Père.

(2) La paroisse de Saint-Médard-de-Mussidan était aussi désignée sous ce nom.

2° BEAUPUY (Pierre-Armand), né à Limœuil le 5 mai 1752.
Sous-lieutenant le 10 septembre 1769 au régiment de Tournaisie-Infanterie, devenu Royal Italien en 1775.
Lieutenant en second, le 18 septembre 1777.
Lieutenant en premier, le 24 juillet 1780.
Capitaine en second, le 1er juillet 1787.
— aux chasseurs royaux de Provence, le 30 mai 1788.
A abandonné le service le 5 avril 1789.

3° BEAUPUY (Louis-Gabriel), né à Limœuil, le 14 septembre 1753.
Sous-lieutenant au régimt de Bassigny, le 4 mai 1771.
Lieutenant en second, le 28 avril 1778.
Premier lieutenant, le 30 juin 1781.
Capitaine en second, le 1er juin 1789.
Démissionnaire, le 6 septembre 1790.

4° BACHARETIE BEAUPUY (Michel-Armand) (1), né à St-Médard, district de Mussidan (Dordogne), le 14 juillet 1755.

État fourni par M. le Ministre de la Guerre.

(Voir Bulletin de la Société historique et archéologique du Périgord. Juillet-Août 1790, page 315.)

2 mars 1773. — Sous-lieutenant au régiment d'Aunis (infanterie).
26 avril 1775. — Passé au régiment de Bassigny (devenu le 32e d'infanterie).
1er octobre 1779. — Lieutenant en 2e.
27 mai 1785. — Lieutenant en 1er de grenadiers.

---

(1) Le dossier de Beaupuy porte souvent le prénom d'Armand, que lui ont donné la plupart de ses biographes. C'est Arnaud qu'il faut lire.

15 septembre 1791. — Capitaine.

14 juillet 1792. — Capitaine de grenadiers.

21 octobre 1792. — Nommé par le général Custine lieutenant-colonel du 4e régiment de la seconde brigade de grenadiers de l'armée du Rhin.

3 mai 1793. — Nommé provisoirement chef de brigade par les représentants du peuple à Mayence.

27 juillet 1793. — Commandant la 2e brigade de l'armée de Mayence.

10 octobre 1793. — Commandant l'avant-garde de l'armée de l'Ouest.

Nommé provisoirement général par les représentants du peuple dans l'Ouest.

5 décembre 1793. — Commandant la division d'Angers.

13 mai 1794. — Chef d'état-major de l'armée de l'Ouest.

15 janvier 1795. — Confirmé dans son grade.

6 avril 1795. — Employé à l'armée de Rhin-et-Moselle.

19 octobre 1796. — Tué à l'ennemi.

Campagnes. — 1780, sur mer ; 1792, 1793, 1794, 1795 et 1796, armées du Rhin, de Mayence, de l'Ouest et de Rhin-et-Moselle.

Blessures. — Froissé et contusionné par la chute de deux chevaux tués sous lui, à la bataille de Cholet, le 17 octobre 1793. — Coups de feu à la poitrine et à la main gauche à la bataille de Laval, le 27 octobre 1793.

IV

LETTRE DU CHANOINE JEAN-GUY BEAUPUY A SA MÈRE.

A Madame de Beaupuy, à Mussidan en Périgord, route de Bordeaux.

A Arles, le 12 avril 1788.

Vous vous lasserés peut-être, bonne maman, de recevoir de mes nouvelles ; pour moi, je ne me lasserai jamais de vous en donner. J'ai de bonnes raisons pour cela. Je vous aime, et mon unique plaisir est de m'entretenir avec vous. Mais que pourrais-je vous dire ? Après trois lettres remplies de détail et d'une longueur à faire peur, oh ! vous n'êtes pas au bout. Je répéterai les mêmes choses, j'en dirai de nouvelles et avec cela je remplirai bien mes quatre pages. Je compte mercredi prochain recevoir une de vos lettres. Comme elles seront intéressantes ! Il y sera au moins question d'un mariage ; qui sçait si celui de notre aimable dragon ne sera pas aussi sur le tapis ? Sur un article aussi essentiel, bonne *mater,* jusqu'à ce que vous ayés épuisé la matière, je ne cesserai de vous faire questions sur questions. Ce seroit charmant à vous de me prévenir sur tous ces points. Comment avés-vous trouvé ma dernière épître ? Me jugés vous assez raisonnable ? Mes craintes sont-elles bien ou mal fondées ? Ne vaudroit-il pas mieux pour le bonheur commun que notre ainé prît femme et que le pauvre gros appaisât ses transports et ses feux ? Je suis pénétré de cette idée, et même elle me tracasse. Si je ne suis pas exact dans ma manière de penser, bonne maman, redressés moi. Vous sçavez que je me rends toujours aux bonnes raisons que l'on me donne, mais qu'il les faut telles pour me convertir. J'espère que Chauland me répondra bientôt et qu'il me donnera tous les détails concernant ses affaires. Je vois avec plaisir pour lui nommément que son régiment demeure à Nantes et qu'il a pour colonel un Provençal (M. le barron de Saint-Tropez, homme fort estimé dans sa province). Qui sçait s'il n'obtiendra pas une garnison dans ce pays-ci pour son régiment ? Vous perdriés et mes frères aussi à ce dérangement ; mais cloué à Arles, ne faut-il pas quelque adoucissement à ma triste position, qui devient plus triste encore chaque jour par les tracasseries peu méritées que j'éprouve ? J'en appelle à votre jugement. M. l'archevêque me fait continuellement de grands reproches pour mon voyage, premièrement parce que, étant recteur à l'hôpital de la Charité, j'avais abandonné mon poste pour aller vous voir. Vous sçaves, bonne *mater*, dans quelles circonstances j'ai été vous trouver, après quatre ans d'absence, après la perte d'un père que nous ne devons jamais oublier, après avoir été fort incommodé, enfin après avoir reçu une lettre de sa part, où il me fait espérer que l'air natal rétablira ma santé. J'avois donc son agrément, mes raisons étoient donc sans réplique ; quand je lui ai parlé à cet égard, il n'a jamais sçu que répondre. Alors il se rejettoit sur ce qu'en allant à Mussidan, j'avois été dans le comté de Foix ; mais n'étoit-ce pas pour y voir des amis qui m'avoient fait les plus vives instances ? D'ailleurs n'étois-je pas maître de disposer de mon temps ? A la bonne heure, si il m'avoit repproché de n'avoir pas mis assés d'empressement à aller vous voir. Mais vous êtes raisonnable, et, puisque vous ne m'avez pas fait le reproche, pourquoi me le fait-il ? Enfin, il ajoute que je suis *entrant*. Notés que, depuis que je suis ici, je n'ai été dans aucune société, et à peine ai-je rendu les visites du devoir. D'ailleurs, quand on ne voit que ses égaux, peut-on être traité d'homme *entrant ?* Tant pis pour lui s'il choisit si mal ses expressions. Ce qu'il y a de certain, c'est qu'il en fait très mal l'application. Malgré tout cela, *Bonne mater*, ne soyés point étonnée, je vois le but du prélat ; il sent qu'il n'a pas rempli ses engagemens vis-à-vis de moi, qu'il n'a pas fait ce qu'il auroit dû faire, il n'ignore pas l'impression que son oubli fait dans ce pays-ci, il est bien aise alors de justifier sa conduite, voilà je crois sa manière de voir. Mais on ne s'y trompe pas. On scait ou du moins je scais que ma conduite est sans reproche, et qu'il aura beau faire et beau dire, je me conduirai toujours bien, quand ce ne seroit que pour le mettre en défaut, indépendamment de la satisfaction que j'éprouve à faire mon devoir.

Jugés d'après cela si je dois avoir le cœur gros et si j'ai besoin des conseils de ma bonne mère, conseils dictés par la prudence, la sagesse et le tendre attachement qu'elle a pour des enfans qui l'adorent. J'ajouterai à tout ce que je viens de dire que, si le prélat fait quelque chose pour moi, ce ne sera que dans un temps fort éloigné. Qui scait si il verra ce temps où il se propose de me faire du bien ? Si il n'existe plus, quelle sera ma position ? A qui aurai-je recours, sans protecteur dans mon état ? Quelle existence pourrai-je avoir ? Je soumets toutes ces réflexions à votre examen le plus sérieux. Jugés, mère tendre, mais éclairée. Que ne suis-je en ce moment-ci auprès de vous pour les discuter ! Vous conviendrés que je ne trouve aucun dédommagement d'être aussi éloigné de vous ni par la place que j'occupe ni par la fortune ni par les agréments de mon état. Je dis même plus, c'est que comme parent de l'archevêque, il est humiliant d'attendre des avantages dont je devrois jouir il y a déjà longtemps et qui ne me donneront aucune espèce de relief lorsque j'en jouirai. J'ai pesé tout ce que je viens de vous dire à la balance la plus juste, je dirai même au poids du sanctuaire. Ce n'est ni le désir d'être plus riche, ni celui d'être oisif et paresseux, c'est plutot le désir de me rendre réellement utile et ensuite de jouir de ce bonheur si pur et si tranquille d'être auprès d'une famille unique dans le monde. Mais, en voilà assés sur cette matière. Uniquement occupée du bien être de vos enfans, vous ne perdés pas de vue un seul instant les objets qui peuvent le leur procurer. J'y compte comme vous devés compter sur l'attachement le plus tendre que je vous ai voué pour jamais.

J. DE BEAUPUY.

Je n'ai point encore reçeu ma malle. M. l'archevêque part après-demain pour Paris. Vous sçaurés aussi que l'abbé de Foucauld part le 16 de juin pour le Périgord. Il y va prendre possession de son abbaye. Si vous avez ma nièce auprès de vous, embrassés la tendrement pour son oncle qui l'aime affectueusement. J'écris par ce courrier à Richard, et peut-être à la reine de la Double, ma chère sœur (1). Dans ce chien de pays, je ne vois pas de distraction plus agréable que celle de s'entretenir avec ses neveux et ses amis. Mille témoignages d'amitié à M. Lasserve nommément et à tous les amis de la maison. — J. de BEAUPUY, curé de Saint-M... Eh ! je me trompe malheureusement, pauvre et triste chanoine d'Arles.

En assurant M. Dubut de mon véritable attachement priés le de vouloir bien me donner dès qu'il les aura les renseignemens que je lui ai demandés au sujet de l'abbé Roche. Vous êtes seule sans doute. Que ne suis-je où je voudrois être ! Nous serions souvent ensemble.

V

PROCURATION DONNÉE PAR Mme DE BEAUPUY A SON FILS MICHEL POUR LA REPRÉSENTER A L'ASSEMBLÉE ÉLECTORALE DE LA SÉNÉCHAUSSÉE DU PÉRIGORD. *(Archives départementales de la Dordogne.)*

Du 14 mars 1789.

Par devant le notaire royal soussigné et les tesmoins cy-après nommés fut présente dame Jeanne-Françoise de Villars, veufve de Messire François de Bacharetie, écuyer seigneur de Beaupuy,

(1) On pourrait induire de ces mots que l'abbé de Beaupuy, outre ses quatre frères, avait une sœur. Toutes nos recherches démentent cette conjecture. C'est sans doute une qualification affectueuse donnée par l'abbé à une belle et distinguée parente, peut-être même à la fiancée de Nicolas, qui, en effet, se maria peu après.

pour raison du fief de La Fillolie à lad. dame appartenant, situé en la paroisse de Saint-Laurent en Périgord, habitante les faux bourgts de la ville de Mucidant, parroisse Saint-Médard de Limeuilh, laquelle fait et constitue son procureur général et spécial Messire Michel-Arnaud de Bacharetie, chevallier de Beaupuy son fils, lieutenant au régiment de Bassigni, de présent aux présens faux bourgts, auquel lad. dame constituante donne pouvoir de pour elle et en son nom comparoir à l'assemblée générallc des trois états de la sénéchaussée de Périgueux qui doit estre tenue le seize du présent mois de mars, en exécution des lettres du Roy, données à Versailles le vingt-quatre janvier 1789 pour la convocation des États généraux, du Règlement y annexé et de l'ordonnance de Monsieur le Sénéchal de Périgueux ou de Monsieur son lieutenant, rendue en conséquence des dittes lettres le dix-sept février suivant pour se trouver à la ditte assemblée et concourir au nom de la ditte Dame constituante à l'ellection des députés de son ordre, qui seront envoyés aux États généraux dans le nombre et la proportion déterminés par la lettre de Sa Majesté, de leur donner tous pouvoirs généraux et suffisans pour proposer, remonter, avizer et consentir tout ce qui peut conserner les besoins de l'État, la réforme des abus, l'établissement d'un ordre fixe et durable dans toutes les parties de l'administration, la prospérité générale du royaume et le bien de tous et de chacuns des sujets de Sa Majesté.

Prometant lad. dame constituante agréer et approuver tout ce que ledit s[r] Procureur constitué aura fait, délibéré et signé en vertu des présentes comme si la ditte dame constituante y avoit assisté en personne.

Fait et passé auxd. faux bourgts de la ville de Mucidant et maison de lad. dame constituante susditte paroisse Saint-Médard de Limeuilh aud. Perigord le quatorzième jour du mois de mars mil sept cents quatre-vingt-neuf avant midy en présence du sieur Jean Greilh Gontier sous-lieutenant de cavallerie et maréchal des logis de maréchaussée habitant lesd. faux bourgts paroisse

Saint-George, et de Léonard du Dreuilh cler habit[1] le lieu des Bitarelles paroisse des Lesches, témoins connus qui ont signés avec lad. dame constituante et nous, ainsy signé à l'original.

VILLARS DE BEAUPUY,
GREILH GONTHIER,
DUDREUILH,
et BUISSON, *notaire royal soussigné.*

Controllé à Mucidant le quatorze mars mil sept cents quatre-vingt-neuf. Reçu quinze sols. — Signé Baron.

BUISSON, *notaire royal.*

Coppie gratis.

En marge, de la main de M. de Verteillac, grand sénéchal du Périgord, président des opérations électorales : Bacharetie, chevalier de Beaupuy, *ne varietur.*

VI

RELATION DES COMBATS DE WEILLER ET DE BINGEN (26 ET 27 MARS 1793).

(Extrait du journal de Beaupuy.)

Affaire de Weiller.

Custine ayant négligé de s'emparer du passage de Baccarach, qu'il était maître d'occuper après la prise du château de Stromberg (1), laissa aux ennemis toute facilité de passer subitement le Rhin et de tomber sur nos cantonnements de la rive gauche.

(1) Stromberg, entre Creutznach et Bacharach, avait été emporté le 20 mars par les divisions Houchard et Neuwinger. Custine l'avait évacué aussitôt, ayant été averti que l'avant-garde ennemie recevait des renforts imposants.

Leur passage s'effectua le 24 et le 25 mars, Newinger reçut ordre d'arrêter l'ennemi et de couvrir Bingen. Voici quelles étaient les ressources et quelles furent ses dispositions :

Troupes disponibles pour Newinger.

1 escadron de chassseurs....... 4 compagnies de la Corrèze....	Cantonnés en avant sur la gauche du village.
4 compagnies de grenadiers....	Au village.
4 compagnies de la Corrèze..... 4 compagnies de grenadiers....	A Weiller.
2 bataillons de grenadiers......	A Bingen.

Newinger avait donc 4 bataillons et un escadron à opposer à plus de 35,000 hommes.

Le 25 mars, l'ennemi fit une fausse attaque sur les postes avancés du village (1), ce qui engagea Newinger à faire marcher un bataillon de grenadiers vers ce village, mais l'attaque n'ayant pas eu de suite, on le fit rentrer à Bingen.

Le 26, vers les 8 ou 9 heures, les ennemis commencèrent à escarmoucher en avant du village. Cette amusette servit à couvrir le mouvement d'une compagnie du 1er régiment de grenadiers et un bataillon du 2e étaient postés sur hauteurs Y, la compagnie du 84e seule occupa la crête P et le 1er bataillon de grenadiers resta en réserve à Bingen (2).

Nous avions deux pièces de 4 sur la hauteur Y, 2 au village, 2 étaient en batterie de l'autre côté de la Nahe, vis-à-vis le débouché du chemin de Weiller et 2 autres étaient en réserve à Bingen.

Toute la matinée nos tirailleurs furent aux prises dans les bois qui vont depuis Stromberg jusqu'au confluent du Rhin et de la Nahe ; c'est derrière ce bois que l'ennemi exécutait sa marche.

(1) Waldalgesheim.

(2) La minute à laquelle Beaupuy renvoie a été détachée de son journal et perdue.

Vers midi, l'ennemi ayant gagné sa position dans un très grand front, en ordre de croissant (comme on le voit dans la minute), il commença l'attaque par une vive canonnade et un feu de mousqueterie fort roulant ; nos grenadiers se battirent bien, puisque, malgré la très grande disproportion du nombre, le feu dura près d'une demi-heure. Les trois compagnies de la droite s'ébranlèrent même pour charger à la bayonnette ; mais nos canonniers ayant abandonné les pièces, notre gauche s'enfuit et entraîna la droite.

Il est aisé de sentir combien notre retraite devenait difficultueuse pour gagner Bingen ; il fallait repasser par Weiller, où l'on n'avait pas laissé une seule garde, et l'ennemi eût pu, s'il eût soupçonné notre faiblesse, nous prendre tous. Je fis ma retraite plus tard que les autres, parce qu'un bouquet de bois me séparant de ma gauche, je ne fus averti de la déroute que par la fanfare de l'ennemi, et j'étais encore à tirailler sur la hauteur P, que les chasseurs hessois et les hussards inondaient toute la plaine jusqu'à Weiller ; heureusement, ma compagnie fit bonne contenance. Nous marchâmes serrés et nous pénétrâmes au village au milieu d'une grêle de balles.

Nous nous repliâmes sur Bingen, mais tout ce qui était au village et en avant fut taillé en pièces, hormis les compagnies de grenadiers, qui, par une marche couverte au milieu des bois, gagnèrent miraculeusement les avant-postes de Custine, vers Creutznach. Nous perdîmes les 4 pièces d'artillerie. Newinger fut coupé et ne put nous rejoindre ; il reçut plusieurs blessures et resta prisonnier.

Particularités.

Il est certain qu'on avertit plusieurs fois le général Newinger de la marche de l'ennemi et qu'il traita de visionnaires et de butors ceux qui lui donnèrent cet avis. Il crut constamment deux choses : la première, que la force se dirigeait du côté de Creutznach et qu'il n'aurait à faire qu'à des partis ; la deuxième, que l'ennemi attaquerait en avant du village et qu'il aurait toujours le temps de faire replier les postes avancés ; il fut doublement trompé : toute l'armée tomba sur nous et la véritable attaque s'effectua sur le poste le plus rapproché de Bingen, en sorte que les troupes qui se trouvaient en avant furent coupées et massacrées presque sans combattre.

Un officier d'artillerie, connu dans l'armée, coupa les traits d'un cheval d'une de ses pièces pour se sauver plus commodément. Ce brave homme vient en conséquence d'être nommé général de brigade.

Affaire de Bingen.

Les douze compagnies de Weiller, s'étant ralliées à Bingen, se réunirent au 1er bataillon de grenadiers qui s'y trouvaient en réserve ; l'adjudant-général Lafond, qui s'y trouvait, prit le commandement et fit les dispositions suivantes.

Les vingt compagnies furent rangées en bataille, le long de la [Nahe], au fond du ravin le plus étroit et le plus profond que l'on puisse imaginer. La droite appuyait à Bingen, où l'on ne laissa que quelques gardes. Ah ! établir un poste en avant du pont E, un autre sur la gauche du pont, un troisième à la chapelle Y (1). Deux pièces de 4 étaient en bataille à mi-côte de la hauteur Z et battaient le chemin creux qui conduit à Willer. Enfin, le pont E était miné et prêt à sauter, précautions nécessaires, puisque la Nahe pouvait se passer alors presque à pied sec.

Voilà notre position de défense ; venons aux dispositions d'attaque de l'ennemi. Absolument maîtres des hauteurs S et T, les généraux prussiens et hessois pouvaient, au jugement de tous les militaires instruits, nous écraser en faisant seulement rouler quelques cailloux sur nous ; mais ils nous donnèrent dans cette occasion une grande preuve de leur timide circonspection. Au

(1) Ici encore, la minute à laquelle Beaupuy renvoie a été perdue.

lieu de nous débusquer sans coup férir, de s'emparer de nos immenses magasins de vivres et de fourrages à Bingen (1), de tourner à l'instant sur Alzay, de forcer Custine à s'aventurer dans les deux ponts avec 18,000 hommes, ils se contentèrent jusqu'à la nuit de faire quelques caracoles et quelques reconnaissances sur la crête des côtes T et S ; ils attendirent la fin du jour pour les occuper sérieusement et travaillèrent enfin pendant plus de huit heures à nous entourer de batteries dont la position et l'effet sont indiqués dans la minute M. On peut dire qu'ils nous assiégèrent dans les règles et dans des règles si exactes qu'ils poussèrent la méthode jusqu'au point de nous faire sommer.

Le 27, à trois heures très précises du matin, l'attaque commença, ou pour mieux [dire], toutes les batteries jouèrent sur nous avec une vivacité singulière.

Je ne donnerai point les détails du combat, parce qu'il n'y en eût point. Le feu des ennemis fut terrible à la vérité ; mais la profondeur de notre ravin et le découragement de nos soldats en rendirent l'effet très peu meurtrier. On s'enfuit avec une telle confiance, qu'une partie traversa la ville sans chefs et gagna Nider-Ingelheim par la route des bords du Rhin ; une autre partie, dirigée par Nattes et Sainte-Suzanne, exécuta la retraite comme par miracle sur l'armée de Custine, avec les deux pièces d'artillerie. Enfin, le gros suivit Niceville, chef de brigade, par le chemin qui tourne la montagne et qui aboutit au village H. Les obuses nous incommodèrent singulièrement dans notre marche.

A Nider-Ingelheim, on se rallia et on passa la journée à prendre des positions sur les hauteurs. L'ennemi ne poursuivit pas et nous rentrâmes à Mayence, vers minuit. On dit que

(1) L'impéritie et la sottise de Lafond réparèrent à cet égard la faute des ennemis ; il se garda bien de faire évacuer les magasins ni même les habitans, tout resta dans la ville. (Note de Beaupuy.)

Lafond reçut vers minuit les ordres de Custine pour sa retraite, mais il était à table et croyait n'être attaqué qu'à la pointe du jour.

Particularités.

Lorsque le feu commença, ce lâche et imbécille Lafond courut à son écurie, monta sur un cheval, en prit un autre en main et s'enfuit au hazard.

A quelques lieues de Bingen, il rencontra Sainte-Suzanne qui conduisait les deux pièces d'artillerie qu'il avait sauvées ; ils arrivèrent ensemble à l'armée et Lafond eut l'impudence de se vanter à l'état-major d'avoir sauvé l'artillerie et fait une superbe retraite ; il fut en conséquence nommé général de brigade.

Un déserteur prussien nous avertit vers les 11 heures que le feu commencerait à 3 heures justes, ce qui se vérifia, car le premier coup de canon partit comme le troisième coup de cloche sonnait à l'horloge de Bingen.

Notre déroute fut si subite que l'on eut pas le temps de mettre le feu à la mèche toute préparée pour faire sauter la mine du pont.

On concevrait difficilement que les postes de la Chapelle et ceux qui étaient sur la gauche de l'autre rive de la Nahe ayent pu s'échapper, si l'on ne connaissait la lâcheté de l'ennemi dans l'attaque. Ils ne parurent au pont qu'une demi-heure après la disparution de nos troupes, encore furent-ils avertis de notre évacuation par des habitans de Bingen, qui, ennuyés du bombardement, passèrent dans leur camp pour le faire cesser.

VII

RAPPORT DE BEAUPUY AU GÉNÉRAL EN CHEF CANCLAUX SUR L'AFFAIRE DU PALLET (1).

19 septembre au soir (1793).

L'avant-garde de ma division, à peine arrivée au Pallet, on a entendu quelques coups de fusil tirés du château de la Galissonnière sur des gendarmes. J'ai fait reconnaître la route qui est en avant de ce château, ainsi que les vignes voisines. L'avant-garde s'est emparée avec peu de difficulté de la hauteur en avant de la Galissonnière sur la Solite ; j'y ai porté quatre bataillons, j'en ai laissé un au Pallet.

Pendant qu'on plaçait les postes, j'ai été moi-même reconnaître la croix Moriceaux, que j'ai trouvée évacuée. Pendant cette reconnaissance, une fusillade assez vive a commencé entre mes postes de la droite de la route et l'ennemi. J'ai été obligé d'y faire porter un bataillon ; les Vendéens n'ont pas tenu longtemps.

Une heure après, quelques-uns de nos tirailleurs s'étant emparés du château de Hauteville, et s'étant retirés presque aussitôt, la fusillade a recommencé ; elle a étendu son feu jusqu'aux postes qui bordent parallèlement la droite de la route, depuis un moulin à vent sur la hauteur, jusque vers le château de la Galissonnière. Un renfort que j'ai envoyé du moulin à vent, a fait cesser, vers sept heures du soir, cette fusillade sans objet de la part de l'ennemi.

Labruyère et Genét, deux officiers du trente-deuxième, ont été blessés. Le premier venait de perdre son cheval tué sous lui ; il allait périr, il a été sauvé par son lieutenant Rappin.

---

(1) *Savary*, vol. II, p. 177.

Je dois aux braves soldats que je commande, de dire que jamais je n'ai vu une meilleure volonté, un courage plus froid que celui qu'ils ont montré ; oui, mon général, quand je serais battu, jamais ce ne sera la faute de nos braves républicains.

Signé : M. BEAUPUY.

VIII

RAPPORT DE BEAUPUY AU GÉNÉRAL EN CHEF L'ÉCHELLE SUR LE COMBAT DE SAINT-CHRISTOPHE (1).

15 octobre 1793.

Quand je vous rencontrai hier près de Chollet, vous parûtes désirer que je vous rendisse compte du combat de Saint-Christophe, je m'empresse de satisfaire à votre invitation.

Au moment où je reçus vos ordres de marcher sur Chollet, il pouvait être deux heures, et je fis cette observation à mes frères d'armes.

J'étais à un quart de lieue de la lande de la Haye, quand deux chemins s'offrirent à moi ; celui de gauche conduisait à Saint-Christophe et Chollet, et celui de droite aboutissait à la chaussée de Mortagne à Chollet ; mais il me parut plus étroit que le premier.

Déjà la tête de l'avant-garde était engagée dans celui de droite, quand réfléchissant sur l'incertitude que j'avais observée dans les réponses de mes guides. je me décidai à l'arrêter. Je désirais prendre le plus court pour arriver à Chollet, mais je voulais aussi mes canons. Tout-à-coup une fusillade se fit entendre sur ma droite ; je vis la colonne de Luçon engagée ; alors mon

(1) *Savary*, vol. II, p. 255.

parti fut bientôt pris. J'ordonnai au chef de bataillon Tyran, et à l'adjudant général Labruyère, de voler au secours de nos frères d'armes de Luçon. Je me portai sur-le-champ à l'embranchement des deux chemins. Là heureusement je rencontrai l'adjudant général Guillaume. Je lui fis part des dispositions que j'allais prendre, je lui prescris d'ordonner à la partie de l'avant-garde, commandée par le chef de brigade Targes, de marcher sur Saint-Christophe et de demander six bataillons au général Vimeux.

Je pars, il était temps. Deux de mes ordonnances que j'envoyais en avant pour m'éclairer revinrent précipitamment, repoussées par l'ennemi. Je les fais soutenir par les deux autres qui me restaient, et je me porte sur une éminence d'où je découvrais parfaitement les positions avantageuses des Vendéens, mais ils étaient trop mal disposés pour en tirer de grands avantages. Tous étaient fixés, mais sur un terrain immense ; leur seule cavalerie, forte de deux cents chevaux, se remuait beaucoup, mais sans déterminer une attaque.

Je fus seul peu de temps ; Targes arrive, ainsi que l'adjudant général Dubreton et Savary ; ils partagèrent ma joie qu'ils ne crurent pas prématurée. Mes dispositions étaient faites et ils les exécutèrent bien vite.

Targes porte la légion des Francs en bataille dans une position où le canon de l'ennemi ne pouvait guère l'incommoder. Le premier bataillon des grenadiers réunis est placé sur la droite. Arrive l'artillerie commandée par Barris, et au premier coup de canon ces deux bataillons partent, ainsi que je l'avais ordonné. Bientôt je les vois gravir les hauteurs : ce fut l'affaire d'un moment. Bientôt ces milliers de *chrétiens* fuient devant neuf cent républicains. Les canonniers continuaient de tirer, mais je leur observai qu'ils pouvaient atteindre quelques-uns des nôtres, et qu'ils feraient mieux d'aller se servir des pièces que l'on venait de prendre à l'ennemi. Ils partent, et les voilà à faire feu sur les rebelles et à compléter leur déroute.

Cependant, quoique les grenadiers et chasseurs les poursuivissent vigoureusement, je n'étais pas tranquille sur ma gauche, où je n'avais que le détachement des chasseurs de la Côte-d'Or. Je ne fus satisfait que lorsque je vis arriver une partie de mon corps de bataille. Je laisse deux bataillons à Dubreton pour le défendre, et je me porte aussitôt à la position d'où l'ennemi avait été chassé. Je ne pouvais arriver plus à propos ; déjà l'on voyait les drapeaux blancs flotter et une longue colonne qui se dirigeait du château de la Tremblaye sur Saint-Christophe. La vue de ma petite colonne parut les fixer et ils s'arrêtérent. C'était une belle occasion pour les foudroyer, mais les canonniers que j'avais envoyés pour servir les deux pièces enlevées dans cette position, s'étaient portés à d'autres plus éloignés de ce point. Je me désolais; alors les officiers, les volontaires, les ouvriers, tous s'emploient à ma prière, et les voilà devenus assez bons canonniers pour décider l'ennemi. Il traverse Saint-Christophe et marche fièrement sur Mortagne ; mais Dubreton était là avec ses deux bataillons parfaitement rangés en bataille. Il ordonne le feu à portée de pistolet, avec tant de précision et d'ensemble, que rien ne peut y résister. Une déroute totale s'ensuivit ; il fallait leur voir jeter leurs sabots !...

Ce fut dans ce moment que le représentant Merlin arriva. Je manquais de pointeurs, je ne le priai pas deux fois de m'en servir, et la justesse de son tir, ainsi que celle des canonniers que j'avais laissés dans ma première position, dont tous les coups prolongeaient l'ennemi, ne contribuèrent pas peu à terminer ce combat de trois heures.

Je ne nomme personne. Commandans, officiers, volontaires, tous se sont battus en vrais républicains.

Vous dire la perte de l'ennemi, je n'en sais rien ; mais vous apprécierez ce qu'ont pu produire, pendant trois heures consécutives, le feu de quatre pièces dont deux de huit, les baïonnettes et les cartouches de deux mille cinq cents hommes aussi déterminés.

Notre perte n'est pas forte en hommes, mais elle est bien grande en sujets ; de mes trois adjudans généraux, deux sont perdus pour la République. L'intrépide et vrai républicain, Besson, mon ami, a été tué, écrasé par le nombre qu'il bravait. Labruyère, mon ancien frère d'armes, a reçu deux balles qui lui traversent le corps et il a été criblé de coups de baïonnettes ; Tyran, commandant des chasseurs de Cassel, a été tué. Il n'était arrivé que la veille de chez lui où une longue maladie l'avait retenu ; un de mes adjoints, Guérin, a eu le bras droit traversé d'une balle ; plusieurs autres officiers ont péri.

Encore un résultat bien sûr : sept pièces en bronze, dont trois de huit, sont en notre pouvoir.

IX

SUR LA MORT DE L'ADJUDANT-GÉNÉRAL BESSON

Nantes, le 20 nivôse l'an 2e de la République une et indivisible (9 janvier 1794).

Beaupuy, général de brigade, à Alexandre Besson (1).

Il n'est plus ton brave frère ; il est mort comme il a vecû en vrai republicain !

Toujours zélé, toujours entreprenant, il m'avoit demandé la permission d'entrer à Mortagne avec l'avant-garde légère ; mais allant au delà de sa mission, il se mit à poursuivre l'ennemi

(1) Alexandre Besson, frère de René, était employé au ministère de la guerre.

(Cette lettre n'est qu'une copie conservée dans la famille de Mme Roman, mais de l'époque.) — Note de M. F. Villepelet, archiviste du département de la Dordogne.

jusqu'auprès de Chollet, et c'est là qu'accablé par le nombre de ces scelerats, il a succombé sous leurs coups !

Ta douleur doit être grande et la mienne aussi : si tu as perdu un frère, j'ai perdu un ami ! Tous les rapports nous liaient et surtout ceux de l'opinion, ensemble nous étions bien forts, et dans un tems ou nos affaires ne prospéroient pas comme aujourd'hui ! Comme il jouiroit le malheureux ! Comme tout ce que nous disions se vérifie ! Quel avancement l'attendoit ! Tu l'eus vû à la tête des armées de la République ! Je n'ai pas connu dans l'armée de jeune homme plus brave (il l'étoit jusqu'à la témérité ! Je ne crois pas qu'il m'ait donné d'autre sujet de me fâcher contre lui !), plus intelligent, plus instruit, plus capable : l'amitié ne m'aveugloit point, j'allois le prendre pour mon chef d'état-major. Mais j'alimente ta douleur au lieu de l'affoiblir. Adieu, je dois finir et pour toi et pour moi.

Signé : M. BEAUPUY.

P.-S. — Tu ne me fais point de reproches de ne t'avoir pas écrit, et tu as raison, il y avoit peu de jours que j'avois perdu mon ami, quand moi-même je fus blessé mortellement à Laval. Je me rappelle qu'un de ses anciens camarades vint à moi réclamer une somme qu'il lui devoit, je lui fit remettre d'abord 50 livres que je devois à René, et puis les effets qu'il avoit dans mon fourgon, qui furent estimés à peu de chose autant qu'il m'en souvient : je n'ai conservé que son portefeuille, et tu le recevras aussitôt que je serai à Angers.

Depuis longtems ta pénible incertitude eût cessé, si il avoit plû au général Léchelle de faire connoître au Ministre le rapport que je lui fis dans le tems du combat de Saint-Christophe : le sentiment et la vérité y parlent en peu de mots de notre pauvre René ! Après ma convalescence, à la demande des représentans du peuple et au vœu de mes frères d'armes, j'en envoyai une copie au Ministre, mais je n'en ai point de reçu : elle est datée d'Angers du 21 frimaire. Si tu es curieux et que tu ne la trouve pas, marque le moi, je te l'envoyerai.

Mucidan, le 6 ventose l'an second de la République indivisible et indestructible.

M. Beaupuy, général de brigade, à Plumais, capitaine au 12e bataillon de la République (1).

Oui, citoyen, il est mort le brave René ! Il a été tué à Saint-Christophe en combattant glorieusement les plus dangereux ennemis de notre patrie ! La République, en le perdant, a été privé de l'un de ses plus braves deffenseurs, et moi du meilleur de mes amis....

Ce que je t'écris, je l'ai mandé à son frère Alexandre, en lui envoyant son portefeuille. Dans le tems, en faisant ces détails du combat de Saint-Christophe, près Mortagne, j'ai fai le rapport de sa mort au général en chef ; mais il ne jugea pas à propos d'en faire part au public.

Salut et fraternité.

M. BEAUPUY.

---

(1) Lettre autographe signée, appartenant à Mme Roman, femme de l'ingénieur en chef des ponts et chaussées du département de la Dordogne et petite-nièce, par son père de René Besson, dont il est question dans cette lettre, adjudant-général à l'armée de l'Ouest. René Besson était né à Prange, le 2 mars 1770, et il mourut le 15 octobre 1793, sur la route de Mortagne à Cholet, en combattant les Vendéens.

L'adresse de cette lettre est : « Au citoyen Plumais, capitaine au 12e bataillon de la République, à l'armée de l'Ouest, à Montglone (Maine-et-Loire), » cachetée par un sceau en cire rouge portant entrelacées les deux lettres, M. B.

Plumais était un cousin de Besson.

Aux pièces précédentes étaient joints deux certificats, l'un du 5 thermidor an II, l'autre du 8 ventôse an III, de la Commission de l'organisation et du Mouvement des armées de terre, constatant, d'après les pièces déposées dans ses bureaux, que François-René Besson, adjudant-général provisoire, employé à l'armée de l'Ouest, est mort glorieusement le 15 octobre 1793 (vieux style), sur la route de Mortagne à Cholet, « en combattant les brigands de la Vendée. » — (Note de M. F. Villepelet.)

X

Le général Beaupuy au général en chef Léchelle (1).

21 octobre 1793.

Nous allons, nous allons toujours, rien n'arrête l'avant-garde, elle suit les représentans du peuple.

A Saint-Florent j'ai fait de nouvelles dispositions d'attaque sans votre participation, mais j'étais avec les représentans du peuple Merlin, Turreau, Choudieu et Bourbotte, qui non seulement les ont agréées, mais même me les ont conseillées.

Le citoyen Merlin, avec un parti, s'est chargé d'observer la partie d'Ancenis ; le général Canuel, de passer la Loire avec la colonne de Luçon, et moi, avec l'avant-garde, je suis arrivé, après douze heures de marche, à Angers, où les rebelles se dirigeaient. Il paraît que déjà ce mouvement a produit quelques effets. L'ennemi, qui paraissait très irrésolu, s'est décidé ; il marche sur Condé. Je ne puis attendre vos ordres, trop de distance est entre nous deux, mais je me concerterai avec le général Canuel et le général Olagnier, qui occupe une position à Saint-Georges, et j'espère que la République verra dans peu de jours la fin de cette étonnante et affreuse guerre.

XI

PLANTATION D'UN ARBRE DE LA LIBERTÉ A MUSSIDAN (2).

(Sans date.)

Le commissaire chargé de diriger la fête invite le capitaine de la garde nationale à faire mettre sous les armes un détachement de vingt ou trente volontaires pour escorter les autorités

(1) *Savary*, vol. II, p. 283.

(2) Copié sur l'original communiqué par M. Chastanet, percepteur à Sarlat.

On a conservé un remarquable discours prononcé par Nicolas Beaupuy, alors maire de Mussidan, le 15 août 1793, dans une autre fête

constituées depuis la salle de la commune jusques dans l'église paroissiale en passant devant le Cheval-Blanc et en suivant la grande rue, celle de Saint-George, etc. Il voudra bien placer deux gardes à l'entrée du sanctuaire, afin qu'il n'y ait que les autorités constituées qui puissent s'y placer avec les deux doyens d'âge, le jeune Rigaudie et les six chanteuses.

Il voudra bien également faire tirer le canon ce soir au moment de la retraite, faire battre la générale demain matin entre six et sept après un autre coup de canon, et faire battre le rappel à deux heures et demi après midi, après un autre coup de canon. Il est aussi invité à faire faire un roullement de tambours après chaque discours qui sera prononcé dans l'église paroissiale. Lorsque le president aura donné l'accolade, il voudra bien à la tête du détachement accompagner de nouveau les autorités constituées jusqu'à la place de la réunion pour la plantation de l'arbre de la Liberté, et aussitot après que les danses seront terminées (ce qui ne doit pas être long), reconduire les autorités constituées jusqu'à la salle de la commune.

Salut et fraternité.

J.-Guy Beaupuy, *curé*.

---

civique, célébrée en commémoration du 10 août. Nous en citons ce simple passage comme reflet de la situation locale sous la Terreur : « Oh ! » mes concitoyens ! je ne puis finir sans reposer un instant ma pensée sur » la petite partie de territoire que nous habitons, et sans former des vœux » ardents pour qu'il ne soit porté aucune atteinte à la paix et à la tran- » quillité qui, dans ce district, n'ont reçu que les altérations inséparables » du temps où nous sommes ! Si nous ne pouvons pas donner l'exemple » de toutes les vertus brillantes, continuons au moins à donner celui de » toutes les vertus qui caractérisent les bons Citoyens. Respect et obéis- » sance aux lois, paix et union entre nous, fraternité et humanité pour » tous nos semblables, et dévouement absolu à la patrie : ce sera dans » cette circonscription de devoirs et d'actions que nous trouverons toujours » la jouissance d'un bonheur que nous chercherions vainement ailleurs. » *Société des Amis de la Liberté et de l'Egalité séante à Mussidan. Plaudet, président.* (Communiqué par M. Devise, secrétaire de la mairie de Mussidan, d'après un document appartenant à M. Dufayot.)

XII

LETTRE DU GÉNÉRAL BEAUPUY AU GÉNÉRAL VIMEUX (1).
(Machecoul.)

17 mai 1794.

Les difficultés de la guerre du Marais n'ont point été exagérées, mon cher Vimeux ; il faut les avoir vues pour en avoir une idée juste.

Ce qui m'occupe dans ce moment, c'est de faire ouvrir des communications de différens points de la circonférence au centre. Il faut du temps et de la patience, mais je les emploie à en assurer le succès. Ce soir, je commence ma grande tournée et à mon retour tu en auras les détails.

Je connais les besoins du général en chef sur une aussi grande étendue de terrains ; je n'ose faire entendre les miens, mais si tu pouvais me faire passer le dépôt du cent-neuvième, j'en tirerais parti et j'aurais enfin un corps entier.

La jeunesse de Bourgneuf nous est très nécessaire dans nos opérations de la forêt de Princé, elle combat et elle nous guide, mais elle est en réquisition et elle va partir. Je doute qu'elle puisse être plus utile à la République ailleurs que dans ses foyers.

XIII

Le général Beaupuy, chef de l'Etat-Major, au Comité de Salut public. (Niort) (2).

24 juin 1794.

Par l'arrêté du 4 mai, il est prescrit de pousser les brigands vers la Loire, mais il faut des forces suffisantes pour y parvenir.

Ce n'est pas assez de cinq camps, il en faut huit au moins et

(1-2) *Savary*, vol. III, p. 495 et 571.

plusieurs encore seront divisés pour former un cordon sur une étendue de plus de vingt-quatre lieues.

Il faudrait devant Nantes sept mille hommes, à Machecoul quatre mille, à Challans et Saint-Gilles cinq mille, aux Sables quatre mille, à Luçon six mille, à Bressuire sept mille, à Doué huit mille. Total nécessaire........................ 41,000

Outre cela, deux cents lieues de côtes à garder de Paimbeuf à Royan ; il faudrait au moins pour cet objet.. 20,000

Total en infanterie.............. 61,000

Pour l'exécution de ce plan, il ne reste que trentre-trois mille hommes, dont dix mille neuf cents sans armes.

La cavalerie et l'artillerie attachées à l'armée suffisent.

XIV

Beaupuy, chef de l'Etat-Major, à la neuvième Commission de la Guerre. (Niort) (1).

10 juillet 1794.

Voici le résultat de la situation de l'armée de l'Ouest :

Cette armée était composée de............	56,223 hommes
Il en est parti pour différentes armées.....	25,500 —
Reste à l'armée de l'Ouest.......	30,723 hommes.

Observations. — Il manque aux vieilles troupes, savoir :

Fusils, plus de..................	10,000
Baïonnettes....................	12,000
Sabres........................	3,000
Pistolets......................	3,000

(1) *Savary*, vol. IV, p. 19.

XV

Le général Beaupuy, chef de l'Etat-Major, au général Bonnaire (1).
(Fontenay.)

27 juillet 1794.

L'intention du général en chef est qu'il soit établi des signaux par le feu, sur les hauteurs de Bourneau, à l'arbre du Gué. Demain, à six heures du matin, on en fera l'essai.

Tu voudras bien établir de semblables signaux entre la Châtaigneraie et le camp de Cliché. Ce moyen de correspondre peut être d'une grande utilité au besoin. Tu concerteras les mesures à prendre à cet égard avec le général Legros, qui commande le camp de Cliché.

XVI

Le Général Bonnaire au Général Vimeux (2).
(La Châtaigneraie.)

4 août 1794.

Les deux colonnes du camp de Fontenay, aux ordres de l'adjudant-général Fravot, et du pont Charon, aux ordres de l'adjudant-général Saint-Sauveur, ont exécuté hier le mouvement qui leur était ordonné sur Pouzauge et Cerizais. L'ennemi réuni en grand nombre a été attaqué à Cerizais et a perdu près de quinze cents hommes. Le général Beaupuy, qui a dirigé l'attaque en personne, peut rendre un compte satisfaisant de la bravoure de la troupe.

(1-2) *Savary*, vol IV, p. 45 et 65.

XVII

Le général Beaupuy, chef de l'Etat-Major, au général Guillaume. (Fontenay) (1).

6 août 1794.

Tes forces ne sont pas considérables... ; établis des signaux ; dans peu de temps on se porte mutuellement des secours. Je t'envoie un officier d'artillerie pour raccorder les feux avec Fontenay, pont Charon et les Sables.

XVIII

Le général Beaupuy, chef de l'Etat-Major, au Comité de Salut public. (Fontenay) (2).

18 septembre 1794.

Les représentants ont commencé hier leur tournée. Cette absence sera vraisemblablement longue, et je vous dois un rapport décadaire ; le voici :

Les récoltes sont faites. Le camp de La Roullière a été enlevé par les rebelles ; il est réoccupé. Le camp de Fréligné a été forcé (3), la troupe s'est repliée sur celui de Ligneron. Le château de Passavant, où sont retranchés trois cents hommes, a été attaqué. L'ennemi avait mis le feu aux maisons et meules de paille qui l'environnent ; cette ruse n'a pas réussi, il s'est retiré en mettant le feu partout sur son passage.

(1-2) *Savary*, vol. IV, p. 66 et 117.

(3) Ce camp fut surpris par Charette le 14 septembre.

XIX

Beaupuy, Chef de l'Etat-Major, au Comité de Salut public. (Fontenay) (1).

COMPTE DÉCADAIRE.

13 octobre 1794.

L'adjudant-général Cordellier, commandant le camp de Pierre-Levée, sous les Sables, s'est porté dans la nuit du 1er octobre sur Martinet avec six cents hommes d'infanterie et soixante cavaliers. On lui avait annoncé un rassemblement : il n'a trouvé que quelques rebelles, dont quarante ont été tués. Il demande une augmentation de forces pour pouvoir approvisionner la place des Sables en bois et en grains.

Depuis l'enlèvement du camp des Moutiers-les-Maufaits, les rebelles ne cessaient de faire des courses sur la route des Sables à Luçon, entre les postes d'Avrillé et Saint-Cyr ; ils se réunissaient au château du Givre, où Delaunay commandait. Des ordres ont été donnés pour occuper ce château. Le 3, deux cents hommes de Saint-Amand et vingt-quatre dragons s'y sont établis. L'amazone Bucly, célèbre par ses cruautés, est venue l'attaquer ; elle a été repoussée vivement ; elle a fait une nouvelle tentative avec plus de forces, mais le poste ayant été fortifié et le château crénelé, les rebelles ont été obligés de prendre la fuite, quoique six fois plus nombreux.

Des renseignements multipliés annoncent de grands rassemblements ; on tâchera de les prévenir. On regrette d'être hors d'état de les attaquer les premiers.

Le 9, on avait projeté un enlèvement de bois aux environs des Sables, sous l'escorte de cent cinquante fantassins et vingt chasseurs à cheval. Les rebelles, prévenus sans doute, se sont présentés au nombre de trois cents hommes et de cent de cavalerie. Le détachement a été forcé à la retraite avec perte de onze volontaires. Le chef des rebelles avait un chapeau bordé en or.

(1) *Savary*, vol. IV, p. 148.

XX

LETTRE DE FRANCASTEL, REPRÉSENTANT DU PEUPLE, AU GÉNÉRAL BEAUPUY (1).

Angers, 19 nivose (8 janvier 1794).

Je te félicite, général, de n'avoir pas été la proie de Charrette; je félicite *Angers*, si tu y reviens avec un caractère public; je me félicite en particulier si je puis t'y voir souvent. Tu me trouveras changé et probablement gardant le lit. Mes forces m'abandonnent, le travail m'accable, ma chétive santé s'use. Qu'importe ? La patrie triomphe de toutes parts. — Je t'embrasse, ainsi que nos chers collègues, dont je n'ai reçu aucune nouvelle depuis neuf jours; c'est toi qui m'as appris la réduction de Noirmoutiers. Je signerai avec intérêt l'arrêté qui te concernera, c'est la 1re promotion de Général que je me serai permise et que je ne me reprocherai point.

Salut et amitiés. FRANCASTEL.

XXI

Faury, commandant du 4e bataillon de la Dordogne, à Beaupuy (2).

La Montagne Isle R. (Ile de Ré), le 14 thermidor l'an 2e de la République française une et indivisible *(2 juillet 1794)*.

Frère et ami,

Le conseil d'administration du 4e bataillon de la Dordogne m'a chargé de la commission aussi agréable que flatteuse pour moi de te témoigner sa reconnaissance de la manière franche et

(1-2) Originaux communiqués par M. Jules Dussol.

amicale dont tu en as usé avec le citoïen George, son émissaire, et lui en particulier me charge de t'exprimer combien il y a été sensible. Il nous a en même temps fait part que tu désirais que le citoïen Ducongé, v[re], que tu nous a envoyé remplaçât le nommé Pougé v[e] de la 1re Cie et de la commune de Beaucey (Bosset), district de Mussidan. Nous nous bornons à te dire que pour la dernière lettre que nous t'avons adressée tu auras vu que nous ne voulons avoir d'autres volontés que les tiennes. Eh bien ! nos sentiments sont toujours les mêmes et peu susceptibles de changer. Tu peux donc décider à ce sujet ce que tu jugeras à propos, nous exécuterons toujours aveuglément tes ordres. Voilà notre réponse.

Le citoïen Georges nous a encore communiqué que tu désirais que nous suivissions un mode sur les évolutions militaires et le maniement des armes plus bref et moins compliqué. Nous te prions de nous le faire passer et nous nous empresserons de nous y conformer et de prouver par là que nous sommes aussi prompts que zélés à exécuter tout ce qui tend au bonheur commun qui dépend essentiellement de l'instruction de la troupe ; ce motif seul est un aiguillon plus que suffisant pour notre amour propre. Telle est l'expression des sentiments de véritables républicains aussi chauds amis qu'ils sont fermes partisans de la liberté et de l'égalité.

Salut et fraternité. FAURY, *commandant.*

(Suscription : *S. Martin en Rhé. — Au Citoïen Républicain Beaupuy, chef de l'Etat-Major général de la place de Niort, à Niort.)*

XXII

Le général Beaupuy au général Cambray. (Nantes) (1).

9 janvier 1795.

Boussard est employé dans la troisième division : ainsi, général, te voilà commandant de toutes les troupes dans cette partie qui est bornée au nord par la rive gauche de l'Achenau, la Loire et la mer ; et au sud, par la rive droite de la rivière de Vie. A l'est, ton commandement s'étend jusqu'à Montaigu ; à l'ouest, il comprend les îles adjacentes aux côtes qui s'étendent depuis Paimbeuf jusqu'à la rive droite de la Vie.

Quoique tu ne doives aucun compte à Descloseaux, tu continueras comme par le passé de lui adresser aux Sables l'état de situation de ta brigade. Je désire que l'on profite de ce moment de calme pour s'occuper de théorie. J'ai remarqué en général qu'il y avait peu d'instruction dans l'armée. Ne perds pas de vue cet objet essentiel.

Adieu, je compte beaucoup sur ton exactitude et sur ta vigilance. Aussitôt qu'il me sera possible, j'irai te voir.

Le général Beaupuy à l'adjudant-général Savary. (Nantes) (2).

18 mars 1795.

Il faut ajourner la théorie, mon cher Savary ; il faut encore se contenter de notre vieille routine : les circonstances le commandent ; mais dis à nos élèves que l'ajournement ne sera pas long et que je m'empresserai de les rappeler aussitôt que le moment sera venu... Six mille hommes de ma division que je dois réunir dans le camp de Ragon dans l'espace d'une décade !... Aussitôt que Cambray sera rendu à Machecoul, tu viendras me trouver ici. Dis à Delaage que je lui écrirai, ou qu'il se rende à Nantes, ce qui vaut mieux encore. Adieu, au plaisir de te voir.

(1-2) *Savary*, vol. IV, p. 251 et 406.

XXIII

L'adjudant-général Savary au Général Beaupuy (2).
(Machecoul.)

18 mars 1795.

Votre ordre relatif au mouvement des troupes qui doivent se rendre au camp de Ragon m'a été remis aujourd'hui. J'ai pris de suite les mesures nécessaires pour son exécution. Je me tiendrai prêt à vous aller rejoindre à l'armée de Cambray. J'avoue que je suis fâché d'interrompre notre cours de théorie ; la plupart des officiers ont fait des progrès rapides, plusieurs savent déjà les trois écoles ; mais les circonstances commandent, il faut bien s'y soumettre. — J'ai fait rassembler ce soir la troupe composant la garnison de Machecoul, et je lui ai donné lecture de la loi relative à la rentrée de la Vendée dans le sein de la République. J'en avais prévenu les administrateurs du district qui se sont réunis à nous. Nous avions aussi pour témoin M. de Couetus, l'un des chefs de la Vendée ; il était arrivé hier ici, et il a retardé son départ pour assister à la fête de la paix. La lecture de cette loi a été suivie de vives acclamations inspirées par l'amour de la République et de la paix. Cependant un petit incident est venu me donner quelques inquiétudes. Un officier vendéen, qui m'a dit être de l'état-major de Charette, et qui accompagnait M. de Couetus, m'a proposé en particulier de lui procurer de la poudre *pour faire des réjouissances et célébrer la paix*. J'ai prié M. l'officier de partir sur-le-champ, pour sa propre sûreté. Adieu, mon cher général, portez-vous bien.

---

(1) *Savary*, vol. IV, p. 407.

XXIV

L'adjudant-général Beker, employé près le Général en Chef, au général Beaupuy. (Chollet) (1).

27 mars 1795.

Je commence à croire, mon cher général, que nous parviendrons à pacifier cette partie de la Vendée sans être forcés de recommencer les hostilités. Aucun rassemblement de Vendéens ne s'est présenté sur notre route de Thouars ici. Nos troupes, que l'on maintient dans les bornes d'une discipline sévère, n'inspirent plus la même terreur aux habitants de ces contrées, et la confiance semble renaître. Je désire que vous trouviez les mêmes dispositions sur votre direction.

(Beker raconte une entrevue qu'il vient d'avoir avec Stofflet, qui semble disposé à capituler.)

Adieu, mon cher général, au plaisir de vous voir bientôt et de vous embrasser de bon cœur.

XXV

L'adjudant-général Savary au Général Beaupuy. (Chollet) (1).

4 avril 1795.

Je me félicite, mon cher général, de n'avoir aucune plainte à vous faire sur la discipline et la marche de la colonne sous mes ordres, depuis notre départ du camp de Ragon jusqu'ici. Nous n'avons été contrariés que par les mauvais chemins ; heureusement tout est arrivé sans encombre. J'ai vu avec plaisir que les habitants ne fuyaient plus à notre approche. Si j'ai eu à souffrir, c'est du spectacle des ruines qui couvrent le pays ; mais j'ai éprouvé un instant de jouissance bien douce en approchant des murs de

(1-2) *Savary*, vol. IV, p. 413 et 448.

la Regripière. La vue de ces murs m'a rappelé qu'au mois d'octobre 1793, dans notre marche de Beaupreau sur Nantes, tandis que vous partiez sur Angers, nous avions trouvé, Kléber, Marceau et moi, près de ces murs, deux petites filles renfermées dans des paniers, que la frayeur des parens avait fait abandonner. Ces enfants furent conduits à Nantes et confiés aux soins d'une famille que je connaissais particulièrement. Désirant me procurer quelques renseignements à ce sujet, je me suis approché d'un habitant du village, qui travaillait tout près de là, et après quelques propos pour le rassurer sur nos intentions, je lui ai parlé de ces deux enfans abandonnés dans des paniers, et je lui ai demandé s'il en avait entendu parler. — Oui bien, m'a-t-il dit, ces pauvres petites appartenaient à un riche meunier de mes voisins. Le père et la mère ont été en grande désolation de leur perte, ils n'en sont pas encore consolés. — Eh bien ! ai-je répondu, ils les retrouveront... J'ai aussitôt écrit au crayon l'adresse de la famille qui en avait soin.... Remettez ce papier au meunier; dites-lui que ses petites filles se portent bien et qu'il pourra les aller chercher quand il le voudra. Adieu, puissions-nous vivre en paix !

Ce brave homme ne savait comment exprimer sa joie et son étonnement.

XXVI

Le Président de la Commission militaire au général Beaupuy. (Chollet) (1).

6 avril 1795.

Je te rends compte que la commission vient de rendre un jugement contre les quatre chasseurs à cheval du quinzième régiment qui ont été traduits devant elle. L'un d'eux est condamné à mort, les trois autres subissent la détention (2).

Signé : THOMAS.

---

(1) *Savary*, vol. IV, p 449.

(2) Le général Beaupuy commandait la première division à Chollet ; la seconde était commandée par le général Caffin à Chemillé et la troisième

XXVII

L'adjudant-général Savary au Général Grouchy, chef de l'Etat-Major. (Chollet) (1).

13 mai 1795.

Je vous fais passer, général, l'extrait d'un jugement rendu à Chollet, le 6 avril, par une commission formée par ordre du général Beaupuy, contre quatre chasseurs du quinzième régiment accusés de pillage avec menace (2). C'est le seul jugement rendu dans cette division, depuis notre entrée dans la Vendée....

XXVIII

PLAINTES DU PAYS D'OCCUPATION A BEAUPUY (3)

ARMÉE
DE RHIN-ET-MOSELLE

Liberté - Egalité - Fraternité

Landau, le 10 fructidor l'an... de la République une et indivisible *(27 août 1795).*

L'Administration du district de Landau au Citoïen Général commandant à Caudel.

Citoïen Général,

Par l'entretien que nous avons eu avec vous, il y a quinze jours, relativement à la rixe qui a eu lieu à Bergzabern, nous avons été parfaitement convaincus de vos sentiments de justice et d'humanité, ce qui nous engage à vous faire part de la malheureuse situation dans laquelle se trouve la commune de Wœrth.

---

par le général Bonnaire à Bressuire ; la troupe manquait de pain depuis plusieurs jours ; les chasseurs furent accusés d'en avoir enlevé dans une maison habitée ; on pensa qu'un exemple était nécessaire, et l'arrêté des représentans du 23 mars reçut son application. (Note de Savary.)

(1) *Savary,* vol. V, p. 21.

(2) Ce pillage était du pain enlevé d'une armoire.

(3) Original communiqué par M. Dussol.

Il ne peut vous être inconnu que les habitants de cette commune ont essuyé, il n'y a pas longtemps, une inondation très désastreuse, qui en a ruiné la plus grande partie.

Il est d'autant plus injuste et inhumain de maltraiter les habitants de Wœrth de la façon révoltante qu'ils viennent nous annoncer les larmes aux yeux. Nous sommes fachés de vous informer que ce sont encore des troupes qui sont sous vos ordres qui exercent envers eux tout ce que l'on peut s'imaginer de plus barbare. Le récit de toutes les extravagances qu'ils commettent serait trop long à détailler ; mais nous trouvons essentiel de citer quelques faits.

Le Procureur de lad. commune allant dans ses champs trouva un canonnier sur un poirier prêt à couper une branche chargée d'environ une corbeille de fruits. Il lui disait qu'il devait plutôt cueillir les poires que d'en détruire les branches, sur quoi le canonnier descendit et lui jeta des pierres. Le propriétaire de l'arbre qui y est survenu fut traité de la manière la plus inhumaine, et le capitaine du canonnier fit mettre le Procureur en prison.

Le 8 fructidor dernier, le maire se trouva en fonctions dans une maison, décoré de son écharpe. Un volontaire auquel il faisait des remontrances lui donna un soufflet, et lui ayant montré l'écharpe, le volontaire lui montra le derrière.

Enfin, cette troupe ennemie du bon ordre ne cesse de commettre journellement les désordres les plus affreux. Ils s'avisent d'enfoncer les portes, de frapper des citoyens à leur fantaisie, et personne n'est à l'abri de leurs insultes.

Nous sommes assurés, citoïen général, qu'il ne nous faut que vous denoncer ces barbaries pour vous engager de les faire cesser. Nous n'avons à vous ajouter que par l'inondation susmentionnée, il s'est écroulé 30 maisons. Les autres citoïens de cette commune, dont les leurs sont restées intactes, se sont laissés guidés par l'humanité à recevoir les infortunés sous leurs toits. Vous concevrez aisément qu'il leur est impossible dans ces circonstances de loger de la troupe, surtout une troupe qui fait encore augmenter leurs misères par les tourments qu'ils leur font essuyer à chaque instant : circonstance qui nous engagent à vous prier très instamment de donner vos ordres afin que les soldats cantonnés à Wœrth soient logés sous des tentes.

Salut et fraternité.

BELLON, *prés.*
ZINK, *p. s.*

P.-S. — Nous croyons encore nécessaire de vous informer que le commandant qui reste à Wœrth force tous les jours la commune de lui fournir un cheval pour son usage, pendant qu'il n'y a aucune autorité (1).

XXIX

CAMPAGNE DE 1795 (2)

ARMÉE
de
RHIN-ET-MOSELLE

De Germesheim, le 11 vendémiaire an IV de la République *(3 octobre 1795).*

Lecornes, commandant temporaire de la place, au général de division Beaupuy, au quartier-général de Spire.

Citoyen Général,

Je ne néglige rien pour prendre connaissance de la force et de la position des ennemis qui nous avoisinent, et je vous enverrai chaque jour le résultat de mes observations.

Hier, les émigrés ont reçu l'ordre d'évacuer sur-le-champ la ville de Philipsbourg, et depuis quelque temps on s'occupe dans cette ville à abaisser la hauteur des maisons, particulièrement celles de notre côté de manière que ces maisons ne surpassent pas la hauteur des remparts.

---

(1) Par une autre lettre adressée à Beaupuy, la municipalité de Jocthreim se plaint aussi des désordres des soldats et recourt aux bontés du général.

(2) Original communiqué par M. Dussol.

Toutes les personnes que j'ai interrogées se rapportent à dire qu'il n'y a pas de troupes aux villages de Rheinsheim et Neu-Gandenheim, mais qu'ils ont quelques troupes en descendant le Rhin.

L'on m'a bien dit qu'il y avait des barques dans cette première ville. J'ignore l'espèce et la quantité. En prenant des renseignements, je serai peut-être plus heureux une autre fois.

Salut fraternel.

Le Commandant temporaire,
F.-M. LECORNEZ.

XXX

CAMPAGNE DE 1795. — LETTRES DE VIGNES (1)

Ham, le 9 brumaire an IV républicain
(31 octobre 1795).

Vignes, commandant provisoirement la 209e demi-brigade, à son général de division Beaupuy, commandant la 5e, à son quartier-général, à Worms.

Depuis deux jours, général, je suis instruit de votre présence à Worms, et je ne vous ai pas encore assuré de toute mon estime. Ce silence de ma part serait inexcusable, si votre indulgence n'était pas mon égide.

Je suis depuis deux jours ici, totalement découvert avec ma gauche, par la retraite précipitée de la 182e demi-brigade. Mes trois bataillons occupent les trois points de la... des Anabaptistes, de Ham et de Guernesheim. Je me garde sur mes derrières le plus que je peux. Ma seule retraite, en cas de besoin et d'urgence, est à Rhinsurkeim (2). Ce point forcé, je suis dans le cul-de-sac.

---

(1) Originaux communiqués par M Dussol.

(2) Nous conservons l'orthographe géographique des manuscrits.

Mais je suis la dessus sans inquiétude. L'ennemi a beau faire le fin. *A bon chat bon rat*, et je vous le recommande.

J'ai écrit au général Joba. Il ne m'a pas répondu. Ne serait-il plus à Frankenthal ? Serait-il indisposé ? Mais il n'a pas le temps de l'être, il est devant l'ennemi.

Daignez trouver ici, général, l'assurance de toute ma considération.

VIGNES.

P.-S. — Je demande au grand Marchais quelques hussards. Ils seraient très utiles pour reconnaître et assurer mes derrières. Je reçois l'ordre de me rendre avec ma demi-brigade à l'instant à Rhinsurkeim, la Tuilerie et les Fourches. Exécuté sur-le-champ.

Le 14 brumaire an IV *(5 novembre 1795).*

Au général Beaupuy, à Worms.

J'entends ronfler le canon et rouler la fusillade. J'ignore si le mouvement est offensif ou défensif. En conséquence, je vous envoie mes trois compagnies de grenadiers, comme nous en sommes convenus. Vous voudrez bien me les renvoyer si leur présence ne vous est pas utile. J'ai de quoi les occuper ici. Ce point n'est pas gardé, et j'ai bien des postes à placer. L'ennemi est bien malhonnête d'attaquer les gens avant qu'ils aient eu le temps de reconnaître le terrain qu'ils ont à défendre.

Je fais faire des patrouilles tout le tour de mon île pour être averti à temps des mouvements de l'Autrichien.

Trouvez ici, général, l'assurance de mon estime.

Le Chef de brigade provisoire,
VIGNES.

Obrebouch, le 15 brumaire an IV rép.
(6 novembre 1795).

Vignes, chef provisoire de la 208e demi-brigade, au général de division Beaupuy.

Point de mouvement. Sur mon point, l'ennemi ne paraît pas vouloir appuyer la canonnade d'hier. Il paraît au contraire se borner à se garder et à nous observer. Des petits postes de quatre hommes répandus en face et sur le pourtour du point que j'occupe semblent venir à l'appui de mon assertion ; en ce cas, j'ai la même tâche à remplir que lui, mais sur un terrain plus difficile. J'ai voulu suivre directement le bord de la rive qui environne l'*Anse aux Broussailles*. J'y ai laissé une partie de mon manteau et j'y eusse peut-être laissé les yeux si j'eusse persisté dans mon dessein. Je n'ai pas encore eu le temps de bien observer le point de Laubersteim. Je me suis occupé à établir une communication courte et facile avec la grande route de Frankenthal pour me retirer sur vous, en cas de besoin. Car, il faut vous observer que, si par hasard le point de Worms était une fois forcé, il serait impossible de sauver mes pièces. J'ai visité moi-même le chemin qui aboutit près de Roxheim par la grand'route et je l'ai trouvé impraticable pour l'artillerie. D'ailleurs, des pièces me paraissent ici, Général, d'une modique utilité ; pays couvert et boisé, chemins tortueux et difficiles, tout est ici propice aux tirailleurs et nullement à l'artilleur. Décidez sur cette difficulté. Je n'ai pas ici la plus petite ordonnance. Dans un cas pressé, le service pourrait en souffrir.

Recevez l'assurance de mon estime et de ma considération.

VIGNES.

Pardon si j'écris si mal. Le papier ne vaut rien et l'écrivain encore moins.

Obrebouch, le 19 brumaire an IV rép.
(10 novembre 1795).

Vignes, chef de la 208e demi-brigade, à son estimable général de division.

J'ai reçu, Général, le cadeau flatteur que je tiens de vous plus que du général en chef. Vous parler de ma gratitude, ce serait vous répéter l'assurance des sentiments qui ne peuvent finir qu'avec ma vie. Je vais mettre mon devoir et ma gloire à ne pas vous faire repentir du témoignage que vous avez rendu de moi ; mon zèle, mon amour pour mon pays et une obéissance stricte à tous vos ordres vont suppléer à mes faibles talents, et ma jeunesse vos conseils la guideront toujours.

Pas la plus petite nouveauté sur mon point. Un sentinelle mal assuré a cru voir l'ennemi cette nuit sur le Rhin. Son imagination lui grossit le danger, il fait feu sur la chimère et l'explosion de son arme porte la terreur dans une troupe de canards sauvages, dont les cris redoublés lui reprochent et sa méprise et son importunité.

Pourquoi troubler ainsi le peuple duveté ?

Avez-vous pensé, Général, à nos dépôts ? ou plutôt avez-vous le temps de vous occuper de ces minuties ? J'ai fait assembler hier le conseil d'administration. J'ai voulu voir la comptabilité, et je n'ai vu qu'un dédale que nous débrouillerons avec le temps.

Estime et considération. Voilà la vérité de mes sentiments pour vous.

VIGNES.

Offenbach, le 10 frimaire an IV rép.
(1er décembre 1795).

Vignes, chef de la 208e demi-brigade, au général de division Beaupuy, à Ottersheim.

Je viens de faire mettre en prison, Général, le caporal Maisonneuve, chef du poste dont vous avez surpris hier la sentinelle. Mais il est de mon devoir d'être auprès de vous l'écho de son capitaine et de vous assurer aprés lui que ce caporal est le meilleur sujet de sa compagnie et que c'est la première faute dont il se soit rendu coupable. Si, malgré ce témoignage, vous persistez, Général, à le livrer à un conseil militaire, deux mots de votre main et vous serez obéi.

Estime et considération. VIGNES.

Deux petits cochons de lait viennent d'être condamnés à mort. On les enterre demain chez moi. Le général Tholmé assiste aux funérailles. Si vous les honorez de votre présence, elles en acquerront plus de lustre et votre Vignes en aura plus de plaisir. Tout est disposé pour vous recevoir.

A Artzeim, le 17 germinal an IV rép.
(7 avril 1796).

Vignes, chef de la 75e demi-brigade, à son général de division Beaupuy.

Je vous quitte donc, mon Général. Ainsi le veut ma destinée. Me voilà *jeté* dans une division où personne ne me connait et où je ne connais personne. Voilà le désagrément du métier des armes. Vous dire combien je suis peiné de ce départ serait la chose impossible. Mes regrets à cet égard égalent déjà le prix que je mets à servir sous vos ordres.

Veuillez agréer, mon cher Général, la larme de la plus vive amitié et le souhait formé par elle de vous être bientot réuni.

VIGNES.

Obligé de partir demain bon matin pour Hagueneau pour juger le soldat Jandos, je suis forcé de conjurer le peu d'heures qui me restent à ordonner la marche, à recommander l'ordre qui doit y régner. Mes regrets à M. de La Neuville. Que je suis fâché de ne pas avoir un rejeton de Diane.

Fessenheim, le 22 prairial an IV
(11 juin 1796).

Vignes, chef à la 56e demi-brigade, au général de division Beaupuy.

Une injustice ou une partialité révoltante de la part du général Schauenbourg (qui voit sans doute avec prévention les chefs de brigade qu'il n'a pas faits lui-même) me décide à essayer de quitter le service pour lequel j'étais né. J'attends une réponse du ministre pour prendre un parti définitif; mais je suis trop fier de vous devoir mon grade et d'avoir combattu sous vos ordres et sous vos yeux pour ne pas attacher un prix inestimable au témoignage de votre estime, si toutefois ma conduite et mes actions m'y ont donné quelques droits. Dans le cas affirmatif, veuillez, mon cher Général, m'en donner une preuve en me faisant passer un certificat qui l'atteste ; cette pièce sera mon égide, et, si je revois mes foyers et *mes dieux penates,* elle sera le garant de ma conduite militaire et me vaudra toute l'estime de mes concitoyens.

Comptez, Général, sur toute la gratitude de mon ame et sur le vif désir de vous la prouver.

Agréez toute ma considération. VIGNES.

XXXI

CAMPAGNE DE 1795, APRÈS FRANKENTHAL (1)

A Offenbach, le 3 frimaire 4e année rép.
(24 novembre 1795).

Tholmé, général de brigade, au citoyen Beaupuy, général de division, commandant la 5e.

Je quitte le général en chef, mon Général. Il m'a chargé de vous faire passer sa lettre ci-jointe. L'extrait qu'elle renferme

(1) Originaux communiqués par M. Dussol.

me confirme la haute idée que je m'étais faite de vos talents militaires et de l'heureuse chance qui m'a procuré l'honneur de servir sous vos ordres.

Pour activer les travaux, le général en chef m'a chargé de prescrire de sa part au chef du génie de lui rendre journellement compte de leurs progrès. Lui et le représentant m'ont aussi chargé de dire à cet officier qu'ils lui procureraient les fonds dont il pourrait avoir besoin pour faire faire et nous procurer des chevaux de frises et autres moyens de défense.

Il lui est arrivé ce soir une lettre du général Jourdan datée de Simmeren, le 26 du mois passé. L'armée de Sambre-et-Meuse était à cette époque dans le Hundsruck, et il présume que depuis lors elle a passé la Nahe et s'est approchée de nous. Le général Lefebvre était aussi alors sur la Lahn avec un corps de 15,000 hommes. Il n'a aucune nouvelle de Manheim. Mais il est sans inquiétude. La cessation subite depuis trois jours du feu de l'ennemi est causée (présume-t-il) par le défaut de munition, et les nombreux charriots de munitions que le général Boursier nous a dit avoir vu passer vers Stolhoffen et descendant le Rhin confirment cette opinion.

Salut et fraternité. THOLMÉ.

ARMÉE
DE RHIN-ET-MOSELLE

5e Division

(Sans date. Fin novembre 1795.)

Tholmé, général de brigade, au citoïen Beaupuy, général de division, commandant la 5e, à Ottersheim.

J'ai été trouver le général Férino, ainsi que nous en étions convenu, mon Général ; il m'a dit qu'il n'avait point assez de troupe pour en pousser en avant et couvrir la gauche de l'avant-garde de la division, m'observant d'ailleurs que cette précaution serait inutile tant que l'avant-garde de l'armée serait en avant et que, du moment où elle sera obligée de quitter sa position actuelle, nous serons nous-mêmes réduits à ne pouvoir rien occuper en avant du bras de la Queich sur lequel sont établis les deux moulins. Au reste, il m'a promis de venir ici demain causer avec vous.

Je n'ai pu obtenir de chevaux de frise de Landau. Dès que le chef du génie sera de retour, je l'inviterai à prendre des moyens de nous en procurer.

Je pense qu'il serait d'autant plus nécessaire que vous vous concertiez, mon Général, avec les généraux d'avant-garde, si vous ne l'avez fait ce matin, sur les communications par lesquelles ils doivent se retirer sur nous que le général Ferino me paraît dans l'intention de faire couper tous les chemins sur son front.

Le cordon dont nous sommes convenu est exactement formé sur toute l'étendue de la lisière extérieure du bois. Les gardes des trois bataillons de droite ont suffi pour le former, ce qui m'a donné le moyen de placer celles du bataillon de la Meuse en potence pour couvrir notre flanc.

J'ai su que le 3e bataillon de la 205e refusait de faire des baraques. En recherchant les causes de cette espèce d'insubordination, j'ai reconnu que la première était une espèce de maladresse du chef de cette brigade qui, tandis que les autres chefs ont fait partir en avant les premiers bataillons de leur brigade, a fait tirer les siens au sort ; le sort est tombé sur le 3e qui venait de faire successivement trois détachements pénibles, sans que les deux autres aient marché : — que la deuxième était un peu de faiblesse de la part des officiers ; un capitaine qui commandait ce bataillon, sous le prétexte d'une légère indisposition, en a remis le commandement au seul capitaine qui se trouvait avec lui, et il n'y a dans ce bataillon que cinq lieutenants ou sous-lieutenants, tous très jeunes et sans expérience : — la troisième enfin est dans l'irrégularité des distributions de pain qui n'a pas encore été délivré aux trois demi-brigades pour la journée d'hier. Je vous prie, mon général, de prévenir par vos ordres les conséquences fâcheuses que pourrait avoir cette irrégularité. Un homme de ce bataillon ayant refusé le service, j'ai ordonné qu'il soit arrêté et que le capitaine rapporteur s'occupât de suite de prendre des renseignements sur cette insubordination pour en faire son rapport au conseil militaire que je me propose de convoquer sans délai. Peut-être un exemple de sévérité joint à quelqu'autres petits moyens pourrait-il ramener l'ordre.

Il ne nous est point resté de dragons dans ce village où le logement a été mis cet après-midi par quartier pour chaque corps.

Il est arrivé ici un officier d'artillerie de la part du général d'Ordener pour se concerter avec le chef du génie sur le nombre des pièces nécessaires pour armer les lignes depuis Landau jusqu'à Otthersheim. Il se rendra probablement demain matin chez vous et vous informera du résultat de sa conférence ; mais tout cela ne nous donne pas les pièces que j'ai demandées et dont nous pourrions avoir grand besoin.

Salut et fraternité. THOLMÉ.

Weissembourg, le 8 pluviose 4e année républicaine *(28 janvier 1796).*

Vandermaesen, chef de la 140e demi-brigade, au citoyen Beaupuy, général de division.

Je vous préviens, mon Général, qu'ensuite des informations prises sur les cartouches remplies de sable dont procès-verbal a été dressé par l'agence municipale de Weissembourg, et d'après les réponses qui m'ont été faites par les citoïens Monnereau et Jean Frouaud, volontaires de la 2e compagnie du 1er bataillon, auxquels ces cartouches ont été délivrées, qui m'ont déclaré que le 23 brumaire devant Franckenthal il leur en avait été distribué et que les ayant presque toutes employées, il leur en avait été distribué de nouvelles aux lignes de Guermesheim ; qu'ils ne savaient pas de quelle distribution provenaient celles remplies de sable, d'après tous les renseignements que j'ai pris et les rapprochements que j'ai faits, il est sûr que les cartouches qui ont été distribuées devant Franckenthal viennent d'un caisson à cartouches qui nous a été prêté par la 208e demi-brigade d'infanterie et celles distribuées sur les lignes à Seikum viennent d'un caisson appartenant à la 4e division.

Salut et fraternité. VANDERMAESEN.

XXXII

BEAUPUY SOUS MOREAU (1)

Wissembourg, le 6 ventose an 4e
(24 février 1796).

Masson au général de division Beaupuy.

Une lettre de Paris m'apprend, mon cher Général, que l'organisation des officiers généraux et commissaires des guerres a été terminée le 20 pluviose. Je n'en connais aucun résultat, mais je vous garantis la véracité de cette nouvelle.

Sans doute que la justice du Directoire exécutif a été conforme à mes désirs, et que la 5e division continuera d'avoir à sa tête le brave général qu'elle chérit.

Salut et respect. MASSON.

---

(1) Originaux communiqués par M. Dussol.

LIBERTÉ — ÉGALITÉ

A Strasbourg, le 20 ventose 4e année républicaine *(11 mars 1796)*.

L'Inspecteur général de l'Infanterie de l'armée de Rhin-et-Moselle au général de division Beaupuy, commandant l'avant-garde.

Je vous adresse, mon cher Général, l'instruction que je vous ai promise. Veuillez bien croire à la satisfaction que j'ai de vous voir commander notre avant-garde et à l'amitié sincère que je vous ai vouée pour la vie.

(Signature illisible.)

ARMEE
DE RHIN-ET-MOSELLE

Liberté - Egalité - Fraternité

Au quartier-général de Hagueneau, le 7 prairial an IV de la République française une et indivisible *(27 mai 1796)*.

Le Général de brigade, chef de l'Etat-Major général, au général de division Beaupuy, à Gottamstein. (Pressé.)

Le général en chef me charge de répondre à la lettre que vous lui avez écrite, il vous autorise à venir à Weissembourg et à y rester jusqu'au 10 de ce mois ; il sera demain à Binikem et aura ainsi que moi le plaisir de faire votre connaissance à votre passage ; il vous parlera sur l'autre objet de votre lettre, de manière à vous engager à continuer de commander la 6e division qui forme actuellement l'avant-garde, et qu'il ne peut confier à de meilleures mains que les vôtres.

Salut et fraternité. REYNIER.

XXXIII

RAPPORTS A BEAUPUY SUR LE COMBAT DE MUTTERSTADT (1)

ARMÉE
DE RHIN-ET-MOSELLE
—
6e *Division*
—
Brigade de gauche

Rapport de l'affaire qui ea u lieu le 26 prairial an 4e de la République (15 juin 1796).

Je n'entrerai point, mon Général, dans les détails de l'affaire qui a eu lieu le 26, entre les villages de Darmstadt et Schauerheim. Ils vous sont parfaitement connus, puisque c'est sous votre direction que la brigade de gauche a agi. Comme moi, vous connaissez tous les obstacles que nous avons eu à surmonter pour passer le canal de la Frankental et les inondations que l'ennemi avait su pratiquer sur ce point. Vous avez été témoin de la bravoure avec laquelle se sont comportées les troupes que j'ai l'honneur de commander.

Je dois cependant vous parler plus particulièrement de l'adjudant-général Le Vasseur. C'est à sa bravoure et à son intelligence que je dois le succès de cette affaire. Il s'est porté en avant sur la chaussée qui conduit à Muterstadt. Après avoir reconnu la défense que l'ennemi nous opposait de l'autre côté du pont qu'il avait coupé, il n'a pas balancé à l'attaquer à la tête de 200 hommes de la 10e demi-brigade d'infanterie légère et le succès a couronné son audace. De suite, il s'est occupé avec son détachement de faire rétablir le pont et, malgré le feu de la mousqueterie et de six pièces de canon, bientôt il m'a mis à même de porter de la cavalerie et du canon de l'autre côté de la Frankental. De suite, je me suis trouvé en mesure pour marcher sur la gauche de Muterstadt, et par ce mouvement j'ai secondé l'attaque dirigée sur la droite de ce village et celui de Mundach.

(1) Originaux communiqués par M. Dussol.

Pendant toute l'affaire, l'adjudant-général Le Vasseur a particulièrement commandé l'aile gauche de la brigade et n'a cessé de déployer les talents et la bravoure qui caractérisent le vrai militaire.

Salut et respect.

Le général de brigade,
SAINTE-SUZANNE.

Rapport de l'affaire qui a eu lieu le 28 prairial an 4e (16 juin 1796).

Je dois vous rendre compte, mon Général, de l'affaire qui a eu lieu au village de Rugheim. D'après votre ordre, la 10e demi-brigade d'infanterie légère se portait pour cantonner dans ce village. Elle y a rencontré l'ennemi au nombre de trois cents chevaux et quatre cents hommes d'infanterie ; bientôt elle l'a forcé de quitter ce poste et elle s'est emparée de ce village. Nos tirailleurs ont poussé l'ennemi jusqu'à Epstein. J'avais placé la demi-brigade en avant et sur les flancs du village, lorsque j'ai vu l'ennemi s'avancer sur trois colonnes partant d'Epstein, d'Ogersheim et de Muudach. J'estime qu'il était fort de 1,400 hommes, de 1,200 chevaux et de six pièces d'artillerie. N'étant pas soutenu par ces armes, j'ai cru devoir commander la retraite sur Furgenheim, qui s'est faite dans le plus grand ordre sous le feu de six pièces d'artillerie et en présence de 1,200 hommes de cavalerie. Sorti du village, l'ennemi n'a pas osé nous suivre et il s'est contenté de nous canonner et de nous inquiéter par quelques tirailleurs qui se sont portés en avant de Rugheim. Je n'ai qu'à me louer de la bravoure de la 10e demi-brigade d'infanterie légère. Elle a soutenu les efforts de l'ennemi pendant quatre heures. Ma perte est très peu considérable. Je n'ai connaissance que d'un homme tué et à peu près une douzaine de blessés. D'après le rapport des prisonniers et d'un déserteur, l'ennemi a perdu un assez bon nombre d'hommes ; il a beaucoup de blessés.

Salut et respect.

Le général de brigade,
SAINTE-SUZANNE.

XXXIV

CONVALESCENCE DE BEAUPUY APRÈS KORK (1)

ARMÉE
DE RHIN-ET-MOSELLE

Liberté - Patrie - Egalité

Au quartier-général à Colmar, le 3 thermidor de l'an 4e de la République une et indivisible *(22 juillet 1796)*.

Le général de brigade Duverger au général de division Beaupuy.

J'ai été affecté autant que personne, mon cher Général, du cruel accident qui vous est arrivé. Le général Pichegru, à qui je l'ai mandé, m'a chargé de vous témoigner la vive part qu'il y prend. Je vous aurais écrit plus tôt, mais je n'ai pas jugé à propos de vous importuner dans les premiers temps du pansement de vos blessures.

Je n'ai pu, mon cher Général, partager les fatigues, les dangers et la gloire de mes camarades. Lorsqu'on a organisé les divisions, le général Moreau a jugé à propos de me laisser continuer une opération dont le général Pichegru m'avait chargé pendant l'armistice et que je n'ai acceptée, dans ce temps-là, que pour répondre à sa confiance et lui prouver que je ne demandais pas mieux que d'être sans cesse occupé. Enfin, je suis l'armée de cœur et d'esprit.

Je désirerais bien pouvoir aller à Strasbourg pour vous voir, ainsi que le général Vernier, son aimable épouse et le général Moulin. Mais je ne puis m'absenter d'un après-midi, car il y en a tant qui n'ont dans le monde d'autre but que d'attraper leurs semblables, que je crains à chaque instant d'apprendre qu'on m'a pris une douzaine de chevaux. Je n'ai point ici un seul homme d'infanterie et mes écuries ne sont point gardées. Enfin, j'ai eu, jusqu'à ce moment, le bonheur de n'en perdre aucun.

Je désire bien, mon cher Général, que vous vous rétablissiez bien. Tous ceux qui vous connaissent forment les mêmes vœux, et je vous prie de croire à la sincérité des miens, ainsi qu'au véritable et inviolable attachement que vous a voué

DUVERGER.

(1) Originaux communiqués par M. Dussol.

A Veiblingen, le 8 thermidor an 4e
(27 juillet 1796).

Le Chef de brigade du 6e régiment de dragons au général de division Beaupuy.

(Il remercie Beaupuy d'avoir poussé à sa nomination de général de brigade, qu'on lui a promise, mais qu'il craint d'accepter.) « Un autre genre de service que je n'ai pas étudié me fait trembler. Il est tant de gens au-dessous de leur état que je croirais d'en augmenter le nombre... J'ai appris avec la plus grande satisfaction que votre santé se rétablissait. Toute votre division vous reverra avec le plus grand plaisir. Je ne doute pas que l'armée ne le partage. Quant à moi, mon Général, je vous ai voué l'attachement le plus inviolable. »

FAUCONNET.

...... Le général en chef vous fait sans doute part de nos marches militaires.

XXXV

COMBAT DE GEISENFELD. — 1er SEPTEMBRE 1796 (1)

Pour le général Decaen, commandant l'avant-garde de la 7e division à Stokau.

(Sans date.)

L'ami Cohorne, mon cher Général, m'ayant communiqué *l'ordre du jour*, j'envoie cinquante chevaux de plus sur chacune

---

(1) Original communiqué par M. Dussol. — Cette lettre, qui dut être transmise aussitôt par Decaen à Beaupuy, est du commencement de septembre 1795. Des pièces provenant du général Beaupuy, qui ont pu être conservées, elle est la plus rapprochée de sa mort.

des routes de Nobourg et Neustat avec ordre de tâter les avant-postes et de les repousser, s'il y a moyen ; le tout avec prudence.

Comme il serait peut-être fort long d'attendre les rapports des reconnaissances, voici provisoirement ce que j'ai pu recueillir de différents individus. L'ennemi a fait sa retraite en majeure partie sur Neustat, et leur dire est que le prince Charles leur donnera un renfort pour nous revoir. Ils ont pourtant été tellement étrillés par notre division qu'officiers et soldats accusent leurs chefs de nous avoir imprudemment attaqués dans cette position.

On m'assure que le prince Charles n'était point à l'affaire dernière, qu'on l'attendait avec un renfort et, suivant le dire d'un homme venant d'Alberdorf, il devait être arrivé de hier à Abensperg.

A peu près deux cents de leurs traînards se sont portés sur Mainbourg.

On n'a pu me dire leurs dispositions vers Inglostat.

Le garde des eaux et forêts, ce J. F. dont je me méfiais avec raison, est parti avec les ennemis et déjà fait demander l'agrément de rentrer, ce que je voudrais bien, mais je ne puis lui renvoyer son messager à Alberdorf où il est en ce moment.

Le major blessé est au couvent, mais il n'en sortira, je crois, que pour aller fraterniser avec les taupes.

Aussitot que j'aurai les rapports des reconnaissances qui sont parties avant le jour, je vous l'adresserai.

Salut et respect. MARCOGNE.

Je ne puis vous envoyer de meilleures cartes.

XXXVI

ACTE DE DÉCÈS DE MICHEL BEAUPUY

(Extrait du registre mortuaire de la ville de Neuf-Brisach.) (1)

Ce jourd'hui le premier brumaire cinquiemme année de la République française, une et indivisible, par devant moi Gervais Violand, agent de la commune du Neuf-Brisach, département du Haut-Rhin, élue le quinze Brumaire de l'an quatre pour recevoir les actes destinés à constater les naissances, mariage et décès, sont comparu en la maison commune, André Illig, sergent de cette commune, âgé de cinquante-six ans, et Jean Dorant, cabaretier, âgé de cinquante-quatre ans, tous deux domiciliés en cette dite commune, lesquels m'ont déclaré que le nommé Michel Beaupuÿ, général de Division a été tué à l'armée de Rhin-et-Moselle à l'affaire qui a eu lieu le Vingt-huit vendémiaire, par un coup de feu et enterré le premier Brumaire, cinquiemme année, à Neuf-Brisach, où les honneurs funèbres dûs à son grade lui ont été rendu. — D'après cette déclaration, je me suis sur le champ transporté au lieu de ce domicile, je me suis assurez du décès dudit Michel Beaupuÿ et jen'ais dressé le présent acte, que André Illig et Joann Dorant ont signé avec moi. Fait en la maison commune du Neuf-Brisach les jours, mois et an que dessus.

Signé : ILLIG, DORANT, VIOLAND, *Agent.*

---

(1) Communication de M. Cestre, conducteur des travaux du Rhin en retraite, officier d'académie, à Neuf-Brisach. — Madame de Beaupuy, née de Villars, mère du général, était décédée à Mussidan, le 12 ventose an IV (2 mars 1796).

XXXVII

LE MONUMENT FUNÉRAIRE DE MICHEL BEAUPUY A NEUF-BRISACH

I. — Lorsque, en 1796, Moreau exécuta sa fameuse retraite par les défilés de la Forêt-Noire, son armée dut se replier sur Neuf-Brisach et Huningue. Il y eut à Emmendingen une affaire décisive qui précipita cette retraite dans laquelle le brave Beaupuy fut tué : ce général était aimé et respecté de toute l'armée dont il fut vivement regretté. Sa dépouille mortelle fut rapportée en France par la division du général Desaix qui lui éleva un mausolée colossal à l'angle que forment près de Giessen les routes du Rhin et du Fort-Mortier. Ce monument est resté inachevé : aucune inscription ne fait connaître le nom du héros dont il devait perpétuer la mémoire.

1860. — (*Notice historique et topographique sur la ville de Vieux-Brisach*, par A. Coste, juge au tribunal civil de Schlestadt. — Mulhouse. Risler, p. 385 et suivantes.)

II. — Neuf-Brisach ne présente comme ville aucun intérêt... Nous la traversons sans nous y arrêter, et bientôt, tandis que le fleuve nous est encore caché par les cultures et les ondulations du sol, nous voyons se dresser sur une éminence de la rive droite du Rhin, la ville allemande (Vieux-Brisach), dont les restes mutilés ne manquent pas de majesté. Plus près de nous s'élève un cénotaphe de ce style antique qui convient si peu aux habitations de nos climats, mais qui convient si bien aux monuments funéraires de tous les pays. Il y a quelques années encore, celui-ci, inachevé, dégradé par le temps, couvert de plantes parasites qui en disjoignaient les pierres, ne portant aucune trace d'inscription, rappelait aux voyageurs ces tombeaux de la campagne de Rome que les guides complaisants décorent du nom de Cicéron ou de Virgile.

Mais, ici, point de nom, point de guide non plus, car, si vous interrogiez, je ne dis pas les paysans d'alentour, mais même les personnes les plus éclairées de la ville de Brisach, on vous répondait que ce monument avait été élevé, sous la République, à la mémoire d'un général de l'armée du Rhin. Quel général ? Nul, dans tout le canton peut-être, n'eut pu le dire. Depuis près de soixante ans, la destruction et l'oubli poursuivaient lentement, mais graduellement leur œuvre d'anéantissement ; M. Coste, alors juge à Schlestadt, venait, dans une intéressante notice sur Vieux-Brisach, de nommer le général Beauchartie de Beaupuy, et avait protesté contre l'état de dégradation dans lequel on laissait le monument élevé à sa mémoire par ses frères d'armes ; mais cette protestation était restée sans écho, lorsqu'en 1861 vint en garnison à Neuf-Brisach le 63e d'infanterie, alors commandé par le colonel Ferru, aujourd'hui général de brigade à Caen. Grâce à sa pieuse initiative, grâce au concours pécuniaire des militaires de son régiment, de la ville de Neuf-Brisach et de celle de Mussidan, lieu de naissance du général républicain ; le cénotaphe fut achevé sur ses quatre faces et décoré d'inscriptions qui rappellent à la fois l'histoire de celui auquel il est dédié et l'histoire du monument lui-même. Sur la face septentrionale du soubassement qui regarde la route, on lit :

L'armée
de Rhin-et-Moselle
Au général de division
BEAUCHARTIE DE BEAUPUIS
né à Mussidan, Dordogne,
le 14 juillet 1755.

A la partie supérieure, du même côté, ces vers composés par un sous-lieutenant du 63e, poète improvisé pour la circonstance :

Il vécut en soldat. Fidèle à son drapeau,
Sous ses nobles replis il illustra nos armes ;
Au champ d'honneur frappé, couché dans son tombeau,
La France le pleura ; qu'il soit fier de nos larmes (1).

Je n'ai pas besoin de vous faire remarquer que ces vers, comme tous les vers de circonstance, ont fait des concessions aux nécessités de la rime, mais aux dépens d'une exactitude rigoureuse. *Tombeau* rime à la rigueur avec drapeau, mais le général n'est pas couché dans ce tombeau. Il résulte des documents dus à l'obligeance de M. le général Ferru que les fouilles opérées lors de la reconstruction du monument n'ont amené la découverte d'aucuns restes humains ; on y a seulement trouvé un boulet de canon qu'un vieillard de Biesheim affirma être celui qui avait

(1) Voici les inscriptions des autres faces qu'a bien voulu relever à notre intention M. Waltz, conservateur de la bibliothèque de Colmar :

Côté est :

MICHEL-ARMAND
BEAUCHARTIE DE BEAUPUIS
Soldat le 10 juillet 1771
Général de division
le 15 janvier 1795
Tué le 19 octobre 1796
au combat d'Emmendingen.

Côté ouest :

Restauré et achevé en 1861
par le 63e Régt
Colonel Ferru

Ont souscrit le 63e Régt
Les habitants de Mussidan
et de Neuf-Brisach.

Côté sud, dont l'inscription est légèrement dégradée :

Campagnes de 179... à 1796
Mayen...
Savenay
Rastadt
Emmendingen.

frappé Beaupuy et que ses soldats avaient rapporté. En effet, Emmendingen, où il fut tué, est à cinq lieues de l'autre côté du Rhin ; l'armée de Moreau était en pleine retraite et n'avait guère le temps de ramener ses morts. C'est déjà beaucoup qu'elle ait rapporté le boulet.

1866. — (*Des Vosges au Rhin,* excursions et causeries alsaciennes par Paul Huot, conseiller à la Cour de Colmar. — Paris, Berger-Levrault, pages 283 et suivantes.)

III. — ... La partie nord sur laquelle se trouve l'inscription en vers a souffert des intempéries et exigerait une réparation : le monument est en grès des Vosges, entouré de huit piliers reliés entre eux par une chaîne en fer. Placé à l'angle de deux routes, l'une perpendiculaire, l'autre parallèle au Rhin et dominant un pays très plat, il est d'un bel et imposant effet, qui n'est pas sans grandeur. Les proportions en sont fort belles : l'ornementation sobre et bien appropriée ; une charmante frise sculptée court sous la corniche ; chaque côté est orné dans sa partie inférieure de deux flambeaux renversés. Les inscriptions se trouvent sur les quatre côtés de la partie supérieure ; les vers sur la partie inférieure du côté nord. La hauteur totale est de sept à huit mètres ; la largeur à la base de quatre mètres.

... Je suis presque convaincu que c'est bien le tombeau du général Beaupuy et non un monument élevé à sa mémoire. L'architecture et le style sont ceux d'un mausolée ou d'un cénotaphe et non pas d'autre chose. L'endroit choisi ne peut s'expliquer qu'en admettant que les soldats pendant la retraite ont voulu faire reposer le corps de leur général bien aimé sur la terre française ; la précipitation de la retraite n'est qu'une preuve de plus : ils l'ont déposé en terre dès qu'ils eurent passé le Rhin, dès qu'ils se furent trouvés en France. Les fouilles dont parle Huot ne signifient rien du tout.

15 février 1890. — (Note de M. André Waltz, conservateur de la bibliothèque de Colmar.)

IV. — Trois monuments ont été élevés sur les bords du Rhin pour éterniser la mémoire des trois jeunes héros de l'armée de Rhin-et-Moselle, Desaix, Beaupuy et Abattucci. Le style de ces trois monuments est celui des mausolées de Rome et d'Athènes ; style aussi sévère que le sujet le comporte, mais gracieux dans son ensemble ; on les dirait crayonnés par la même main. Ajoutons que ceux de Desaix à Strasbourg et d'Abattucci à Huningue sont encadrés par des bosquets qui leur prêtent un véritable charme, que n'a point celui de Beaupuy, lequel est empreint comme d'une certaine tristesse, par suite de l'ensemble du paysage qui lui fait encadrement.

Le monument est situé dans la banlieue de Volgelsheim, en aval du Fort-Mortier, en face du Vieux-Brisach, près du pont du Giesen, ancien thalweg du Rhin, que la batellerie marchande fréquentait encore peu d'années avant la Révolution française.

L'érection du monument se fit aux frais de l'armée de Rhin-et-Moselle, laquelle fit abandon *ad hoc* d'une journée de solde, suivant les uns, de deux et même de trois, suivant d'autres. Il était resté inachevé dans ses décors jusqu'en 1861, où par les soins du colonel Ferru, commandant le 63e de ligne en garnison à Neuf-Brisach, les inscriptions en furent renouvelées et les décors parachevés par divers militaires sous la direction du capitaine de grenadiers Blondet, aidé du sculpteur Grossetête, caporal de voltigeurs. Le monument fut encadré de bornes, reliées entre elles par de fortes chaînes ; la dépense en fut couverte par une souscription à laquelle bourgeois et militaires prirent part. Le conseil d'administration du régiment tenta, mais en vain, d'acquérir le terrain : la commune de Volgelsheim s'y refusa. Ce conseil fit alors remise à la ville de Neuf-Brisach du droit de propriété des bornes et des chaînes achetées par le régiment. Le don en fut accepté par délibération du conseil municipal, approuvée le 20 novembre 1861 par le préfet du Haut-Rhin.

Du procès-verbal dressé au registre mortuaire de Neuf-Brisach (reproduit ci-dessus), il résulte que le corps du général a été déposé au cimetière de Neuf-Brisach, mais il n'en existe plus trace, bien qu'il s'y trouve des tombes du siècle dernier et du commencement de ce siècle. Je puis d'autant mieux l'affirmer que j'ai fait le levé du plan du cimetière, il y a une dizaine d'années. Il faudrait en conclure qu'il y a eu translation du corps dans le monument, lors de l'inauguration de ce monument; mais n'ayant rien pu savoir de précis à cet égard, j'ajoute : la vérification en serait aussi simple que peu coûteuse ; il suffirait d'enlever un mètre cube de terre devant la façade principale, pour mettre à découvert l'entrée de la crypte, qu'on n'a dû murer qu'après l'introduction du corps dans sa dernière demeure ; mais il faudrait l'autorisation de l'administration supérieure, laquelle ne se refuserait pas à cette vérification historique.

(17 février 1890. — Note de M. Cestre, conducteur des travaux du Rhin, en retraite, à Neuf-Brisach, officier d'académie.)

TABLE DES MATIÈRES

APPENDICE ET DOCUMENTS JUSTIFICATIFS

PÉRIGUEUX. — IMPRIMERIE R. DELAGE